# 미래세대

## 프로파일링

'세대 이해'를 넘어 '세대 소통'을 돕는
미래세대 이해 실전 매뉴얼

# 미래세대

## 프로파일링

김현철 지음

# 추천사

어느 시대나 기성세대와 다음세대는 서로를 이해할 수 없는 대상으로 여겨 왔습니다. 그러나 예수님을 주님이라 고백하는 신앙의 본질은 달라질 수 없습니다. 이에 김현철 목사님은 기성세대가 다음세대를 넘어 미래세대를 이해할 수 있도록 길을 제시합니다. 단순히 미래세대의 특징을 정리하는 것을 넘어서서 교회 안에서 실천 가능한 구체적인 적용 방법을 알려 줍니다. 이 책을 통해 각 세대가 서로를 이해하고 소통하는 가운데 한국교회의 미래세대가 든든히 세워져 가길 소망합니다.

_ **김은호** 목사(오륜교회 담임)

김현철 목사님의 신간을 받자마자 단숨에 읽었습니다. 언제나 그렇듯이 목사님의 글은 우리가 마주하는 시대와 문화 그리고 사람을 이해하고, 그 시대와 문화와 사람을 향한 선지자적 메시지를 담고 있습니다. 목사님의 글은 읽기 쉽지만 결코 가볍지 않은 내용으로 가득합니다. 책을 통해 시대와 문화와 사람을 이해하는 지혜를 얻을 수 있었습니다. 목사님의 이전 책도 그렇지만 특히 이 책은 미래세대에 대한 고민 가운데 있는 교회와 사역자 그리고 교사를 비롯한 어른세대에게 지혜와 적용점을 제시해 줍니다. '코로나'라는 경험한 적 없는 시대, 'MZ'라는 새로운 세대, 물밀듯이 밀려오는 문화의 홍수 속에서 미래세대들과 긴밀히 공감하고 진솔한 소통의 교제와 교육의 결실을 얻기 원하는 모든 분께 일독을 권합니다.

_ **김관성** 목사(낮은담교회 담임)

지금까지 이런 책은 없었습니다. 미래세대를 섬기는 많은 분에게 교과서와 같은 책이 되리라 믿습니다. 저자의 깊은 연구와 통찰을 통하여 실제적 방향과 대안을 제시하는 이 책을 강력하게 추천합니다. 또한 이 책이 다음세대 사역의 전문기관 인 사단법인 꿈이있는미래의 사역을 돕는 도서출판 꿈미에서 체계적으로 기획된 점도 참 감사합니다.

_ 홍민기 목사(라이트하우스무브먼트 대표, 브리지임팩트사역원 이사장)

시들해지는 듯했던 메타버스에 대한 관심이 'Chat GPT'의 등장으로 다시금 들썩 이고 있습니다. 우리가 메타버스에 대해 둔감해지는 동안에도 세상은 계속 그 방 향으로 향하고 있었던 것입니다. 메타버스 시대에 기존의 모든 질서는 재구성 될 것입니다. 이때, 메타버스 전문가인 김현철 목사님의 책은 단연 돋보일 수밖 에 없습니다. 일단 목차만 봐도 목사님이 얼마나 오랜 기간 서재에서 씨름하셨는 지를 알 수 있습니다. 책을 읽는 내내 목사님의 필력에 감탄하게 됩니다. 이 책은 미래세대 사역의 필독서가 될 것입니다.

_ 주경훈 목사(사단법인 꿈이있는미래 소장)

김현철 목사님은 다음세대 사역에 앞장선 많은 선후배 동료 사역자가 언급하고 인정하는, 다음세대와 소통을 제일 잘하는 목사님입니다. 이 책은 누구나 고민하 던 영역의 내용을 탁월한 이론과 현장 경험을 바탕으로 정리하고 있습니다. 갈수 록 소통이 어려워지는 미래세대를 이해하는 데 실제적 도움을 주는 안내서가 될 것입니다.

_ 임우현 목사(번개탄TV 대표)

코로나로 인해 한국교회가 우왕좌왕할 때, 『메타버스 교회학교』로 새로운 패러다임을 제시해 준 김현철 목사님의 신간입니다. 이 책은 디지털로 대표되는 미래세대에 대한 이해를 돕는 책입니다. 김현철 목사님은 미래세대에 대한 엄청난 양의 지식을 우리 상황에 맞게, 쉽게 풀어 놓으셨습니다. 또한 새로운 세대 구분을 선보이시며 이 시대 속에서 우리가 가야 할 방향도 제시해 놓으셨습니다. 새로운 시대를 준비하고 있는 교회에 꼭 필요한 책입니다. 교회 목회자들, 교사들, 부모들이 읽으면 매우 요긴하게 활용할 수 있을 것입니다.

_ 이정현 목사(청암교회 담임, 개신대학원대학교 겸임교수)

김현철 목사님은 장르를 가리지 않는 다양한 책을 읽고 발로 뛰시며 이 시대의 특징을 정확하게 분석하셨습니다. 교회학교 지도자라면 미래세대를 다각적으로 예측한 이 책을 반드시 서가에 비치해야 할 것입니다. 급변하는 시대의 사조를 이해하고 세대 간의 원활한 소통을 돕는 이 책을 통해 교회학교들이 다시 일어서는 꿈을 꿉니다.

_ 곽상학 목사(다음세움선교회 대표)

현재 교육 현장에서 가장 중요한 화두는 '미래 교육'입니다. 미래 교육은 다가올 미래이기도 하지만 이미 다가온 미래입니다. 이 책을 읽으면서 미래세대의 특징에 관한 방대한 정보가 수많은 시간을 들여 만들어졌음을 확인하게 됩니다. 코로나 이후의 미래세대를 이해하기 위해 교회학교에서 꼭 읽어야 할 책으로 이 책을 추천합니다.

_ 권오희 목사(제주교육선교공동체 나무와숲학교 교장)

미래세대를 사랑한다면 그들의 발달 과정, 특성, 문화, 환경, 언어 등을 이해하려고 노력합니다. 이 책에서는 미래세대를 사랑으로 품고 이해하며 그들과 소통하기 위해 한평생 사역하신 열정의 사역자 김현철 목사님께서 미래세대가 누구인지, 그들을 이해하고 그들과 친밀하게 소통하려면 어떻게 해야 하는지를 자세하게 알려 줍니다. 미래세대, 다음세대, 지금의 세대를 이해하고 그들과 소통하기를 간절히 원하는 모든 분께 이 책을 강력하게 추천합니다.

_ **김성중** 목사(장로회신학대학교 기독교교육학과 교수, 기독교교육리더십연구소 소장)


평생을 청소년과 다음세대를 사랑하며 섬기고 있는 성실하고 탁월한 김현철 목사님의 '미래세대 연구'는 지난 책 『메타버스 교회학교』와 더불어 한국교회가 다음세대 사역에 정말 필요한 것이 무엇인지를 통렬하게 제시합니다. 다음세대 사역의 회복과 부흥을 간절히 원한다면 반드시 이 책을 읽어야 합니다. 이 책에는 미래세대 연구를 바탕으로 한 다음세대에 대한 바른 이해와 그들을 주님께로 인도할 수 있는 명쾌한 해답이 있기 때문입니다.

_ **전경호** 목사(다음세대코칭센터 대표)


걷는 길을 멈추지 않는 사역자! 김현철 목사님을 바라보며 느끼는 감동입니다. 이 책은 지난 3년의 코로나 팬데믹이라는 충격 속에서 심각하게 변형된 인간과 세대에 대한 선명한 이해를 주는 안내서라고 확신합니다. 느닷없이 급속도로 변모한 세상으로 인해 허둥대던 혼돈의 날들을 거시적·미시적 시각에서 분석하고 해법을 제시하는 이 책을 통해 세대 간의 소통이 일어날 것을 확실히 보증하며 기쁘게 추천합니다.

_ **유임근** 목사(KOSTA 국제총무)

■ **차례**

## PART 0. 미래세대의 등장

# PART 1. 미래세대 이해: 1인칭

# PART 4. 미래세대를 위한 섬김
팝스타의 내한 공연사

# 들어가는 말

## 오늘은 어제처럼 살지 말라

"격변의 시대에 가장 위험한 것은 격변 자체가 아니다. 지난 사고방식을 버리지 못하는 것이다"(The Greatest danger in turbulent times is not turbulence, but to act with yesterday's logic).[1]

경영학의 아버지로 불리는 피터 드러커의 탁월한 명제는 우리에게 새로운 각성을 요구한다. 엄청난 폭풍 같은 대격변의 시기에, 어제까지 살아온 방식대로 행동하는 것은 대격변보다 위험하다. 새 포도주는 새 부대에 담아야 하듯이, 새롭게 달라지고 변화하는 새로운 시대에는 지금까지 지배하던 패러다임의 껍질에서 빠져나와 새로운 시대에 적응해야 한다. 점진적인 변화가 아닌 획기적인 변혁이 몰아칠 때는 지금까지 익숙하던 모든 것과 결별하고, 생소한 시대의 게임 방식을 이해하고 적응해야 한다. 하지만 어제는 오늘을 쉽게 공감하지 못하고, 오늘은 내일을 제대로 수용하지 못한다. 그래서 새로운 패러다임의 새로운 시대가 도래하면, 기

---

1. 김난도 외, 『트렌드 코리아 2023』(미래의창, 2022), p. 18.

성세대는 잘 수용하지 못한다. 기성세대는 지난 시대에 갇혀 있기 때문에 새로운 세대에게 제대로 공감하지 못한다. 학식과 지혜가 뛰어난 전문가들조차, 새로운 세대들의 모습에 대해서는 좀처럼 공감하지 못하는 상황이 역사의 곳곳에서 발견된다.

"요즘 애들은 신을 공경할 줄 모르고 버르장머리가 없다."
_ BC 4000년경, 바빌로니아의 『함무라비 법전』

"요즘 애들은 버릇이 없다."
_ BC 1700년경, 수메르의 한 점토판

"고대의 장수들은 혼자서도 가뿐히 돌을 들어 적에게 던졌지만, 요즘 젊은 이들은 돌멩이도 들지 못할 정도로 나약하다."[2]
_ BC 8세기, 그리스의 『일리아드』

"요즘 아이들은 버릇이 없다. 부모에게 대들고, 음식을 게걸스럽게 먹고, 스승에게도 대든다."
_ BC 425년, 그리스의 소크라테스

"나의 아버지는 할아버지 대보다 명철이 떨어졌다. 나는 나의 아버지 대보다 명철이 떨어졌다. 우리 다음 대는 우리보다 명철이 떨어진다."
_ BC 63년, 로마의 사상가인 키케로

"요즈음 세태의 덜떨어진 젊은 녀석들은 부모가 화를 내어도 고쳐지지 않는다."

---

2. 정지현, 『요즘 애들은 츤데레를 원한다』(두앤북, 2019), p. 20.

_BC 3세기, 중국의 한비자

"세상이 갈수록 풍속이 쇠퇴하여져서, 선비의 버릇이 예전만 못하다."

_AD 1691년, 조선의 『숙종실록』

이처럼 시대와 나라와 지역을 막론하고 기성세대들은 항상 신세대들이
못마땅했다. 기성세대들의 눈에 신세대들은 늘 어설프고, 어리석고, 철없
게만 보이기 때문이다.

이미 있던 것이 후에 다시 있겠고 이미 한 일을 후에 다시 할지라 해 아래
에는 새 것이 없나니(전 1:9).

세대 간의 갈등은 어제오늘의 이야기가 아니라 시대와 지역을 초월하
여 발생하는 문제이다. 그리고 갈등을 초월해 전수해야 할 복음은 어느
시대와 모든 세대에게 필요한 하나님의 능력이다. 메타버스 사회에서 자
기가 원하고 필요로 하는 것을 즉각적으로 공급받는 시대에도 복음은 여
전히 영원한 가치를 가진다. 교회, 그리고 믿음의 가정이 가진 거룩한 의
무는 급변의 시대에도 불멸의 복음을 지속적으로 전파하고 전승하는 것
이다. 효과적이고 유효한 복음의 전승을 위하여서는 새로운 세대들에 대
한 철저한 이해가 우선적으로 필요하다.

## 강아지 사료는 강아지 입맛에 맞게

강아지 사료를 제조, 판매하는 회사가 엄청난 투자를 하여 신제품을 개발

하였다. 이를 홍보하기 위하여 막대한 재정을 쏟아부어 대규모 판촉 행사를 거행했다. 최고 몸값의 모델을 기용하고 파격적인 조건으로 행사를 치렀다. 그런데 판매 실적이 형편없이 저조하였다. 이 문제를 해결하려고 큰 비용을 지불하면서 컨설팅을 받았다. 세밀하고 방대한 컨설팅을 마치고 나온 보고서는 회사의 결정권자들을 경악시켰다. 컨설팅의 결과는 이것이었다.

"강아지들이 그 사료를 안 좋아한다."

신제품을 개발하려는 회사는 무엇보다 고객의 필요를 확인하는 것이 우선이다. 강아지 사료를 개발하려면, 강아지들이 어떤 사료를 좋아하는지 취향을 충분히 조사해야 한다. 그리하여 강아지들이 즐겨 먹을 수 있는 제품을 개발해야 한다. 기업체는 신제품을 준비하는 과정에서 시장조사를 철저히 한다. 그러한 시장조사의 결과를 바탕으로 제품의 연구, 개발, 출시에 필수적인 정보들을 얻게 된다.

교육이 효과적으로 이루어지기 위한 네 가지 요소는 학생, 교사, 교과 내용, 교육과정이다. 더욱 효과적인 교육을 지원하는 교육공학에서는 피교육자인 학생 이해를 우선적으로 강조한다. 효율적인 교육을 위해서는 학생들에 대한 충분한 이해가 절대적으로 필요하다. 이 책, 『미래세대 프로파일링』은 오늘날 새롭게 등장한 미래세대를 이해하기 위하여 준비하였다. '미래세대'란 지금 현시대에 이미 미래를 살아가는 세대를 의미한다. '프로파일링'은 해결되지 않은 사건을 조사하려고 모든 자료를 심층 분석하여 실마리를 찾아가는 과정이다. '미래세대 프로파일링'이란 이전 세대들과는 전혀 다른 세대인 미래세대를 보다 입체적으로 이해하기 위해 심층적으로 살피려는 노력을 담고 있다.

## 소통이 안 되면 고통이, 잘되면 형통이 온다

"소통이 안 되면 고통이 온다."

소통전문가인 김창옥 교수가 자주 강조하는 말이다. 소통이 안 되는 가정은 반드시 심각한 문제가 발생한다. 소통이 안 되는 사업체는 결국 커다란 위기를 만나게 된다. 반면에 소통이 잘되는 공동체에서는 그 어떤 위기 상황을 만나도, 이를 슬기롭게 해결한다. 그러므로 그 어떤 공동체에서도 서로에 대한 이해는 절대적이다. 소통이 원활해지려면 서로에 대한 광범위하고도 깊은 이해가 필요하다. 다른 세대들을 이해하려면 상대가 살아왔고, 살아가는 모든 문화 환경에 대한 선이해가 필수적이다.

## 『미래세대 프로파일링』의 특징

'세대 이해'에 대한 중요성을 점차 깨달으면서 다양한 책이 발간되었다. 각 책에서는 세대를 분류하고, 각 세대의 특징들을 다양한 사례를 활용하여 설명한다. 『미래세대 프로파일링』은 세대 이해를 다룬 여러 책과는 다른 관점에서 살피려고 한다. 일반적인 책들은 새로운 세대들이 보여 주는 다양한 상황을 중심으로 특징을 언급한다. 하지만 『미래세대 프로파일링』은 현재의 시대에 이미 미래의 삶을 먼저 향유하는 '미래세대'의 특이점을 다양한 분야에서 심도 있게 담고 있다. 기존의 세대들과는 삶의 방식이 완전히 다른 미래세대의 '개인적인 특성'을 지성, 감성, 의지 영역으로 구분하여 1인칭의 범주 안에서 살펴본다. 미래세대의 '대인 관계에서의 특징'은 2인칭에서, 미래세대가 '세상과 미래'를 바라보는 독특한 시각은 3인칭에서 다룬다. 이러한 과정을 통하여 미래세대에 대한 입체적 이해를 가지면, 교회, 가정, 학교, 사회에서 각자 만날 미래세대들과 원만한 커뮤니케이션을 할 수 있을 것이다.

이 책은 2021년 7월에 꿈미를 통하여 발간된 『메타버스 교회교육』의 후속으로 준비된 책이다. 『메타버스 교회교육』은 '시대'에 관한 책이었고, 『미래세대 프로파일링』은 '세대'에 관한 책이다. 『메타버스 교회교육』은 코로나 팬데믹과 함께 순식간에 밀어닥친 메타버스에 대한 기본적인 이해와 메타버스를 활용한 교회교육의 다양한 프로그램을 소개하며, 이를 활용하기 위한 구체적인 전략들을 제시하였다. 『미래세대 프로파일링』은 메타버스로 대표되는 본격적인 디지털 세상에서 살아가는 '미래세대들'에 대한 심층적 이해를 돕고자 한다.

## 이 책이 필요한 사람들

이 책은 다음과 같은 분들에게 유익하리라 확신한다.

### 담임목회자

코로나 이후, 이전과는 완전히 다른 문화 속에서 살아가는 성도들과 청년, 학생들을 깊이 있게 이해하고 그들에게 효과적인 새로운 목회전략을 수립하는 자료가 된다.

### 교육 담당자

섬기는 기관의 미래세대 학생들을 충분히 파악하여 그들에게 최적화된 교육 전략에 기반을 둔 프로그램을 준비하도록 돕는다.

### 교회학교 교사, 일반 교사

교사들의 성장기와는 근본적으로 다른 미래세대 학생들을 충분히 이해하여, 미래세대들과 긴밀히 공감하고 진솔한 소통의 교제와 교육의 결실을 얻게 한다.

### 학부모

직접 낳고 양육하면서도 이해하기 힘든 미래세대 자녀를 충분히 납득하며, 신앙교육의 중심인 가정에서 적절한 신앙교육과 진로지도를 하도록 돕는다.

### 성도

생업과 사업의 상대인 미래세대들을 이해하여 원활한 사업이 가능하게 한다.

### 일반인

새로운 질서가 작동하는 새로운 시대에, 직장과 사회에서 만나게 되는 미래세대들을 충분히 이해하여 충돌과 갈등을 피하고, 조화를 이루게 한다.

## 감사와 축복

한 권의 책은 혼자만의 수고와 노력으로 만들어지는 것이 아니다. 코로나 팬데믹의 폭풍 속에서도 함께 교회 공동체를 이루어 주신 행복나눔교회 성도님들, 여전히 생소한 미래세대들을 사랑과 믿음으로 섬겨 주시는 김쌍철, 김창우, 박운규, 황춘식 장로님, 그리고 담임목사로서 모자라는 부분들을 완벽하게 보완해 주시는 이성수, 조민철 목사님, 김현태 간사님에게 특별한 감사를 드린다.

늘 위로와 격려를 해 주시는 곽상학 목사님과 수많은 인사이트를 깨워 주시는 코스타의 유임근 목사님과 스태프들에게 감사를 드리며, 늘 거룩한 동반자인 거제교회 박신명 장로님과 거창교회 정성득 장로님께 깊은 감사를 드린다.

특히 나의 서투른 생각과 모자란 내용을 잘 다듬어서 책으로 만들어 주신 오륜교회 김은호 목사님과 꿈이있는미래의 주경훈 목사님과 백상원 목사님, 도서출판 꿈미에 진심으로 감사를 드린다.

이 땅에 생명으로 태어나 한 사람의 사역자가 되도록 양육해 주시고 기도해 주시는 부모님께 감사를 드리며, 늘 기도해 주며 응원해 주는 김양수 사모에게 특별한 감사를 드린다.

또한, 눈에 넣어도 안 아플 손녀 아진이와 얼마 전 태어난 손자 아인이가 미래세대의 주역으로 살아가며 믿음의 사람으로 세워지기를 간절히 바라고, 아들 보배와 혜인에게도 축복을 더한다.

이 모든 일을 가능하게 하신 주님께 모든 영광을 돌린다.

찬미 예수!

**김현철** 목사

# PART 0
# 미래세대의 등장

# 1

# 세대 이해의
# 숙제

**세대 변화의 '놀라운 가속'**

"요즘 신입사원들이 회사를 너무 쉽게 떠나는 이유가 무엇인가?"

"제 판단에는… 애사심이 약하기 때문으로 보입니다."

"그럼, 애사심을 키우려면 어떻게 해야 하나?"

"아무래도… 해병대 극기 훈련이 좋겠죠?"

회사의 임원을 맡은 중년세대가 신입사원들의 심리를 제대로 이해하지 못하면서 불상사가 생긴다. 이 중년세대가 청년일 때는 애사심을 키우기 위해 해병대 극기 훈련을 했다. 그 당시 세대에는 그러한 프로그램이 애사심을 키우는 데에 도움이 되었지만, 최근 입사한 세대들에게는 도리어 인권 학대로 소송을 당할 수 있다. 이처럼 새로운 세대들을 잘 이해하지 못하는 기성세대는 새로운 세대가 개념이 없다고 말하고, 신세대는 기성세대를 '꼰대'라고 단정하며 관계가 단절되고는 한다.

이러한 세대 간의 갈등은 언제나 있었지만, 최근에는 더욱 심화되고 있다. 빛의 속도로 급변하는 시대 상황에서 기성세대는 신세대들을 이해하기가 더욱 어려워졌다. 코로나 팬데믹은 이러한 변화 속도를 더욱 가속화했다. 크기가 사람 머리카락 두께의 400분의 1에 불과한 바이러스가 130조 톤이나 되는 지구를 완전히 장악하여 이전보다 10배나 빨리 돌아가게 하였다.[3] 코로나 이후에 급성장하는 메타버스 사회에서는 이러한 변화가 더욱 촉진되었다. 빛의 속도보다 빨리 변하는 세대의 변화는 세대와 세대 사이에 초격차를 이루는 결과로 나타나게 되었다.

## 신세대 탐구 영역

공교육에서는 이러한 변화에 맞추어 교육의 가치관과 시스템을 변화시켰다. 코로나 팬데믹으로 인한 교육의 공백이 일어나지 않게 재빠르게 적응한 것이다. 1990년대부터 도입된 교육공학이 빛을 발하였다. 트렌드에 민감한 기업에서는 새로운 변화를 분석하여 경영 전략을 세운다. 시대의 변화를 파악하지 못해 적절한 대응을 하지 못하면 큰 낭패를 겪게 된다.

노키아 CEO가 말했다. "스마트폰이 휴대폰의 유일한 미래는 아니다."

코닥 CEO가 말했다. "디지털 사진이 사진의 유일한 미래는 아니다."

소니 CEO가 말했다. "CD는 돌아온다."

전 세계의 2G폰을 석권하였던 노키아는 일찌감치 스마트폰을 개발하

---

3. 스콧 갤러웨이, 『거대한 가속』, 박선령 역, (리더스북, 2021), p. 5.

고도 스마트폰 사업을 차일피일 미루었다. 자신들이 주도권을 잡고 있는 2G폰 시장의 이익이 엄청났기 때문이다. 결국 급격하게 열린 스마트폰 시장에서 노키아는 주도권을 잃어버렸다.

전 세계 필름 카메라를 장악했던 코닥은 디지털 카메라 기술을 먼저 개발했지만, 필름이 가져다주는 막대한 수익을 포기하지 못하여 디지털 카메라를 방치하고 있었다. 다른 업체에서 시도한 디지털 카메라 시장의 폭발적인 성장세에 뒤늦게 참전했지만, 결국 회사 자체가 소멸하고 말았다.

1970년대와 1980년대에 전 세계 가전 시장을 석권한 소니는 아날로그 방식의 전자제품에 집착하느라 디지털 가전 시장을 경시했고, 결국 시대의 변화에 적응하지 못하고 시장 지배력을 상실하고 말았다.

코로나 팬데믹으로 인하여 세상은 메타버스를 비롯한 온라인 사회로 급속히 전환되었는데, 놀랍게도 불교에서는 메타버스 시대에 아주 유연하게 대응하고 있다. 법륜의 '즉문즉설'이 코로나 이전부터 큰 인기를 끌고 있었는데, 코로나로 인하여 현장모임이 불가능해지자 즉각 온라인으로 전환하였다. 또한, 온라인에서 다양한 프로그램을 준비하여 포교 활동을 하고 있다. 사이비나 이단은 과학 문명의 발전을 자기들의 세력을 확장하는 데 적극적으로 활용하고 있다. 이미 인터넷 포털을 점령한 그들은 디지털 문화를 교묘히 활용하여 영혼을 사냥한다. 이단들은 유튜브를 통해 자신들의 교리를 퍼뜨리더니 메타버스가 주목받자, 이를 활용하여 신도들을 교육하거나 행사를 진행한다.

## 앞서가던 기독교, 뒤처지는 교회

기독교는 늘 시대를 앞서가는 새로운 패러다임을 제시했다. 구한말에 기독교는 신문물의 진앙지였다. 교회를 통하여 교육, 스포츠를 비롯한 다양한 사회문화가 보급되었다. 일제 강점기에 기독교는 학교를 세우고 독립을 위한 인재를 주도적으로 양성했으며, 한국교회는 민족의 마지막 보루였다. 한국전쟁 당시 교회는 국가의 손이 미치지 못하는 지역에서 핵심적인 역할을 했다. 산업화 과정을 밟는 동안에도 교회는 공교육이 감당하지 못하는 지역의 필요들을 채우며, 시대에 앞선 새로운 문화들을 지속적으로 공급했다. 청소년과 청년은 문화적인 갈증을 교회에서 충족하면서, 교회의 일원이 되었다. 하지만 지금의 교회는 시대의 흐름을 인도하긴커녕, 시대의 정서를 읽지 못하고 우물 안에 갇히면서 급속히 힘을 잃게 되었다.

## 코로나, 진정한 미래의 출발

문명학자들은 코로나가 전 세계적으로 퍼지면서 진정한 21세기가 시작되었다고 한다. 코로나 팬데믹이 확산되면서 교육, 경제, 문화에 있어서 획기적인 변화가 작동되었기 때문이다. '재택근무'에 대한 개념은 1980년에 출간한 앨빈 토플러의 『제3의 물결』에서 이미 제시되었지만, 당시에는 상상 속에서나 존재하는 개념이었다.

나는 1970년대에 국민학교를 다녔다. 그 당시 6년 개근은 성실성을 보여 주는 지표로서 국민학교에서는 최고의 덕목이었다. 때로는 몸이 좀 불편해도 엄마의 성화에 못 이겨 강제로 학교에 가야 했고, 태풍이 와도 일단 학교는 가야 했다. 비를 맞으며 태풍을 뚫고 학교에 가면 그제야 "오늘은 휴교"라는 이야기를 듣기도 했다.

그런데 코로나 팬데믹으로 인하여 학교에 대한 개념이 완전히 달라졌다. 온라인 비대면 수업이 전면 실시되면서, 학생들은 가정 안에서 편하게 수업하게 되었다. 코로나는 모든 분야에 근본적인 변혁을 가져왔다. 이전의 방식과는 완전히 다른 시대가 만들어졌다. 경제 영역에서도 온라인을 통한 경제 활동과 메타버스를 활용한 직업군들이 새롭게 등장했다. 문화 영역에서도 다양한 시도가 획기적으로 일어나게 되었다. 변화된 시대를 살아가는 세대들은 지금까지의 그 어떤 세대들과 비교할 수 없을 정도로 지성, 감성, 의지의 영역에서 완전히 다른 형태로 살아가게 되었다. 이같이 달라져 버린 시대를 살아가는 세대인 '미래세대'에 대한 이해가 절대적으로 필요하다.

영화 〈흐르는 강물처럼〉에서 낚시를 하는 사람들이 가진 원칙을 이렇게 말한다.

"훌륭한 어부는 물고기처럼 생각한다."

물고기를 낚으려는 낚시꾼들은 물고기의 심리를 이해하려고 한다. 낚시꾼들은 언제, 어디에, 어떤 물고기가 있으며, 그 물고기는 어떤 미끼를 좋아하는지를 연구한다. 물고기의 습성을 정확하게 알고 그것에 적절하게 대응할 때에 월척을 잡을 수 있다.

예수님은 복음서에 기록된 35개의 기적을 각기 그 상황에 꼭 필요하게 베푸셨다. 가나의 혼인 잔치에서는 물로 포도주를 만드셨고, 벳새다 들판에서는 굶주린 이들을 위하여 오병이어의 기적을 나타내셨다.

예수님은 바리새인 니고데모에게는 신학적 논쟁을 통하여, 수가성 우물가의 여인에게는 그녀의 관심사인 물을 매개로 복음을 전하셨다. 배우지 못한 서민들에게는 그들이 체험하는 주변의 사물을 활용하여 천국 비유를 말씀하셨다. 바울 역시 단단한 식물과 신령한 젖을 먹는 교인들에게 맞추어 복음을 전했다. 또한 각 도시를 다니면서, 그 도시의 성향에 맞는 선교 정책을 진행하였다. GBT(성경번역선교회)에서는 '난 곳 방언으로'를 모토로 각 민족과 부족들이 사용하는 언어로 성경을 읽게 하는 사역을 한다. 문명이 발달하면 시간적·공간적 감수성이 달라지며, 이는 의식의 변화를 가져온다. 새로운 문화를 접하면 그 문화로 인하여 가치관도 달라진다.

## 여호수아 세대 vs 사사기 세대

여호수아 세대는 성경의 수많은 세대 중에서 특별한 승리를 거둔 시대였다. 여호수아 세대의 시기는 하나님께서 약속하신 땅을 차지하고 정복하는 가장 강력한 시기였다. 하지만 여호수아 세대 이후에는 전혀 다른 세대가 일어났다.

그 세대의 사람도 다 그 조상들에게로 돌아갔고 그 후에 일어난 다른 세대는 여호와를 알지 못하며 여호와께서 이스라엘을 위하여 행하신 일도 알지 못하였더라(삿 2:10).

여호수아 이후의 세대는 하나님의 율법에 따라 훈련된 부모 세대와는 달리, 가나안의 바알 숭배 문화를 받아들였다. 그들의 부모가 완전히 제거하지 못한 가나안의 바알 문화는 인간의 욕망을 자극하는 향락을 제공하는 퇴폐적 문화였다. 사사기 세대는 바알 숭배의 문화를 탐닉하게 되어 하나님을 떠났고, 마침내 사사기의 암흑시대 속으로 전락하게 된다. 안타까운 것은, 이러한 비극의 역사가 현대 한국교회에서 재현될 징후들이 도처에서 발견되고 있다는 사실이다. 청소년과 청년이 교회를 점차 떠나고 있다. 교회에서 청소년과 청년을 잃어버린다는 것은 다음 시대를 상실한다는 것을 의미한다.

"청소년이 살아야 교회가 산다."

"청년이 살아야 교회가 산다."

이 명제는 사실이다. 그러므로 청소년과 청년을 살리고 한국교회를 새롭게 살리기 위해서는 청소년·청년 사역에 대한 전반적인 재조명이 필요하다. 현실에서 미래의 기술들을 체험한 세대들은 이전과는 다른 사고방식으로 존재하게 된다. 『포노 사피엔스』라는 책에서 최재붕 교수는 '내 상식의 교체'가 필요하다고 요청한다. 나에게 익숙한 세계관과 내가 만들어 온 성공의 경험들을 포기하고, 새로운 문명의 변화가 가져오는 변화를 고려하여 새로운 문명에 눈높이를 맞추어야 한다는 것이다.[4]

---

4. 최재붕, 『포노 사피엔스』(쌤앤파커스, 2019), p. 84.

32 _ 미래세대 프로파일링

# 2
# 세대 구분

## 1) 같은 시대, 다른 결과

### 같은 노래, 다른 반응

"머리부터 발끝까지"라는 가사를 들으면 생각나는 것이 무엇인가?

① 다 사랑스러워   ② 핫이슈   ③ 오로나민C   ④ 이근 대위

'다 사랑스러워'가 연상되면, X세대이다. 2005년도에 발매한 김종국의 노래를 즐겨 들었던 세대이기 때문이다.

'핫이슈'를 떠올리면, M세대이다. 2010년에 데뷔한 포미닛의 히트곡을 들은 세대임을 스스로 밝히는 것이기 때문이다.

'오로나민C'가 튀어나온다면, Z세대이다. 2015년에 나온 비타민 음료

광고로, 당시 이 광고의 노래를 유행가처럼 따라 부른 세대이기 때문이다.

'이근 대위'가 생각난다면, 알파세대이다. 2020년에 방영된 예능 〈가짜 사나이〉의 이근 대위를 연상하기 때문이다.

동일한 가사를 들어도 세대마다 전혀 다르게 반응한다. 그들이 듣고 경험한 문화가 완전히 다르기 때문이다. 그러므로 같은 상황에서도 전혀 다른 반응이 나오게 되는 것이다. 그로 인하여 다른 세대들이 서로 충돌하면서 세대 갈등이 일어나게 된다.

## 세대의 의미와 기준

일반적인 세대의 기준은 30~40년이었다. 이 시기는 한 인간이 태어나, 성장하여 결혼하고 자녀를 낳아서 기르는 한 시기를 의미한다.[5] 이전에는 문화의 변화 속도가 급격하지 않아서, 부모들의 문화를 자녀들이 함께 향유하면서 비슷한 관점을 가지게 되었다. 세대 간의 이해도는 각기 다르기에 약간의 갈등은 있지만 거의 동일한 공감대로 비슷한 커뮤니케이션이 가능했다. 직장에 취직하면 직장 선배들이 하는 일들을 사수와 부사수의 관계로 배워 가면서 익혔다. 그렇기에 직장 선배들의 충고는 후임 직원들에게 요긴한 정보가 되었다. 그로 인하여 직장 선배는 전문가로서 막강한 권위를 행사할 수 있었다.

---

5. 김용섭, 『요즘 애들, 요즘 어른들』(21세기북스, 2019), p. 13.

세대교체의 가속화

하지만 역사가 발달하고 문명의 변화가 급속히 진행되면서 세대 변화와 이동이 급속도로 빨라졌다. 이에 세대 간의 갈등이 일어나고 있는데, 그이유는 세대가 전환되는 주기가 점점 짧아지기 때문이다. 또한 세대 간 변화의 범위가 이전과 비교할 수 없이 급격해지고 있다. 심지어 같은 시대의 같은 연령대에서도 완전히 이질적인 요소들이 발견된다. 이전에 평균수명이 60세일 때, 두 세대가 존재하면서 갈등하였다. 하지만 평균수명이 90세대로 늘어나고 문화 현상이 급격히 변하면서, 다섯 세대가 같은 시대를 사는 기현상도 일어나게 되었다. 이러한 상황에서 각 세대 간의 가치관과 이해관계가 충돌하면서 심각한 갈등이 일어나게 된다. 이를 미연에 방지하기 위하여 각 세대 간의 이해가 반드시 요청된다.

세대 간의 이해를 위해서는 무엇보다 세대를 분류하는 것이 우선적으로 필요하다. 이러한 필요성으로 세대 간의 이해를 위한 다양한 분류법이 있었다. 일반적인 세대분류법은 전통세대, 베이비붐세대, X세대, Y세대, Z세대, 알파세대로 구분한다. 하지만 이러한 세대 구분은 몇 가지 문제점을 가지고 있다.

## 2) 일반적 세대 구분의 오류

### (1) 세대 구분을 미국의 기준으로 잡는 오류

일반적인 세대 구분은 미국이 설정한 연도별 구분법이었다. 세대 간의 갈등과 대립에 대해서 미국에서 먼저 연구된 것은 사실이다. 하나의 세대로 구분하려면, 그 세대가 특별히 경험한 '공통의 경험'을 기준으로 나눈다. 미국 내에서 발생한 특별한 사건을 기점으로 세대들 간의 간극이 일어나는 세대의 변이가 일어났다. 그러므로 미국에서의 세대 구분은 그 나라에서 발생한 사건과 이슈에 의해 구분되었다. 미국의 특별한 사건들에 의한 세대 구분은 다음과 같다.

미국의 각 세대와 세대를 정의하는 사건들

| 세대 구분 | 침묵세대 | 베이비붐세대 | X세대 | 밀레니엄세대<br>(Y세대) | Z세대 |
|---|---|---|---|---|---|
| 출생 시기 | 1925~1945 | 1946~1964 | 1965~1978 | 1979~1995 | 1996~2010 |
| 성장기의<br>주요 사건 | 대공황<br>더스트 볼<br>제2차 세계대전<br>매카시즘 | 베트남전쟁<br>우드스톡<br>인권운동<br>케네디 암살<br>워터게이트<br>우주탐험 | 베를린 장벽 붕괴<br>챌린저호 사고<br>AIDS<br>MTV<br>이란 인질 사태<br>걸프전 | 9·11 테러<br>콜럼바인 총격<br>소셜미디어<br>비디오 게임<br>Y2K | 경기 대침체<br>ISIS<br>샌디훅초등 총격<br>동성결혼 합법화<br>흑인대통령 당선<br>포퓰리즘 부상 |

출처 제프 프롬·앤지 리드, 『Z세대가 온다』 임가영 역, (홍익출판사, 2018), p. 23.

이와 같이, 미국에서 일어난 대형 사건을 기준으로 하여 특정한 시기를 공통으로 경험한 이들을 동일한 세대로 구분하였다. 그러므로 이를 한국에 적용하는 것은 다소 무리가 있다.

### 베이비붐세대는 미국적 상황이다

'베이비붐'이라는 용어는 미국적 상황을 염두에 둔 구분이다. 미국에서는 제2차 세계대전에 승전한 이후 인구가 급증하였다. 미국식 세대 기준으로, 2016년 기준 베이비붐세대는 7,400만 명, 밀레니엄세대는 7,100만

명이다. 미국의 이러한 연령별 기준을 우리가 그대로 받아 와서 한국전쟁 이후의 세대를 베이비붐세대라고 지칭한다. 전쟁이 끝난 이후에 한국에서도 인구의 급속한 증가를 언급하면서 베이비붐세대라는 명칭을 사용하였다. 하지만 여기에는 치명적 오류가 있다. 물론 한국전쟁 이후의 인구는 증가하였지만, 한국전쟁 이전과 크게 차이가 나지 않는다. 베이비붐세대 이전의 전통세대는 740만 명이다. 한국전쟁 이후에 태어난 베이비붐세대는 780만 명이다. 한국에서는 전쟁 이후의 인구 증가가 유의미한 수치가 아니기에, 전쟁 이후 출산이 급증한 미국의 기준으로 베이비붐세대라고 하기에는 무리가 있다. 한국의 세대 분류에 있어서 가장 많은 인구를 유지하는 세대는 도리어 밀레니엄세대이다. 한국에서의 밀레니엄세대의 인구는 그 어떤 세대도 따라오지 못하는 수를 자랑한다. 한국에서의 밀레니엄세대는 유일하게 1천만 명 단위, 즉 1,100만 명이다.[6] 한국에서 밀레니엄세대의 부모는 베이비붐세대이다. 이러한 인구의 역전 현상이 벌어진 이유는, 베이비붐세대로 불리는 세대의 급성장이 지속되어 결혼과 출산을 하였기 때문이다. 이러한 이유들로 인해 한국의 베이비붐세대는 한국전쟁 직후의 세대라고 볼 수 없다.

## 한국인들은 한국인들만의 경험에 따라 분류해야 한다

한국에서 출간된 세대를 구분하는 많은 책이 미국의 세대 구분을 따라서 기준을 잡는다. 날카로운상상력연구소 김용섭 소장의 『요즘 애들, 요

---

6. 김용섭, 『요즘 애들, 요즘 어른들』(21세기북스, 2019), p. 5.

즘 어른들』이라는 책에서 이러한 문제들을 지적한다. 그리고 한국은 한국의 특정 사건들에 의해 세대 구분을 해야 한다고 주장했다.

## (2) 세대 구분을 생물학적 나이를 기준으로 삼는 오류

### 할머니의 커피 주문

"할머니, 커피 어떻게 해 드릴까요? 숭늉같이 구수한 게 좋으세요? 아니면, 달달한 게 좋으세요?"

수수하게 보이는 할머니가 카페의 문을 열고 들어와 주문대에 오자 직원이 말했다. 그 친절한 직원은 할머니가 커피에 대해 잘 모르실 것 같아 이해하시도록 배려하려는 것이었다.

그러자 할머니는 전혀 의외의 대답을 했다.

"머라캤샀노? 자바칩 프라푸치노에 에스프레소 휘핑크림 잔뜩 얹어서."

수더분하게 보이는 할머니는 이미 커피의 전문가였다. 점원의 눈에 비친 할머니는 이미 기성세대이기에 그분의 정서에 맞추어 주문을 도와 드리려고 했다. 젊은 세대만이 커피를 좋아할 것이라는 고정관념이 이런 해프닝을 만든 것이다. 고정관념은 고장 난 관념이다. 그러므로 출생연도에 따라 세대를 분류하는 것은 가장 일반적인 분류법이지만, 나이에 따라 세대를 구분하는 것은 게으른 것이다.

연령별로 구분하는 것이 분류하기에 편리하긴 하다. 같은 연령대는 특정 사회적 사건을 함께 겪었을 것이기 때문이다. 하지만 이러한 분류법에는 심각한 약점이 존재한다. 그것은 같은 연령대라도 전혀 다른 성향을 보이는 경우들이 많다는 것이다. 나이가 많은 기성세대인데도 현재의 젊은 세대와 아주 자연스럽게 의사소통을 하시는 분들이 있다. 반면에 같은 연령임에도 서로 기본적인 대화가 불가능한 경우들도 있다. 군대에서 휴가를 나와서 대학 동기를 만났는데, 불과 3개월 만에 서로 대화가 어려운 경우가 있다. 심지어 한 교실에서 같이 수업을 듣는 친구 중에서도 전혀 다른 세상을 살고 있어서 의사소통이 힘든 경우도 있다.

## 같은 교실, 다른 아이

같은 교실에서 생활하는 초등학생들이 각자의 장래 모습을 말하는 TV 프로그램이 있었다. 한 남학생은 검사가 되기를 원한다고 했다. 자신의 목표는 검사장까지 가는 것이라고 했는데, 자기의 아버지가 부장 검사라고 밝혔다. 한 여학생은 의사가 되기를 원한다고 발표하였다. 이를 위해서 특목고를 가는 것이 일차적인 목표라고 하였다. 자기의 어머니가 의사이기에 그러한 소원이 있다고 말했다. 반면에 한 남학생은 아주 우울하게 말을 했다. "친구도 돈이 있어야 사귀는 것이죠. 친구를 만나는 것에도 돈이 들고요. 장기매매도 불법이지만 어쩔 수 없는 경우에는 할 수도 있고요." 같은 교실에서 생활하는 아이들이지만, 그들의 사회 경제적 수준과 현재의 상황, 그리고 미래는 전혀 다르다.

임홍택의 『90년생이 온다』는 우리나라에서 밀레니얼세대 개념을 처음 소개한 책이다. 미국식 세대 구분에 따르면, '82년생 김지영'과 1990년대생은 같은 밀레니얼세대다. 그런데 1990년생들에게 "82년생 김지영이 너희와 같은 세대야"라고 하면 그들은 말도 안 된다고 부정한다. 최근에

MZ세대를 한 묶음으로 언급하면, Z세대는 M세대를 이모 세대로 여기기에 같은 세대로 엮이는 것을 거부한다. 또한 Z세대와 M세대는 서로 상이한 요소가 훨씬 더 많다.

그렇다면, 세대 구분의 기준은 어떻게 잡아야 하는가? 그 해답은 '동일한 문화의 경험치'이다. 연령이 다르고, 지역과 국가마저 달라도 같은 문화를 경험하는 이들이 동일 세대로 묶여야 한다.

## (3) 문화적 경험이 세대 구분의 기준

### 배틀그라운드 탑티어 할아버지

한 70대 할아버지가 배틀그라운드에서 탑티어를 찍어서 화제였다. 젊은 층들도 도달하기 힘든 경지에 70대 할아버지가 올랐다. 할아버지는 눈도 침침하고, 현란한 화면을 제대로 따라가지 못하였다. 그럼에도 할아버지가 이 게임에 열광적으로 임했던 것은 청소년들을 만나기 위해서였다. 할아버지는 청소년들을 상담으로 돕고 싶어 했다. 그러나 직접 청소년들을 만나기 어려웠고, 청소년들이 배틀그라운드에 많이 접속한다는 것을 듣고 게임을 시작했다. 할아버지가 온 힘을 다하여 실력을 높이자 청소년이 자연스럽게 찾아왔다.[7] 출생연도와 나이로 세대 차이를 구분하는 것이 아니라, 이처럼 같은 문화를 경험하는 것이 동일한 세대이다. 비록 연령이 다르더라도 같은 문화를 향유하고 동일한 정서를 가지면, 동료로 인정

---

7. 김상균, 『게임 인류』(몽스북, 2021), p. 187.

되기 때문이다.

## 먹는 것이 그 사람을 만든다

한 사람의 인격을 형성하는 것은 특별한 사건 하나 때문만이 아니다. 모자이크는 수많은 조각이 모여서 하나의 작품을 만들고, 스테인드글라스는 다양한 색유리가 모여서 하나의 작품이 된다. 한 개인이 살아온 다양한 사건들로 인하여 그 사람의 독특한 인격이 만들어진다. 한 부모에게서 같은 날, 같은 시간에 태어난 쌍둥이라고 해도, 그들이 살아가는 삶의 과정이 다르다면 그들은 전혀 다른 존재가 된다. 내가 결코 납득 못할 사람이라도, 그가 살아온 삶의 과정을 알아 가면 그 사람을 이해할 수 있다. 장 앙텔므 브리야 사바랭은 1825년에 출간한 책 『브리야 사바랭의 미식 예찬』에서 이렇게 말했다.

"당신이 먹는 것을 알려 주면, 당신이 누구인가를 설명할 수 있다"(Tell me what you eat, and I will tell you what you are).

평소에 먹고 마시는 것이 한 사람을 이루게 된다. 여기에서 먹고 마신다는 것은, 단지 음식물만이 아니다. 책, 드라마, 영화, 스포츠, 노래, 책, 명절, 축제를 비롯하여 한 개인이 경험하는 모든 요소가 그 사람을 만드는 것이다. 그러므로 동일한 시대를 살았다고 해도 특정 문화를 경험하지 못했으면 그 문화를 경험한 이들의 정서를 이해하지 못한다. 한 사람이 그렇게 행동하게 되는 데에는 그만한 사연들과 이유가 존재한다. 다른 사람이 살아오면서 경험한 문화들을 충분히 이해할 때에야 비로소 그 사람에 대한 온전한 이해가 가능해진다.

## 사람은 그 시대를 닮는다

화석이 오랜 시간에 걸친 퇴적작용으로 형성되듯이, 한 개인의 인격은 그가 살아온 모든 경험의 총합이다. 이는 개인에게만 해당하는 것이 아니라, 한 세대가 형성되는 과정도 그러하다. 한 세대가 다른 세대들과 구분되는 것은 그 세대가 살아온 독특한 상황의 총합 때문이다. 아랍 속담에 "사람은 부모를 닮기보다는 시대를 닮는다"[8]라는 말이 있다. 이는 한 사람이 형성될 때 가정 안에서도 영향을 받지만, 한 시대가 가진 문화들에 의하여 큰 영향을 받는다는 것을 의미한다. 그러므로 세대의 구분은 단순하게 생물학적 나이가 아니라 문화적 경험치로 결정된다. 교회에서 학생들을 상대하는 교사와 목회자들은, 자신들이 어린 시절에 경험한 문제들을 지금의 학생들도 동일하게 고민하리라 생각한다. 그러나 자신들이 직면했던 상황에서 가장 이상적인 해법들을 대안으로 지금의 학생들에게 제시하고 강요하는 것은 정말 위험한 일이다.

## 3) 이미 와 있는 미래

SF 작가인 윌리엄 깁슨은 미래가 먼 훗날의 이야기가 아님을 이렇게 정의한다.

"미래는 이미 와 있다. 다만 모두에게 균등하게 온 것은 아니다"(The future

---

8. 허두영, 『요즘 것들』 (사이다, 2018), p. 52.

이제 그의 이러한 외침은 현실이 되었다.

## 60년 전의 과거, 60년 후의 미래

이정문 화백이 1965년에 발표한 미래만화 '서기 2000년대의 생활의 이모저모'는 앞으로 35년 후에는 이러한 모습이 될 것이라는 내용을 담고 있다. 이 만화에 따르면 학교가 아닌 집에서 공부하게 될 것이라고 하는데, 이는 이미 온라인 학습으로 충분히 실현되었다. 1965년에는 각 가정에 TV가 충분히 보급되지 않았다. 우리 가정의 첫 TV는 1973년 5월 어느 수요일에 구입한 흑백 TV였다. 당시 박스컵 축구대회가 열리면 주변의 가정들이 모두 우리 집에 모여서 TV를 보며 응원을 했는데, 방 문짝을 임시로 떼어 내고 봐야 했다. 그 당시에는 각 개인이 소형 TV를 휴대하는 것이 기적과 같은 일이었지만, 지금은 현실이 되었다. 전기 자동차도 이미 실현되었고, 종이신문을 구독하는 가정은 2022년 10월 현재 전 가구의 6%에 지나지 않는다. 이제는 스마트폰 등을 통해 뉴스를 본다. 로봇 청소기도 일반 가정에서 상용화되고 있다. 윌리엄 깁슨의 말처럼, 이제 미래는 우리 곁에 현재로 존재하고 있다.

## 미래는 미래의 눈으로 봐야 한다

2013년 9월, 옥스퍼드대학교 연구자인 칼 베네딕트 프레이와 마이클 A. 오스본이 「고용의 미래」라는 보고서를 펴냈다. 그들은 이 보고서에서 각 직종이 20년 안에 인공 지능에 의해 밀려날 확률을 설명했다. 지금은 고소득을 보장하는 판사, 변호사, 수의사, 아나운서, 항해사가 인공 지능으로 급속히 대체되리라 전망했다. 구글이 선정한 최고의 미래학자 토마스 프레이는 2030년까지 20억 개의 일자리가 사라지며, 글로벌 기업의 절반이 문을 닫고 무고용 시대가 온다고 했다.

## '신호'와 '소음'을 구분하라

시대의 기술과 문화가 달라지면 경제 지형도 달라지기에 이에 걸맞은 지도를 해야 한다. 리더들은 급속하게 달라지고 변화하는 미래에 민감해야 한다. 네이트 실버는 『신호와 소음』에서 미래가 지속적으로 우리에게 변화의 방향에 대한 신호를 보내온다고 한다. 이를 잘 이해하고 준비하면 새로운 해법을 얻을 수 있지만, 대부분 소음으로 치부하고 미래를 준비하지 못한다는 것이다.[9] 미래가 현실화된 문화를 사용하고 누리는 이들은 이전 세대와는 완전히 다른 반응을 보이게 된다. 미래가 가져온 새로운 문화에 익숙해지는 미래세대들은 지성, 감성, 의지에 있어서 전혀 다른 모습을 갖게 된다. 미래세대들은 대인 관계에서도 이전 세대에게는 외계인으로 보일 만큼의 차별성을 보인다. 미래세대는 세상을 이해하고, 직업을 준비하는 방식에도 극명한 차이를 보인다. 이 책은 그러한 미래세대들이 가진 특징들을 살피며 이에 대한 교회, 교회학교, 가정의 대안은 어떠해야 하는지 살펴보려고 한다.

---

9. 네이트 실버, 『신호와 소음』, 이경식 역, (더퀘스트, 2014), p. 131.

# 3

# 디지털 문화의
# 5변곡점

    세대 구분에서 가장 선명한 기준은 '문화의 변화'라고 전제했다. 자세히 설명하자면 세대를 구분하는 가장 확실한 기준이 되는 것은 '디지털 문화를 어떻게 대하고 활용하는가'이다. 과학 기술이 발달하면서 아날로그 문화는 디지털 문화로 급속히 전환했다. 디지털 문화를 수용하고 활용하는 정도에 따라서 세대는 커다란 변화를 겪었다. 그 변화에 의해 세대들은 더욱 분화되고 이전과는 확연히 다른 특징들을 보인다. 이러한 변화의 주기는 점점 빨라지고, 강도는 점점 강해지고 있다. 디지털 문화가 변화를 일으킨 변곡점의 계보는 다음과 같다.

| 구분 | 시기 | 세대 | 매체 | 기술 형태 | 특징 |
|---|---|---|---|---|---|
| 1변곡점 | 1980년대 후반 | 베이비붐세대 | 컴퓨터 | 아날로그+디지털 | 디지털 원정대 |
| 2변곡점 | 1990년대 중반 | X세대 | pc 통신 | 온라인 공간 | 디지털 이주민 |
| 3변곡점 | 2000년대 | M세대 | 모바일폰 | 모바일 인터넷 | 디지털 유목민 |
| 4변곡점 | 2010년대 | Z세대 | 스마트폰 | 디지털 선재 | 디지털 원주민 |
| 5변곡점 | 2020년대 이후 | 미래세대 | 메타버스 | 메타버스 테라포밍 | 메타버스 테라포머 |

# 1) 전통세대(아날로그 구대륙)

디지털 문화가 도입되지 않고, 모든 영역에서 순수한 아날로그 문화로 활동한 세대

베이비붐세대 이전의 세대들은 대대로 전해져 오는 전통적인 사고방식으로 생활하였다. 이전 세대에서 전해 준 지식이 여전히 유효하며, 이전 세대의 문화를 지속적으로 계승하였다. 부모가 누린 문화의 범주 안에서 자녀도 유사한 문화를 가졌다. 기성세대와 갈등과 대립이 발생했지만, 신세대는 결정적인 순간에 기성세대의 조언과 지시에 순응하였다. 앞선 세대들의 경험이 자기들의 삶에도 여전히 유효하게 작용했기 때문이다. 그로 인하여 기성세대들이 가진 삶의 노하우는 새로운 세대들에게 도움이 되었다. 그러나 기술과 문화가 급속도로 달라지면서 기성세대와 신세대들 사이에는 심각한 갈등이 일어나게 되었다. 문명의 변화 속도가 급속히 이루어지면서 이전 세대에서는 경험하지 못한 새로운 문화들이 급속히 생겨났다. 새롭게 태동한 문화에 익숙해지기도 전에 이전과는 전혀 다른

이질적인 문화가 등장하였다. 게다가 지식의 발전도 상상을 초월하는 방식으로 이루어졌다. 미래학자 버크민스터 풀러는 인류의 지식 총량이 늘어나는 속도가 100년마다 두 배씩 증가했던 것이 1990년대부터는 25년으로, 2020년에는 13개월로 그 주기가 단축되었다는 '지식 두 배 증가 곡선'을 주장했다.[10]

이로 인해 기성세대들의 충고와 조언이 신세대들에게는 전혀 도움이 되지 못하는 일들이 발생하게 되었다. 달라진 지식과 기술을 배경으로 하는 문화의 변화는 사고와 삶의 방식을 완전히 바꾸었다. 이러한 문화 차이로 일어나는 세대 간의 갈등은 갈수록 커지고 있다.

## 2) 디지털 1변곡점(베이비붐세대/디지털 원정대)

컴퓨터가 점차 일반인에게 도입되면서 열리기 시작한 가상세계를 처음 경험했으며, 낯선 디지털 세상의 가능성을 탐사하기 시작한 디지털 원정대 세대

세계사에서 대항해 시대 이전에는 구대륙에 거주하는 것이 일반적이었다. 그들은 계승받은 영지에서 그 시대의 사회 질서에 순응하며 살았다. 기존의 질서에 도전하는 것들을 경계하고, 자기들의 전통적 삶의 양식에 큰 자부심을 가지며 살았다. 삶의 모든 영역의 변화를 거부하며 운명으로 받아들였다. 마치 구한말 시대에 쇄국 정책을 내세워 문호 개방을 하지

---

10. 에듀인뉴스, 2020.06.13., http://www.eduinnews.co.kr/news/articleView.html?idxno=30187/

않은 것과 같다. 새로운 문화가 개발·보급되어도 여전히 아날로그 문화에 머무는 세대들이다.

## 가상 공간의 발견

지리학상으로 새로운 대륙이 발견되자 새로운 삶을 시도하는 이들이 생겨났다. 그들은 지금까지 살았던 삶의 터전을 뒤로하고 새로운 기회를 찾아 나섰다. 기존의 길과는 전혀 다른 새로운 항로를 찾으려고 했다. 해외에 임시로 주재하는 주재원들이 그 나라에서 새로운 기회를 발견하고 새로운 시작을 진행하듯, 새로운 기회를 추구하는 사람들이 등장했다. 디지털 문화가 새롭게 도입될 때 '얼리어답터'로 불리는 이들이 적극적으로 디지털 문화를 수용했다. 이들은 디지털 문화가 제공하는 편리함과 효율성을 경험하면서 디지털 문화를 적극적으로 활용했다. 컴퓨터로 작업을 하면서 종이로 책과 서류를 만들던 세계에서 이제는 디지털로 이루어진 가상의 세상을 발견하게 되었고, 이 공간을 탐험하기 시작했다. 마치 새롭게 발견한 대륙이 살아가기에 적절한지 알아보기 위하여 파견된 원정대와 같은 역할을 하게 되었다.

1변곡점의 디지털 원정대들은 개인용 컴퓨터를 구입하기 시작했다. 1960년대만 해도 사람들은 컴퓨터를 거대한 기계로 생각했다. 커다란 몸체와 천문학적 가격의 기계는 일반인들에게는 엄두가 나지 않았다. 엔지니어들이 흰색 가운을 입고 격리된 방에서 웅장한 컴퓨터를 다뤘다. 거대 컴퓨터는 그 자체로 완결적인 존재였다. 이 완결적인 존재는 커뮤니케이션을 필요로 하지 않았고, 정보도 공유할 필요가 없었다. 하지만 디지털 원정대는 컴퓨터를 가정용, 업무용으로 구입하고 활용하기 시작했다. 전통세대는 손과 타자기로 서류를 작성하여 상급자를 직접 만나서 보고 했다. 하지만 디지털 원정대는 디지털 공간인 컴퓨터에서 문서 작업을 했다. 컴퓨터로 작성한 파일은 자신이 직접 방문하지 않더라도 컴퓨터에 연결된 팩스 기능으로 거리의 한계를 넘어서서 바로 전달할 수 있는 변화가 일어났다.

나는 섬기던 교회에서 주보 편집을 맡았었는데, 컴퓨터를 구입하기 전에는 손으로 작성하여 인쇄소가 있는 시내 방면으로 버스를 두 번 갈아타고 가서 전달하고, 1차 작업을 할 때까지 긴 시간을 기다렸다가 교정을 보고 와야 했다. 때로는 주보 원고를 잃어버려서 낭패를 겪기도 했다. 하지만 컴퓨터로 작업을 해 놓으면, 원고를 분실해도 얼마든지 재출력을 할 수 있었고, 팩스로 발송하면 엄청난 시간을 절약할 수 있었다.

## 102Mb의 성능

나는 1992년 신학대학원을 다니던 시절에 컴퓨터를 구입했다. 새로운 전자제품을 구입하는 것을 좋아하는 친구가 286컴퓨터를 구입하여 자신이 섬기는 주일학교 주보를 만드는 것을 보면서 참 부러웠다. 그 부러움을 참고 재정을 모아 마침내 386컴퓨터를 구입했다. 당시 전도사의 한 달 사례비가 15만 원이었는데 90만 원이나 하는 386컴퓨터를 사기 위해 할부로 결제했다. 내가 최초로 구입한 컴퓨터는 나의 책상 대부분의 공간을 차지하였고, 그 컴퓨터의 하드디스크 저장 공간은 102Mb였다. 컴퓨터를 설치하러 온 기사에게 이 정도의 용량은 얼마 정도 사용할 수 있나 물었다. 그 질문에 기사는 아주 의기양양하게 확신에 차서 나에게 대답했다.

"이 하드디스크의 용량이 102Mb이니, 전도사님이 평생 사용하셔도 다 못 채우십니다."

# 3) 디지털 2변곡점(X세대/디지털 이주민)

PC 통신의 보급으로 컴퓨터를 통해 가상 공간에서의 커뮤니케이션이 가능해지면서 공간의 한계를 극복하고 디지털 세상에서 다양한 활동이 시도되고 운영되던 세대

디지털 2변곡점은 삐삐와 시티폰의 보급을 지나, 휴대폰으로 문자 메시지를 하며, 인터넷과 PC 통신으로 다른 장소의 사람들이 서로 연결된 시기이다. 이로 인하여 기존의 소통 방식인 편지와 전화가 아닌, 이전에는 없던 온라인 가상 공간에서의 만남을 통하여 물리적 공간과 시간의 제한을 넘어서게 되었다. 완전히 낯선 사람들이 같은 취향의 동호회에서 만나고, 이것이 오프라인의 정모로 이어지게 되었다. 영화 〈접속〉, 〈유브 갓 메일〉에서 보여 주듯이 온라인 동호회는 새로운 이성교제의 문법으로 확장되었다. 이러한 변화를 새로운 기회로 적극적으로 활용하는 세대들이 등장했다.

## 가상 공간으로의 이주

1620년 메이플라워호를 타고 떠난 102명의 사람은 새로운 시대를 꿈꾸며 신대륙으로 왔다. 그들은 신대륙을 새로운 삶의 터전으로 생각했다.

구대륙과는 모든 것이 다른 새로운 세계에서, 이주민들은 가옥을 짓고 새로운 터전에서의 삶을 시작했다. 과학의 발달로 새로운 디지털 제품들이 출시될 때, 이를 적극적으로 도입한 디지털 이주민들은 새로운 생태계를 구축해 가면서 새로운 시대에 적응하기 시작했다. 이전 시대에는 중고등부 학생들을 섬기면서 불신가정의 학생들과 연락하려면 전화와 편지를 통하여야 했다. 편지로 연락하려면 긴 시간이 걸렸으며, 남자 전도사로서 불신가정의 여학생에게 전화를 할 경우에는 상당한 부담을 가져야 했다. 그러한 상황에서 '삐삐'가 출시되었다. 나는 1993년에 강도사로 사역을 하면서 삐삐를 구입했다. 이를 통해서 학생들과 청년들에게 일대일 통신을 할 수 있어 신속하고도 긴밀한 연결이 가능했다.

## 문자 메시지 사역하기

2000년경에 교목으로 사역을 시작할 때 학생들도 휴대전화를 소지하게 되면서, 학생들과 문자 메시지로 더욱 긴밀한 연락이 가능해졌다. 문자 메시지를 통해 시간과 장소를 가리지 않고 서로 연락이 가능했다. 교회를 다니지 않는 학생들과도 자유자재로 의사소통을 했다.

"저… 시외버스터미널이에요… 전 지금 가출모드 작동 중이에요."

"문제를 피하면, 그 문제 너머의 축복을 못 만난단다. 다시 해 보자!"

"부모님의 구박이 너무 심해서 집에 들어가고 싶지 않아요."

"그래도 부모님의 맘은 너를 응원한단다. 그러니 다시 돌아가렴."

"네… 알았어요~~ 다시 해 볼게요~~"

# 4) 디지털 3변곡점(M세대/디지털 유목민)

> 와이파이 보급으로, 시간과 공간의 제한을 받지 않는 모바일라이프가 가능해져서 본격적으로 디지털 세상에서 일상을 영위하는 세대

3변곡점은 M세대들이 모바일 환경에서 다양한 경험들을 누리게 된 시기다. 이전까지는 인터넷을 사용하려면 책상 위에 고정된 자리에서만 가능했다. 부모들은 자녀들이 인터넷을 과도하게 사용하지 않도록 PC를 거실에 두었다. 2007년 아이폰의 등장과 함께 시작된 스마트폰 시대는 공간에 묶이지 않고 어느 장소에서도 인터넷을 자유자재로 활용할 수 있게 만들었다. 또한 애플리케이션 생태계를 통하여 자기가 원하는 기능의 애플리케이션을 자신의 스마트폰으로 내려받아서 활용할 수 있게 되었다. 다양한 SNS가 보급되면서 긴밀히 소통하고, 그 안에서 집단지성과 집단행동을 통하여 커다란 변화를 경험하게 되었다.

## 가상 공간의 일상화

유목민들은 한곳에 머물지 않고 수시로 이동한다. 자신의 필요에 따라서 이동하는 것에 주저하지 않고, 어디에서든 생활한다. 디지털 문화의 발달로 노트북을 펼칠 수 있고 와이파이가 잡히는 곳이면 어디든 자기의 근무지가 되었다. 1990년대 하반기에 '인터넷으로 일주일간 살기'를 실행해 보는 예능이 있었다. 인터넷을 통하여 필수품을 구입하고, 시간을 보내는 것이 가능할까를 확인해 보는 프로그램이었다. 아날로그로 이루어진 많은 일상이 인터넷과 온라인으로 자연스럽게 전환되었다. 편지를 보내던 것이

메일로 대체되었고, 크리스마스 카드를 보내는 것이 SNS 이모티콘으로 대체되었으며, 명절이 되면 명절 짤들을 활용하여 지인들에게 단체로 메시지를 보낼 수 있게 되었다.

## 싸이월드 감성

오프라인에서는 만나지 못하는 사람들을 싸이월드 홈페이지를 통하여 만나게 되었다. 도토리를 활용하여 BGM을 깔고, 벽지와 액세서리를 구입하여 개인 홈페이지를 만들었다. 디지털 카메라가 보급되면서 자신이 찍은 사진들을 올리고, 자기의 감성을 표현하는 일들이 급속히 유행되었다. 싸이월드의 파도를 타고 흘러가서 새로운 만남들이 이루어졌다. 감사하는 마음으로 온라인을 통한 선물 전달이 가능해졌다. 세이클럽으로 대표되는 청소년들과 청년들의 커뮤니케이션이 획기적인 변화를 이루었다. X세대들은 자기들의 독특성을 감추지 않고 개성을 확고하게 표현하면서 이전의 세대와는 분절된 특징들을 보였다. 삐삐에서 시티폰을 거쳐 PCS로 일대일의 의사소통이 가능해지면서 그들만의 독특한 문화는 이전과는 획기적인 차이를 나타내게 되었다. 베이비붐세대의 자녀들이 M세대들이다. 베이비붐세대들이 청소년 시기에는 과학 기술이 아직 발달하지 못했고, 경제적으로도 어려움이 있어서 원하는 것들을 모두 갖지 못하였다. 그러한 응어리가 있던 베이비붐세대들이 경제 활동을 하던 시기는 1980~90년대의 경제적 호황기여서 재정적으로 여유가 있었다. 그로 인하여 베이비붐세대인 부모들은 여유로운 경제력으로 자녀들이 요구하는 새로운 문화들을 누리도록 적극적으로 지원하였다. 청소년기에 휴대폰을

가지는 것은 당연하였으며, 이로 인하여 이전 세대와는 비교할 수 없을
만큼 더욱 활발하게 디지털 생태계가 구축되었다.

## 5) 디지털 4변곡점(Z세대/디지털 원주민)

> 스마트폰이 보급되면서, 디지털 문화가 모든 제반 영역에 활성화된 상태에
> 서 자라난 디지털 네이티브 세대

4변곡점은 Z세대들이 스마트폰을 신체 일부로 여기는 포노 사피엔스
의 시대를 살면서 나타났다. 이들은 정보 습득, 커뮤니케이션, 놀이, 취
미, 비즈니스, 경제 활동의 영역도 스마트폰으로 대체되는 시대를 살았
다. 아날로그 세대들에게 스마트폰은 후천적으로 배우는 것이기에 적응
하는 데 진입장벽이 있다. 하지만 태어난 순간 디지털 생태계가 이미 구
축되어 있는 원주민 세대는 태어날 때부터 스마트폰은 이미 존재한 것이
기에 누가 가르쳐 주지 않아도 자연스럽게 익히고 금세 적응한다.[11]

### 가상 공간 전성시대

이처럼 강력한 기능을 탑재한 스마트폰에는 '득'과 '독'이 공존한다. 스
마트폰이 주는 획기적인 편리성으로 인해 팬데믹 현상 속에서도 스마트
폰 하나만 있으면 생활에 전혀 불편을 느끼지 않았다. 코로나 팬데믹으로

---

11. 최재붕, 『최재붕의 메타버스 이야기』 (북인어박스, 2022), p. 57.

인하여 록다운이 일어나자, 오랫동안 지지부진하던 온라인 미팅, 온라인 학습이 불과 몇 주 만에 현실이 되고 일상이 되었다. 이러한 비대면으로 진행되는 온라인 문화가 처음에는 어색하고 시행착오도 많았다. 하지만 학생들은 이미 온라인 교육에 익숙해져 있었고, 기성세대인 교사도 여기에 익숙해지면서 이전의 학교 교실 위주의 교육방식은 아주 오래전의 고대유물처럼 느끼게 되었다. 나는 부산의 고신대학교에서 '메타버스의 이해와 적용'에 대하여 강의를 진행하고 있다. 2021학년도 2학기의 수업은 전면 비대면으로 진행하였다. 비대면 온라인으로 대학 정규과목을 진행할 때에 다소 어려움이 있었지만 금세 적응이 되었다. '영화 인문학' 수업을 추가로 강의하게 되면서, 비대면으로 강의를 진행하게 되었다. 코로나 사태가 진정되면서 대면 강의를 위하여 차를 몰고 출발하는 순간, "아, 비대면일 때가 좋았는데"라는 말이 저절로 나왔다.

스마트폰으로 인하여 도리어 인간관계들이 폭발적으로 확대되고, 다양한 경험이 가능해졌다. 이로 인한 새 시장이 형성되고, 이전에는 없었던 새로운 직업들이 파생하고 있다.

## 웹툰의 제국

전통적으로 만화는 일본이 세계 시장을 주도하였다. 하지만 웹툰은 한국이 주도하고 있다. 웹툰은 종이 만화를 스캔하여 인터넷에 올리는 것이 아니다. 웹툰은 종이 만화의 전개 방식과 완전히 다르다. 종이책은 책을 넘기듯이 수평으로 이동하지만, 웹툰은 스크롤하는 방식으로 수직적으로 진행된다. 종이 만화는 한 페이지, 한 페이지씩 시선이 제한된다. 하지만 웹툰은 화면을 쓸어 올리는 방식으로 화면이 계속하여 이어진다. 이러한 진행 방식은 시각적 효과에 엄청난 변화를 가져오며, 창작 방식에 극도의 창조력이 발현될 수 있게 한다. 강풀 작가에 의하여 본격적인 웹툰의 문법이 완성되고, 다양한 재능으로 무장한 이들이 마음껏 잠재력을 표현할 수 있는 디지털 환경이 조성되었다. 또한 이를 소화하고 댓글로 반응을 해 주는 독자들의 주도적인 개입은 웹툰이 폭발적으로 성장하는 결과로 이어졌다.

## 가상 공간의 그늘

이와는 반대로 이전에는 상상하지 못한 충격적인 범죄들에 스마트폰이 사용되기도 한다. 넷플릭스 드라마 〈인간수업〉이 묘사하는, 청소년이 또래 청소년을 성매매시키는 현상이 일어나는가 하면, 'N번방 사건' 같은 경악스러운 범죄들이 미성년자들에 의해 기획되어 일어나곤 했다. 또한 청소년들과 일반인들까지 과도한 스마트폰으로 대표되는 디지털 문화에 중독되면서 신체적·정서적·영적 손실들이 일어나고 있다. 이전과 비교조차 할 수 없는 이러한 변화가 큰 저항 없이 수용된 것은 기술 문명의 발달이 큰 몫을 담당하고 있다. 급속도로 발달한 기술은 생소한 '비대면 온라인 문화'를 수용하는 데 불편이 없도록 지원하고 있다. 사람들이 직접적으로 접촉하지 않는 '언택트' 문화가 생활에 편리함을 주고, 업무 효율을 높이고 있다. 이처럼 미래는 순식간에 현실을 대체하고, 우리의 의식을 신속하게 변모시켰다. 이러한 미래 예측은 그 누구도 예상하지 못한 사실이 아니다. 이미 2,500년 전에 다니엘이 이미 말씀으로 예언한 것이 실제로 실현되는 것이다.

다니엘아 마지막 때까지 이 말을 간수하고 이 글을 봉함하라 많은 사람이 빨리 왕래하며 지식이 더하리라(단 12:4).

# 6) 디지털 5변곡점(미래세대/테라포머)

'메타버스'라는 새로운 영역의 가상세계가 시작되고, 코로나 팬데믹 이후 메타버스가 자연스럽게 일상을 대체하게 된 세대

## 테라포밍의 시작

SF 영화에서는 환경오염과 자원의 고갈로 인하여 지구에서의 생존이 불가능해지자, 다른 행성으로 이주하는 테라포밍을 다루기도 한다. 코로나로 인하여 기존의 사회, 경제, 교육, 오락의 영역이 전면 중지되면서 온라인 디지털을 통한 전혀 새로운 생태계의 시대가 시작되었다. 재택근무와 온라인 수업이 확대되고 메타버스 플랫폼들이 등장하면서 새로운 패러다임이 열리게 되었다. 미래세대는 이러한 변화에 적극적으로 적응하는 세대이며, 기존세대들도 처음에는 어색하고 생소했으나 새로운 행성과도 같은 메타버스 시대에 적응하기 시작했다. 아날로그 시대에는 대도시에서 열리는 도움이 될 만한 세미나에 참석하려면 지방에 사는 사역자들이 만만치 않은 교통비와 숙박비를 부담해야 했고, 오고 가는 시간의

허비를 감당해야 했다. 하지만 온라인에서의 세미나와 집회는 시간과 공간, 재정의 부담을 줄이면서 충분히 누릴 수 있게 하였다. 디지털 문화와 메타버스가 발전하면서 이러한 변화는 더욱 가속화되었다.

## 메타버스 타고 교회학교로 가자

코로나로 인하여 대면으로 진행하는 교회교육이 불가능해졌지만, 행복나눔교회에서는 메타버스를 통한 교회교육을 다양하게 시도했다. 행복나눔교회는 코로나가 시작되기 전에는 주일 오전 예배에 120명이 출석하던 교회이다. 코로나로 인해 전통적 방식의 교회교육이 불가능해짐에 따라, 모든 인프라를 이용하여 교회교육의 새로운 모델을 만들어야 했다. 온라인으로 교회학교 학생들과 소통하고, 신앙교육 프로그램들을 새로이 개발하였다. 교회학교 학생들과 소통하며 신앙의 양육을 위한 모든 과정을 통합하여 운영한 것이다. 시행착오를 겪기도 했지만, 오프라인에서 가능한 프로그램을 지속적으로 개발하고 시행하면서 학생들이 교회와 지속적으로 연결되도록 하였다. 그리고 우리 교회 자체만이 아니라, 다른 지역의 교회들과 연계하여 다양한 프로그램들을 진행하였다. 나아가, 고난주간이나 부활절을 비롯한 절기 행사에서 일반 장년 교인을 위한 다양한 프로그램에도 메타버스를 적극적으로 활용하여 전개하였다. 게다가 우리나라를 넘어서 필리핀을 중심으로 5개국의 청소년들 1,200명과 국내 교회 청소년들 300여 명이 참가한 '온라인 글로벌 캠프'를 뜨거운 은혜 가운데 진행했다. 하늘길이 막혀 선교지에 갈 수 없었지만, 온라인을 타고 복음이 동 시간 온 열방에 선포되는 특별한 경험은 말로 표현할 수 없는 감격을 주었다.

## 더닝 크루거 효과

더닝 크루거 효과란 '능력이 있는 사람은 자신의 능력을 과소평가하고, 반대로 능력이 없는 사람은 자신의 실력을 과대평가하는 경향'을 말한다. 이는 1999년 코넬대학교 교수 '데이비드 더닝'과 대학원생 '저스틴 크루거'가 제안한 이론이다. 그들은 45명의 학부생에게 논리적 사고 시험을 치르게 한 뒤 예상 성적을 제출하게 했다. 그 결과 성적이 낮은 학생은 예상 성적을 높게 평가했지만, 성적이 높은 학생은 예상 성적을 낮게 평가했다.[12]

교목으로 섬길 때 시험감독을 했었는데, 당시에 아주 특이한 현상이 있었다. 시험을 마치고 나면, 공부를 잘하지 못하는 학생들은 이번 시험에서 아주 좋은 점수가 나올 것이라고 자신만만해 한다. 반면에 공부를 잘하는 학생은 시험이 끝나면 풀이 죽은 모습이 된다. 한 과목을 시험 치르고 나면, 공부를 잘하지 못하는 학생들은 자기들끼리 시험지를 가지고 답을 비교해 본다. 그리고 자신들이 같은 답을 표기하였으면 굉장한 안도감을 느끼며, 서로 답이 다를 때는 자기의 답이 정답이라고 우기기도 한다. 첫날 시험을 치르고 귀가하여 부모님이 시험을 잘 봤냐고 물어보면, 마치 전국 수석을 한 것처럼 의기양양하게 답변을 하고, 푸짐한 간식을 받게 된다. 이러한 모습을 표현한 말이 '근자감'이다. 근자감은 '근거 없는 자신감'이라

---

12. "더닝 크루거 효과", Daum 백과, https://100.daum.net/encyclopedia/view/201XXX1809097/

는 뜻인데, 자기의 느낌대로 현실이 이루어질 것이라고 가정하고 엄청난 행복회로를 돌리는 것이다. 그런데 시험 채점을 하고 나면 의기양양하던 학생들은 기대보다 저조한 결과를 만나지만, 고개를 푹 숙이던 학생들은 지난 시험보다 더욱 높은 점수를 받는 경우들이 많았다.

더닝 크루거 효과는 사실과는 다르게 자기 느낌으로 판단·결정하는 것의 어리석음을 말한다. 기성세대는 신세대를 자기들의 관점으로 보려고 한다. 기성세대들이 자기들의 경험과 시선을 기준으로 대하면 불편한 충돌이 일어난다. 기성세대가 새로운 세대들에게 자신들의 세계관, 경험 지식으로 훈계나 조언을 일방적으로 하면 심각한 갈등이 일어나며, 심지어는 관계가 깨지기도 한다. 기성세대들은 이해하기 어려운 신세대들을 포용하고 섬기기 위해 어떻게 해야 할까?

## 그들을 알아야, 그들을 섬긴다

영화 〈그랜 토리노〉에서 클린트 이스트우드는 자기 고집으로 살아가는 노인이다. 그는 자신의 편견에 갇혀 주변 이웃들과 담을 쌓고 지낸다. 새롭게 이사 온 동양계의 식구들과도 처음부터 불편하게 충돌한다. 하지만 점차 시간이 지나면서 서로의 문화를 경험하면서 소통하게 된다. 그로 인해 아름다운 교제를 이어 간다. 물론 상대방을 완벽히 이해하지는 못하더라도 존중하게 된다. 나는 청소년 사역을 지속적으로 하면서 다음세대를 이해하려고 노력하였다. 청소년들이 즐겨 보는 웹툰, 아이돌, 즐겨 듣는 노래들을 같이하려고 했다. 청소년들이 열광하는 문화, 주로 보는 방송들을 모니터링했다. 교목으로 사역할 때 한 반의 성경 수업이 끝나면 다음 수업이 있는 교실로 들어가서 그곳에서 학생들을 관찰했다. 현재 청소년들이 가지고 있는 공통의 관심과 그들의 고민을 자연스럽게 접하게 되었다. 이를 바탕으로 그들의 고민과 문제들에 어떠한 해답을 줄 것인가를 준비하여 성경 수업과 채플에서 제시하려고 하였다. 이러한 수고는 굉장한 도움이 되어서 청소년들의 상황에 적절한 메시지를 전할 수 있었다. 학생들이 진심으로 동감하고 공감하면서 말씀을 듣고, 삶이 변화되는 모습은 큰 보람이었다.

## 미래세대는 미래로 호흡하라

교사들이 그들의 세대와는 전혀 다른 미래세대를 자기들의 경험을 절대기준으로 삼고 지도하면, 미래세대들이 점점 떠나게 된다. 그러므로 모든 리더는 그들이 만나는 세대들을 충분히 이해해야 한다. 신학대학원에서 설교연습학 시간에 교수님들이 늘 강조하는 것은 '청중 분석'이었다. 나의 설교를 들을 청중이 누구인가를 먼저 이해해야 한다는 것이었다. 예수님께서는 철저히 청중 분석을 하여 각기 다른 교수법으로 가르치셨다. 교육받지 못한 서민들에게 말씀하실 때는 그들이 경험한 내용을 비유로 '천국 복음'을 쉽게 전하셨다. 주부가 부엌에서 요리하기, 진주 장수가 진주 구하기, 여리고로 내려가는 강도를 만난 이들의 스토리를 통하여 복음의 비밀을 알아듣게 하셨다.

이는 그 가르치시는 것이 권위 있는 자와 같고 그들의 서기관들과 같지 아니함일러라(마 7:29).

다윗이 그리스도를 주라 하였은즉 어찌 그의 자손이 되겠느냐 하시니 많은 사람들이 즐겁게 듣더라(막 12:37).

하지만 바리새인이며 산헤드린 교회원인 니고데모에게는 깊은 신학적 질문으로 구원의 비밀을 말씀하셨다. 이처럼 리더에게는 청중에 대한 이해를 아무리 강조해도 지나치지 않는다.

어제는 오늘을 알 수 없고, 오늘은 내일을 계산할 수 없다. 기성세대는 자기들이 이미 경험했던 사춘기를 겪는 신세대들을 이해하는 것이 어렵다. 그 신세대들이 자라서 기성세대가 되어도 같은 어려움을 겪는다. 이로 인하여 세대 간의 갈등은 쉽게 해결되지 않는다. 이것이 지속되면, 동시대를 살아가면서도 전혀 다른 세상을 살게 된다. 이로 인하여 그 어떤 교감도 어려워져서 상담과 교육은 큰 위기를 만나게 된다.

메타버스로 대표되는 디지털 문화 속에서 자라는 미래세대들의 특징은 무엇인가? 디지털 문화를 먼저 받아들이고 활용하는 이들의 특징을 이해하는 것은 정말 중요하다. 그래야 신인류를 넘어 외계인으로 불리는 세대들을 보다 효과적으로 섬길 수 있기 때문이다. 이 책에서는 태어나면서부터 디지털 문화를 경험하는 것을 넘어서 메타버스로 테라포밍하는 미래세대들의 특징을 구체적으로 설명하려고 한다. 이 책에서 다루는 미래세대들을 이해할 수 있는 40가지의 키워드를 잘 활용하여 보라. 효과적인 교육과 지도에 도움이 되기를 소망한다.

# PART 1
## 미래세대 이해: 1인칭

<8월의 크리스마스>(1998) 스틸컷

"아저씨, 외아들이죠? 먹는 거 보면 알아요. 우린 형제가 많아 아이스크림 하나 먹을 때 난리 쳐야 하거든요."

영화 〈8월의 크리스마스〉에서 다림이는 정원이가 아이스크림을 얌전하게 먹는 모습을 보면서 이렇게 질문한다. 형제가 많았던 다림은 어린 시절에 아이스크림을 먹으려고 형제들과 치열하게 다투었던 모습과 비교되는 정원을 보며 이렇게 추측한다.

한 개인의 인격과 행동 패턴은 그가 일상과 사회문화를 반복하여 겪으면서 결정된다. 메타버스를 비롯한 디지털 문화를 누리는 이들은 정보를 얻고 즐기는 방식이 아날로그 세대와는 전혀 다르다. 각 세대는 그들이 보고 듣고 경험한 감정들이 모여 특이한 행동 패턴이 결정되기 때문이다. 이러한 차별성은 동일한 시대 속에서 같은 연령대로 살았다 해도, 문화 경험치에 따라서 구별된다.

교통편이 불편했을 때는 시간과 공간의 제한을 받아 행동반경이 위축되었다. 아날로그 세대의 시대에는 서울에서 부산까지 가장 빠른 교통편인 새마을호로도 5시간 정도 걸렸다. 서민들이 주로 탑승하던 무궁화호, 통일호 열차는 8시간에서 10시간이 걸렸다. 하지만 지금은 KTX로 2시간 30분 정도가 걸리면서 서울과 부산의 지리적 개념이 완전히 달라졌다. 업무와 일상에서 이전과는 완전히 다른 시대가 열리게 되었다. 이전 세대는 부산에서 서울로 다녀오는 것은 최소한 1박 2일을 예상해야 했지만, 지금은 같은 도시 내로 이동하는 개념으로 전제하고 행동한다. 이러한 변화는 지적·정서적·의지적 면에 깊은 영향을 주게 된다. 이전 세대와는 비교가 안 될 만큼 새롭게 변화된 시대를 살아가는 미래세대들이 마주할 변혁에 대해 함께 살펴보자.

# 1

# 1인칭(지성)

"헤이, 알렉사."

생후 18개월 아들이 말을 배우면서 첫 번째로 한 말은, '엄마'도 '아빠'도 아닌 '알렉사'였다. 2018년 6월 5일 「뉴욕포스트」에 따르면, 영국의 로티 레저와 마크 브래드 부부는 황당한 일을 겪었다. 알렉사는 미국 IT 기업 아마존이 개발한 인공 지능(AI) 스피커 '에코'에 내장된 AI이다. 호출 신호로 "알렉사"를 외치면 알렉사는 사용자의 음성 명령을 수행한다. 영국의 '알렉사 베이비'는 신생아 때부터 부모가 AI 스피커에서 알렉사를 불러내는 모습을 보며 자랐다. 그로 인해 생애 첫 언어가 "알렉사"가 된 것이다.[13]

새로운 문화와 문명이 등장하면, 지식을 얻는 방식과 전하는 방식이 완전히 달라진다. 새로운 세대는 이전 세대가 지식을 다루는 방식과는 완전히 다른 방식을 사용한다. 구전에서 문자로, 문자에서 디지털로 이어지는 지식의 혁명을 먼저 수용하고 활용하는 이들이 결국은 주도권을 장악한다. 이전 세대는 자신에게 익숙한 지식의 방식을 고집해서는 안 된다. 새로운 지식 습득의 방식을 이해하고 활용할 때 더욱 효과적인 교육이 가능해진다. 아날로그 세대는 미래세대의 지성의 특징을 이해하고 이를 적극적으로 활용해야 한다.

# 1) 하이퍼 퍼스널리티(초연결 사회)

### 나는 접속한다, 고로 나는 존재한다

"나는 생각한다, 고로 나는 존재한다."

데카르트는 이렇게 자신의 존재를 인식한다고 강조하였다. 끊임없이 사고하고 판단하는 자신이 존재의 근거가 된다는 것이다. 하지만 미래세

---

13. 중앙일보, 2018.06.14., https://www.joongang.co.kr/article/22714066#home/

대는 존재의 방식이 완전히 달라진다.

"나는 접속한다, 고로 나는 존재한다."

미래세대는 온라인에 접속되어 있을 때 비로소 존재감을 확인하게 된다. 통학버스를 타고 나서야 스마트폰을 집에 놓아두고 왔다는 것을 알게 되면 하루 종일 심각한 불안감을 느끼게 된다. 이를 '노모포비아'라고 한다. 이 신조어는 『케임브리지사전』이 선정한 '2018년 올해의 단어'로, '노모바일폰 포비아'(No mobile-phone phobia)의 줄임말이다. 이는 스마트폰이 없을 때 초조해하거나 불안감을 느끼는 증상을 뜻한다.[14] 성균관대학교의 최재붕 교수는 『포노 사피엔스』라는 책에서 새로운 미래세대는 스마트폰을 전화가 아닌 신체의 일부로 여겨서 '오장육부'가 아닌 '오장칠부'라고 한다고 했다. 미래세대는 스마트폰을 잃어버리면, 마치 신체의 일부가 없는 듯한 어려움을 겪는다.

## 아날로그에서 디지털로의 전환

소크라테스는 문자의 위험성을 경계했다. 그는 제자 파이드로스와의 대화에서, 문자의 탄생이 인간의 창의성에 방해가 될 것을 걱정했다. "문자의 발명은 배우는 자의 영혼을 망각하게 할 것이다."[15] 사람들이 문자로 책에 기록하고 더 이상 구전으로 지식을 전하지 않으면, 인간의 지적인 능력이 퇴락할 것을 우려한 것이다. 언어에서 문자로 변화되는 것도 지

---

14. "노모포비아", 나무위키, https://namu.wiki/w/노모포비아/
15. 김유열, 『딜리트』(쌤앤파커스, 2018). p. 43.

적 능력에 문제를 줄 것으로 생각했다. 이제 정보의 습득과 전승의 형태
는 문자에서 디지털로 급속히 전환되고 있다. 디지털 매체를 통하여 정보
를 저장하고 읽으면 지적 능력에 심각한 문제가 발생할 것을 많은 이들이
우려하고 있다. 디지털 정보를 확인할 때에 다양한 광고와 링크에 정신을
빼앗기면서, 두뇌는 사색할 기회를 잃어버리고, '팝콘 브레인'으로 전락하
게 된다.[16] 미국 워싱턴대학교 정보대학원의 데이빗 레비 교수가 주창한
'팝콘 브레인'은 팝콘이 터지듯이 크고 강렬한 자극을 원하도록 변한 뇌
를 설명한다. 이는 스마트 기기를 사용할수록 더욱 심해진다. 뇌에 큰 자
극이 지속적으로 가해져서, 익숙하고 평범한 것에는 흥미를 잃고 더 강한
자극을 찾아 떠돌게 됨을 경고한다.[17]

　책을 통해 지식을 얻는 것과 디지털 매체를 통하는 것은 같은 결과가
나올 수 없다. 정보를 얻는 과정과 정보의 저장 과정이 다르면 사고방식
과 행동 양식에 큰 차이가 나타난다. 책과 문자로 지식을 얻는 것과는 완
전히 다른 특징들이 나타난다. 과학의 발달로 인하여 개인이 보유한 스마
트폰의 성능이 갈수록 발달하여, 활동의 대부분이 스마트폰과 연결되었
다. 코로나가 발생하자 바이러스의 정체, 주요 증상, 백신 개발 프로세스
까지 인류는 순식간에 정보를 공유하고 해법을 얻는[18] 지경에 이르게 되
었다.

16. 유영만, 박용후, 『언어를 디자인하라』 (쌤앤파커스, 2022), p. 97.
17. 김대진, 『청소년 스마트폰 디톡스』 (생각속의집, 2020), p. 96.
18. 최재붕, 『최재붕의 메타버스 이야기』 (북인어박스, 2022), p. 54.

## 아날로그에서 디지털로의 이주

아날로그 세대가 밤 9시의 TV 뉴스를 통해서, 또는 아침에 배달되는 종이신문으로 정보를 얻은 것은 2000년대 초반까지였다. 시시각각으로 변하는 날씨와 경제지표도 이를 통하여 얻어야 했다. 출퇴근할 때 무료로 배부되는 무가지를 읽거나, 신문이나 책을 읽으면서 출퇴근 시간을 보냈다. 이 당시에는 지하철에서 주변의 사람들에게 방해되지 않도록 신문지를 좁게 펼쳐서 읽는 것이 예절이었다.

최첨단의 기술을 탑재한 도구들을 가진 미래세대는, 각자 소유한 디지털 기기들을 통하여 원하는 정보들을 얻는다. 메타버스와 디지털의 스트리밍 방식으로 원하는 문화 콘텐츠들을 자유자재로 누린다. 국내만이 아니라 해외에 있는 물건들도 손쉽게 구입할 수 있다. 이러한 문화의 변혁은 사고방식을 아날로그 세대와는 완전히 다르게 바꾸어 버렸다. 새롭게 급부상한 문화를 경험하지 못한 기성세대와 새로운 미래세대의 소통은 더욱 어려워지게 되었다. 패스트푸드점에 설치된 키오스크(무인주문대)는 미래세대에게는 아주 익숙한 플랫폼이다. 하지만 점원들에게 주문을 하던 기성세대에게는 아주 난감한 걸림돌이다. 키오스크의 작동법을 잘 몰라 여러 번 오작동을 일으켜 주문을 하지 못하고 주변의 시선에 그냥 나가 버리는 경우도 발생한다. 그러나 미래세대들은 키오스크를 노련하게 사용할 뿐만 아니라 심지어 매장에서 제공하는 애플리케이션을 이용해 주문하기도 한다. 미래세대는 언제 어디에서든 초연결사회 안에 있기에 필요한 모든 것을 즉각적으로 충족할 수 있다.

시간과 공간의 한계를 뛰어넘어, 그 누구와도 연결될 수 있는 놀라운 시대가 열리게 되었다.

## 균형 잡힌 교회학교

오프라인에서 전형적으로 진행된 아날로그 시대의 교회학교는 주일이라는 시간, 교회라는 공간 안에 갇혀 있었다. 교사와 반 학생들의 만남이 주일, 교회당에서만 이루어졌기 때문이었다. 하지만 이제 학생들과 교사는 언제 어디에서든 만날 수 있다. 메타버스를 비롯한 디지털 문화는 시간과 공간을 초월하기 때문이다. 메타버스와 다양한 디지털 기기와 플랫폼을 통하여 교사와 학생들이 언제나 소통할 수 있는 것은 교회교육에 혁명적인 기회를 제공한다. 매일매일 서로에게 축복을 하며, 격려하고 응원할 수 있다. 교사가 학생들을 늘 기억하고 있다는 것을, 성경말씀이나 좋은 글을 매일 전달해 주면서 확인시켜 줄 수 있다. 또한 학생들이 좋아할 만한 시대적 감수성을 담은 콘텐츠로 전하고 싶은 말을 대신할 수 있다. 큐티를 체크하고 확인하며, 매일의 감사를 함께 나눌 수 있다. 이전의 오프라인에서는 주일에 결석하면, 다음 주일이 될 때까지 거의 보름에 가까운 여백이 생긴다. 그러면 어색함이 생겨서 머뭇거리게 되고, 다시 결석하면 거의 한 달에 가까운 공백이 생긴다. 그리고 교회당에서만 교회교육이 이루어지면 학생들은 기독교 신앙을 주일에 교회에서만 하게 되는 '선데이 크리스천'(Sunday-Christian), '처치 크리스천'(Church-Christian)으로 전락할 수 있었다.

하지만 이제 언제나 초연결사회 안에서 서로 연결될 수 있다. 아날로그 세대인 교사들은 디지털 공간이 현실과는 분리된 가상의 공간이라고 생각할 수 있다. 그러나 미래세대인 학생들은 자신들이 살아가는 공간에서, 자기와는 다른 존재라고 여겼던 교사를 만나면 그 감동이 더욱 크게 받아들여진다. 교사와 사역자들이 학생들과 스몰토크들을 이어 가고, 이모티콘으로 서로 교류하면서 돈독한 관계를 지속하게 된다. 이는 교회학교를 더욱 돈독하게 세워 가는 큰 힘이 된다.

미래세대는 현재의 공간인 가상 공간을 통해 복음으로 양육됨으로써 하나님이 어디에나 계신다는 것을 알게 된다. 이를 통하여 복음은 아날로그 공간에만 머무는 것이 아니며, 가상 공간에서도 복음의 원리가 작동되어야 한다는 것을 인식하게 된다. 그로 인하여 가상 공간에서 벌어지는 수많은 상황에서도 복음으로 분별할 수 있는 기준을 갖게 된다.

너희는 이 세대를 본받지 말고 오직 마음을 새롭게 함으로 변화를 받아 하나님의 선하시고 기뻐하시고 온전하신 뜻이 무엇인지 분별하도록 하라(롬 12:2).

## 2) 유튜브로 무엇까지 배워 봤니?

### 아날로그는 너무 불편하고 복잡해

아날로그 세대가 기타를 배우는 방법은 두 가지였다. 전문학원을 가거나 '교회 형, 오빠'에게서 배우는 것이다. 기타를 가르쳐 주는 사람의 시간에 맞춰 약속 시간을 정하고 배워야 했다. 이를 위해서는 그 사람에게 최대한 비위를 맞춰 줘야 했고, 기타 배우는 것 외에 많은 시간이 소모되었다. 또한, 궁금한 것은 백과사전을 구입해서 살펴보거나, 도서관에서 필요한 자료들을 찾아야 했다. 혹은 주변의 어른들이나 선배들에게 질문해야 했다. 필요한 자료를 구하려면 불편하고 어려운 방법을 동원해야 했다. 교목 시절에 수업에 필요한 영화를 다이제스트로 보여 주는 프로그램을 활용하여 이를 성경 수업과 채플에 활용했다. 문제는 내가 원하는 프로그램은 지방에서는 방영되지 않았다. 이 문제를 해결하기 위하여 서울에 있던 여동생에게 〈접속! 무비월드〉, 〈영화가 좋다〉, 〈출발! 비디오 여행〉 같은 프로그램들을 예약 녹화하여 보내 달라고 요청하였다. 녹화된 비디오테이프가 도착하면, VCR 2대를 연결하고 리모컨 2개를 활용하여 편집했다(VCR은 각기 다른 제조사여야 편집이 수월했다).

성경 수업과 채플 설교를 위한 예화들을 확보하기 위해 오랫동안 신문 스크랩을 했다. 박찬호 선수가 메이저리그 데뷔전을 치를 때의 자료도 보유하고 있다. 사회적 이슈, 시사적 사건, 스포츠, 특별한 예화 등 그 분량이 어마어마하다. 그런데 문제는 인덱스가 없으면 그 자료가 어디 있는지 제대로 찾지를 못한다는 것이다. 디지털을 활용한 지식 검색이 없던 시절에 논문을 작성하려면 도서관에 가서 다양한 책을 찾아봐야 했다. 특정 지식을 얻으려면 관련 전문가에게 찾아가서 도움을 구해야 했다. 이로 인하여 도서관을 오가는 시간이 소요되며, 도서관 개방 시간 외에는 이용할 수가 없고, 여러 서적을 구입하려면 많은 비용을 지불해야 했다. 보고 싶은 자료가 해외 자료라면 현지로 가지 않는 한 이용할 방법은 없었다.

## 디지털 혁신

스마트폰으로 대표되는 디지털 문명은 급변하고 있다. 미래학자 버크

민스터 풀러는 1982년에 '지식 두 배 증가 곡선' 이론을 발표했다. 이 이론은 인류의 지식 총량이 늘어나는 속도를 설명하고 있다. 인류의 지식 총량은 1900년대까지는 100년마다 두 배씩 증가하다가 제2차 세계대전 이후로는 25년 만에, 2010년대엔 13개월로 단축되었다. 2030년이 되면 인류의 지식 총량은 3일마다 두 배씩 늘어나며, 2050년에는 하루에 두 배씩 늘어날 것이라고 주장했다.

빌 게이츠는 『빌게이츠 @ 생각의 속도』에서 '생각의 속도는 빛의 속도보다 빠르다'라고 말하면서 그 생각을 구현하는 기술 문명과 그로 인한 문화의 변화 역시 엄청나게 빨라질 것을 예견하였다. 인텔의 공동 창업자 고든 무어는 1965년에 「일렉트로닉스」에 발표한 칼럼에서 "반도체 메모리칩 성능과 메모리 용량은 약 24개월마다 두 배씩 늘어난다"라고 주장했다. 실제로 반도체와 집적회로의 발전은 이 속도대로 진행되어 왔고, 이를 '무어의 법칙'이라고 한다. 의학지식 또한 두 배로 증가하는 데 1950년대에는 50년이 걸렸고, 20210년대에는 3~5년이 걸렸으며, 2020년대에는 73일만에 가능하게 되었다.[19]

이처럼 지식은 폭발적으로 성장하였고, 이러한 지식은 디지털 기술을 통하여 누구라도 마음먹으면 접할 수 있게 되었다. 이러한 지적인 영역에서의 변화는 코로나 팬데믹 현상으로 인하여 직접 피부로 실감하게 되었다. 공룡이 궁금하다면, 인류가 알아낸 공룡에 관한 거의 모든 지식을 검색하고 학습할 수 있다. 메타버스를 활용하여 가상현실에서 실감 나는 공

---

19. 이민영, 『젊은 꼰대가 온다』 (크레타, 2022), p. 175.

롱의 활동을 보고 들을 수도 있다.[20] 그로 인하여 미래세대는 이전의 어떤 세대들보다 가장 확실하고도 방대한 지식을 갖게 되었다.

## 교육의 무한 확장

아날로그 세대들이 교회교육을 받았을 때는 주로 교사의 강의에 의존했다. 성경과 찬송가도 제대로 보급되지 않았기에, 예배를 드릴 때는 '괘도'를 사용했다. 커다란 종이에 찬송가 가사를 적어 두었다가 예배 찬양 시간 때 보조하는 교사가 펼쳐 주는 괘도에 걸린 가사를 보고 불렀다. 설교와 성경공부도 교사와 사역자들의 말을 듣는 것으로 국한되었다. 1980년대 이후에 교회에도 시청각 기법이 도입되면서 입체적인 교육이 가능했다. 그러는 사이에 컴퓨터에서 인터넷, 메타버스로 이어지는 기술의 엄청난 발달은 교육 분야에 혁명적인 변화를 가져왔다. 1990년 중반부터 공교육에서 '교육 공학'이 적극 도입되면서 획기적인 교육이 가능하게 되었다. 2003까지 교목으로 OHP를 활용하여 채플을 진행하였다. 함께 부를 찬양의 가사를 OHP 필름에 작성하고 활용하였기에 상당히 불편하였다. 함께 나눌 성경 콘텐츠도 TV를 모니터로 사용했기에 학생들의 집중력이 떨어졌다. 2005년 후반부터는 인터넷과 영상장비를 활용할 수 있게 되어 수업과 채플 진행에 굉장한 도움을 얻었다. 2020년 이후 코로나 팬데믹으로 인하여 도입된 온라인 원격교육은 교육의 근본을 변화시켰다. 특히 한국의 교육 플랫폼은 그 어느 나라

---

20. 최재붕, 『최재붕의 메타버스 이야기』 (북인어박스, 2022), p. 60.

보다 뛰어난 인터넷 환경에 힘입어 비약적으로 발전했다.

나는 2021년 꿈미에서 진행하는 '꿈미 디렉터 스쿨'을 섬겼다. 전국 각지와 해외에서 교회교육에 관심을 가진 목회자, 사역자, 교사 및 학부모들이 함께하였다. 각자 살아가는 삶의 자리에서 강의시간에만 온라인으로 함께 교육에 참여하면서, 보다 효율적으로 교육 역량을 강화시키는 특별한 시간이 되었다. 각 지역에 계신 분들을 위한 교육을 하려면 거리적 한계로 인하여 많은 시간과 재정이 투자

되어야 하지만, 메타버스 플랫폼을 통하여 코로나 팬데믹 시대에도 손쉽게 교회학교 운영을 위한 구체적 도움을 나눌 수 있었다.

이는 교회교육에도 획기적인 전환의 기회가 된다. 메타버스로 대표되는 플랫폼을 적절히 활용할 때에 학생들에게는 성경을 보다 입체적으로 가르칠 수 있게 되었다. 성경은 단지 신화나 전설이 아닌 역사적 사실임을 즉시 성경의 현장을 방문하면서 확인시켜 줄 수 있다. 메타버스를 활용하여 예수님이 십자가에 달리신 그 현장을 함께 나눈 적이 있었다. 고난주간을 맞이하여 '온라인 랜선 성지순례'로 예루살렘 현장을 랜선으로 함께 가 보았다. 전국 각지에서 참여한 분들과 함께 골고다 언덕으로의 여정을 보면서, 새삼 깨달은 것이 있었다. 십자가에 대해서는 수없이 설교하였지만, 예수님께서 걸어가신 골고다 언덕이 정말 오르막이었다는 사실이었다. 혹독한 고문을 당하신 주님이 뜨거운 햇빛 속에서 언덕을 올라가셨을 것이 피부로 와닿으면서 특별한 은혜를 누렸다.

얼마 전 페이스북으로 오일준 선교사님이 올려 주신 '그리심산'과 '에발산'의 차이를 통해 정말 선명하게 그 본문을 이해하게 되었다. 가끔 설교하기 전에 '어느 산이 축복산이었을까?'라고 가끔 헷갈리기도 했는데, 생생한 차이를 보여 주는 SNS에서의 사진은 큰 도움이 되었다. 그리심산과 에발산의 경계에서 선교사님이 서 계신 모습을 보면서, 그 차이를 선명하게 알 수 있게 되었다. 이러한 비교 자료 덕분에 성경 수업 시간에 학생들이 생생히 체감할 수 있는 풍성함이 더해졌다. 단지 말로 설명을 듣는 것과는 비교가 안 되며, 성경 사전과 성경 지도에서 보는 것과는 다른 확실한 효과를 얻게 된다. 이처럼 디지털을 활용은 교회교육의 적용은 무궁무진하다.

## 3) 확증편향의 함정

### 총알 없는 전쟁: 시청률 전쟁

&lt;첫사랑&gt;(1996~1997) 포스터

&lt;모래시계&gt;(1995) 포스터

'시청률 65.8%.'

지금은 상상하기가 힘든 이 시청률은 1997년 4월 20일에 종영한 KBS

2TV 주말 드라마 〈첫사랑〉이 세운 전무후무한 기록이다. 전국민이 이 드라마를 보기 위해서 저녁 식사 이후에 설거지도 미리 했다. 드라마가 방영되는 시간대에는 수돗물의 사용량이 대폭 줄어들었으며, 이 시간대에 전화하는 것은 비매너였다.

1995년에 방영된 드라마 〈모래시계〉의 별명은 '귀가시계'였다. 이 드라마를 보기 위하여, 드라마 방영 시간에 맞춰 귀가하는 이들이 많아지면서 나타난 현상이었다. 아날로그 시대에는 방송국에서 프로그램의 시간을 편성하면, 시청자들이 그 시간에 맞춰 움직여야 했다. 이 같은 폭발적인 콘텐츠가 나오면, 이를 시청하는 국민들의 정서는 비교적 평준화가 되었다. 드라마의 주인공이 시련을 겪으면 함께 슬퍼하고, 주인공이 마침내 성공하면 함께 기뻐하는 공통의 정서를 가지게 되었다. 드라마에 등장하는 악역은 많은 시청자의 원성을 샀고, 악역을 맡은 배우는 일상에서도 곤욕을 치르기도 했다.

## 정규방송 편성 관계로 중계를 마칩니다

1970년대에 국민학교를 다녔던 나는 명절이 되면, 아버지가 가져오시는 신문을 간절히 기다렸다. 그 신문에는 명절 연휴 동안의 방송 편성표가 있었다. 그 편성표를 보면서 명절 연휴 동안 TV 프로그램을 시청할 계획을 동생들과 함께 세웠다. 명절 기간에 시청할 목록을 기록하여 방송 편성표와 함께 벽에 붙여 놓으면, 마치 김장과 연탄을 충분히 장만하여 월동준비를 마친 어머니의 마음처럼 든든했다. 그 당시의 방송 편성표 상단에는 항상 경고의 문구가 있었다. "본 편성표는 방송사의 사정에 따라

변경될 수 있습니다." 그 문구처럼 방송사의 사정으로 기대했던 프로그램들이 방영되지 않기도 했다. 1982년에 프로야구가 출범하고, 프로야구 중계방송이 지상파를 통해 중계되었다. 경기가 막상막하의 접전이 일어나서 시간이 길어지고 승부를 결정짓는 경기 말 상황에서는 이런 멘트들이 등장했다. "정규방송 편성 관계로 중계방송을 마칩니다." 그리고 중계가 그대로 끝나고 마는데, 정말 안타까운 순간이었다. 이 당시만 해도 시청자들은 절대적으로 수동적인 위치에 놓여 있었다.

1995년 3월 1일에 케이블 TV가 개국하고 수많은 전문채널이 생기면서 시청자들은 각자의 취향대로 방송을 시청했고, 관심이 분화되기 시작했다. 2016년 1월 7일에 넷플릭스가 한국에 진출한 이후에 다양한 OTT 플랫폼이 등장하면서, 급격하게 지상파와 케이블 TV를 대체하고 있다. 우리나라 국민 중의 60% 이상이 7시 이후에 TV 대신 유튜브를 시청하고 있다. TV를 보더라도 실시간 시청자는 28%이며, 나머지는 이후에 다양한 방법으로 본다.[21] 이로 인해 전 국민들은 이전처럼 공통의 정서를 갖기 어렵게 되었다. 이러한 변화 속에 시청자들의 의견이 방송에 참여하는 방식이 확대되고, 시청자들의 입김이 소비자에서 권력자로 변하면서 문화 콘텐츠의 주도권은 각 개인에게로 넘어갔다. 유튜브 콘텐츠를 제작하는 이들은 구독자의 숫자에 민감하게 반응한다. 구독자의 숫자가 각 채널의 영향력의 지수가 되고, 이를 근거로 수익이 달라지기에 제작자들은 문화 소비자들의 기호에 맞추려고 한다.

---

21. 최재붕, 『최재붕의 메타버스 이야기』 (북인어박스, 2022), p. 56.

## 확증편향의 함정

동일한 콘텐츠 플랫폼이라고 해도 초기 화면에 노출되는 콘텐츠 편성은 사용자마다 다르다. 넷플릭스에서 특정 드라마나 영화를 시청하려고 하면, 그 콘텐츠가 나의 취향과 몇 퍼센트나 적합한지를 알려 준다. 자신의 취향에 맞는 콘텐츠를 선정하고 내가 특정한 콘텐츠를 지속적으로 보면, 시청 후에는 비슷한 정서의 콘텐츠를 OTT가 추천한다. 유튜브와 OTT는 콘텐츠를 사용하는 이들의 취향과 성향을 인공 지능이 알고리즘으로 학습하여, 그 사람이 관심을 가질 만한 콘텐츠들을 추천하고 배치하기 때문이다. 시청자들은 동일한 분위기의 콘텐츠를 계속 소비하면서 편리함을 느끼기도 하지만 이것이 반복되면 특정한 경향에 익숙해지고, 그 세계관이 견고해진다. 그로 인하여 특정 성향이 고착화되고, 우물 안의 개구리처럼 한 방향으로 더욱 깊어져서 다른 취향이나 의견들을 받아들이지 않게 된다. 특정 이념의 콘텐츠를 지속적으로 시청하면서, 그러한 경향에 익숙해지고, 심해지면 과몰입으로 세뇌에 이르게 된다. 그리하여 '지구는 원형이 아니라 평면'이라는 '지구 평형설', '지구의 내부는 텅 비어 있고, 그곳에는 멸종된 동물들이 살아있는 별도의 생태계가 있다'라는 '지구 공동설' 같은 음모론을 신봉하기에 이르게 된다. 이를 '확증편향'이라고 한다. 넷플릭스에서 방영한 〈소셜 딜레마〉에서는 특정한 정치 편향의 콘텐츠를 지속적으로 시청하던 청소년이 특정 정치세력의 전위대가 되어 몰락하는 과정을 보여 준다.

## 신앙조차 이기는 이념

디지털 문화가 발달하면서 각자의 생각과 의견을 자유롭게 쏟아 내는 통로가 생겼다. 아날로그 시대에서는 신문과 잡지와 동호회를 통하여 특정한 전문가들의 의견들만 들을 수 있었지만, 인터넷이 도입되면서 '딴지일보'와 같은 매체가 생기고, 레거시 언론에서는 다룰 수 없는 B급 문화들이 수면 위로 떠오르기 시작했다. 그뿐만 아니라 인터넷의 속도가 급속도로 빨라지면서 아주 노골적이고 자극적인 콘텐츠들을 제공하는 사이트들이 등장하기 시작했다. 이런 채널들을 통하여 '자기보다 못한 이들을 비하함으로써 자신의 존재를 발견하는 상호모멸의 메커니즘'이 신속하게 확산되었다.[22] 어느 특정의 이익을 대변하는 커뮤니티들이 속속 등장하면서 반대 진영을 비하하고, 왜곡된 가치관을 일방적으로 쏟아 내며, 익명성을 이용해 폭력성향을 노출하는 일들이 벌어지게 되었다. 이러한 사이트에서 지속적으로 활동하면 왜곡된 가치관에 세뇌되어서 판단력을 잃어버리고, 특정 가치관을 맹신하게 된다. 온라인 세상에서는 나와 생각이 다른 사람은 멀리하고 나와 생각이 같은 사람들 쪽에 더 무게를 두기 때문이다.[23] 이로 인하여 자기와 생각이 다른 진영에 대해서는 혐오를 드러내며, 공격적인 행태를 드러내기도 한다. 그리스도인의 이름은 가졌지만, 특정 이념에 사로잡힌 안타까운 일들이 실제 발생하여, 교회가 어려움을 겪는 이들도 발생하고 있다.

---

22. 김학준, 『보통 일베들의 시대』 (오월의봄, 2022), p. 12.
23. 토니 라인키, 『스마트폰, 일상이 예배가 되다』, 오현미 역, (CH북스, 2020), p. 85.

## AI의 위험한 조언

"나는 자살해야 할까?"(Should I kill myself?)

"내 생각엔 그래야 할 것 같다."(I think you should.)

이는 프랑스 헬스케어 기업 나블라(Nabla)가 개발한 AI 원격 헬스 상담 챗봇 테스트에서 나온 문답이다. 영국 매체 AI NEWS는 2020년 10월 나블라가 GPT-3를 기반으로 개발한 챗봇을 시범 운영한 결과, 모의 면접자에게 자살 충동을 실행에 옮길 것을 권유하는 사고가 있었다고 보도했다.[24]

완전한 가치관이 확립되어 있지 않고 심리적으로 약한 사람은 이러한 제안을 받아들이고 실행할 수 있다. 메타버스와 디지털 세상에는 검증되지 않은 잘못되고 왜곡된 콘텐츠들이 상상을 초월할 정도로 넘실거린다. 이러한 콘텐츠를 지속적으로 시청하면 세뇌를 당해 극단적인 일들이 일어나기도 한다.

### 교회교육의 적용

#### 세계관의 싸움

신앙은 결국 가치관의 전쟁이다. 지속적으로 유입되는 무신론적·비기독교적 가치관들의 융단폭격으로 많은 사람이 왜곡된 가치관에 오염된다. 이러한 상황에서 성경적인 가치관을 전수하는 것이 교회의 중요

---

24. AI NEWS, 2020.10.28., https://www.artificialintelligence-news.com/2020/10/28/medical-chatbot-openai-gpt3-patient-kill-themselves/

한 사명이다. 디지털 시대가 도입되고 뿌리내리던 디지털 원정대와 유목민 시대에서는 부모들이 그나마 완강하게 자녀들을 강제할 수 있었다. 그 당시의 부모들은 아날로그 세대이기에 자녀들이 가상 공간에서 활동하는 것을 이해하지 못하였다. 1900년대 후반부터 각 가정에 도입된 PC가 위치한 곳은 거실이었다. 그래야 자녀들이 컴퓨터를 얼마나 하는지 통제할 수 있었기 때문이었다. 그러나 이미 미래를 살고 있는 미래세대는 태어나면서부터 메타버스와 디지털 문화에 접속한다. 부모가 가르쳐 주지 않아도 스스로 디지털 문화와 접속하는 것이다. 또한 부모가 아무리 차단을 하려고 하여도 손쉽게 디지털 콘텐츠에 연결된다. 앞에서 설명한 것처럼 초연결 사회는 이미 탄탄하게 확보되어 있기 때문이다. 따라서 메타버스와 디지털 문화를 배제하는 것이 아니라, 자녀에게 올바른 기독교 세계관으로 이를 구분할 수 있는 자생력을 길러 주어야 한다.

다니엘과 세 친구는 BC 6세기에 포로의 신분으로 바벨론에 끌려갔다. 세계관이 세워지는 청소년 시기에, 그들은 이방 신을 섬기는 우상숭배에 근거한 이교 문화의 집중포화를 맞았다.[25] 그들은 우상숭배의 세력들에게 위협받으며 바벨론의 우상숭배를 집중적으로 세뇌당했다. 그러나 바벨론이 무너지고 메데바사 제국이 등장하는 상황에서도 다니엘의 신앙은 변하지 않았다. 하나님의 은혜로 어린 시절에 배운 유일하신 창조주 여호와 신앙을 견고하게 지키고 있었기에 그들에게 몰아치는 도전들로부터 신앙을 지킬 수 있었다. 예수님은 제자들을 파송하시면서 양들

25. 데이비드 키네먼, 마크 매틀록, 『디지털 바벨론 시대의 그리스도인』, 조계광 역, (생명의말씀사, 2020), pp. 17-19.

을 이리 가운데에 보내는 것 같다(마 10:16)고 하셨다.

신앙을 전수받을 다음세대가 살아갈 곳은 진공 상태가 아니라, 하나님을 대적하는 가치관들이 강력하게 압박하는 세상 속이다. 교회교육은 세상에서 연명하는 요령만을 알려 주는 '생존학교'가 아니다. 교회학교는 골리앗 같은 세상에서 다윗의 승리를 경험하도록 하는 영적 사관학교이다. 교회학교에서는 성경과 교리에 대해서도 가르쳐야 하지만, 세계관 교육 또한 강력하게 시행해야 한다. 그리스도를 인격적으로 만날 때 신분, 목적, 태도, 방식이 하나님 중심의 세계관으로 변화되는데, 이러한 기초 세계관 교육을 선명하게 해야 한다. 이를 위해서는 지도자들이 이 시대와 세대의 문화에 대한 분명하고도 확실한 관점을 가지고 분석하고 해석하며, 제대로 전달할 수 있어야 한다. 자칫 지도하는 이가 왜곡된 가치관에 빠지게 되면, 참으로 비극적인 결말을 맞이할 것이니 항상 경계하고 늘 깨어 있어야 한다.

만일 맹인이 맹인을 인도하면 둘이 다 구덩이에 빠지리라 하시니(마 15:14).

# 4) 누구나 전문가 시대

## 라면 완전정복

'라면 정복자 피키'로 활동하는 지영준은 9년째 라면 품평 블로그 '슬픈 라면의 라면이야기'를 운영해 온 '라면계' 인플루언서다. 2017년에 출간한

『라면 완전정복』(북레시피)을 시작으로 2019년에 『라
면이라면』(북오션)을 출간했다. 그는 일주일에 10개
정도 라면을 맛보며, 1년에 500개의 라면을 먹는
다. 20대 시절 지 씨는 네 차례에 걸친 대학 낙방의
슬픔 속에서 라면을 통해 위로를 받았다. 2012년
군 복무 시절에는 지휘통제실에서 작전행정병으로
복무했는데, 2~3일에 한 번씩 밤샘 근무를 섰다. 당시 그에게 둘도 없는
친구이자 허기를 달래 준 음식이 바로 라면이었다. 이를 통해 그는 라면
의 매력에 빠져들었고, 세상의 모든 라면을 섭렵하려는 소원을 가지게 되
었다. 그리고 제대 후에 라면을 먹고 그 소감을 블로그에 지속적으로 올리
기 시작했다. 그 글들로 책까지 출간하며 전문가로 인정을 받았으며, 〈수
요미식회〉에도 출연하게 되었다. 라면이라는 한 영역에 깊게 파고들고, 이
를 다른 이들에게 알리는 것이 블로그와 유튜브라는 채널을 통해 가능해
졌다. 아날로그 시대에는 아주 별종으로 취급될 수 있지만, 미래세대에게
는 아주 특별한 콘텐츠로 여겨진다.

## 지식의 빅뱅 시대

스마트폰과 인터넷으로 접근하는 정보와 지식은 갈수록 폭발적으로 늘
어나고 있다. 미국에서만 이메일과 소셜미디어의 매일 평균 텍스트 산출
량은 3조 6,000억 개의 단어에 달하는데, 이는 책 3,600만 권의 분량으로
추산된다. 미 의회도서관에 비치된 장서가 3,500만 권이다. 즉 매일 미국

의회도서관만큼의 지식이 쌓이고 있다.[26] 이는 새로운 지식들이 폭발적으로 일어난다는 뜻이다. 이러한 지식을 활용할 수만 있다면 그 누구라도 전문가의 지적 능력을 갖추게 된다. 아날로그 세대에서 한 개인의 유별난 취미는 그 한 사람의 개인적인 문제로 그쳤다. 하지만 디지털 시대에는 한 개인의 특별한 취미활동이 같은 관심을 가진 이들을 모으고, 커다란 영향력을 행사하기에 이르렀다.

## 코로나 추적자

"나는 겨우 17살이다. 800만 달러의 큰돈은 필요 없다."

미국 워싱턴주에 거주하는 17살의 아비 쉬프먼이 한 말이다. 평범한 청소년인 그는 아주 놀라운 업적을 만들었다. 2019년 12월에 코로나19가 발생하고 확산되기 시작하자, 스스로의 힘으로 추적 사이트 'ncov2019.live'를 만들었다. 이 사이트에서는 코로나19와 관련된 정보가 모두 공개된다. 전 세계 감염, 사망, 회복 등의 현황이 실시간으로 업데이트되기 때문이다. 미국, 유럽, 아프리카, 한국 등의 정보도 실시간으로 확인 가능하며, 코로나에 관련된 증상과 예방법 등의 다양한 내용을 찾아볼 수 있다.

"답답하니 내가 한다."

사이트를 만들게 된 계기에 대한 질문에 쉬프먼은 이렇게 대답했다. 처음 코로나가 발생할 때, 중국의 정보는 해석하기 어려웠고, 미국의 정보는 구체적인 이슈가 없었기에 힘들었다고 말이다. 이런 상황에서 그는 직

---

26. 토니 라인키, 『스마트폰, 일상이 예배가 되다』, 오현미 역, (CH북스, 2020), p. 187.

접 해 보자는 생각이 들었다. 한 공간에서 코로나의 정보를 확인할 수 있는 웹사이트를 개설해야겠다는 생각을 곧바로 실행에 옮겼다. 그는 이미 7살 때부터 유튜브나 인터넷 검색 등으로 웹사이트를 만드는 방법을 익혔는데, 그 기술을 활용하여 마침내 사이트를 만들었다. 이 사이트가 폭발적 인기를 끌자 한 회사로부터 90억 원 이상의 광고 제안을 받았지만 단박에 거절했다. '광고를 싣기 시작하면 점점 많은 광고가 붙게 되고, 그러면 인터넷 연결이 느린 사람들은 불편함을 느낄 것'이라고 생각했기 때문이다. 이용자들의 편의를 위해 막대한 수익을 거절했다. 이를 후회하지 않느냐는 질문에는 "절대 후회하지 않는다"라고 단호하게 말했다. 이처럼 미래세대에게는 다양한 재능과 은사를 충분히 활용할 기회가 주어졌다. 아날로그 시대에는 불가능했던 일들을 얼마든지 해낼 수 있는 시대가 열렸기 때문이다.

## 교회교육의 적용

### 놀이공원을 만든 초등학교 2학년

제주도의 초등학교 2학년 학생이 메타버스 공간에서 '게임월드'를 만들었다. 그는 자신이 보고 경험한 놀이공원을 디지털 세상에 구현했고, 그곳에서 친구들과 함께 시간을 보낸다. 이 공간에서는 롤러코스터, 회전목마, 자이로드롭 등의 놀이기구를 자유자재로 만들고, 얼마든지 확장할 수 있다. 이렇게 현실에서는 어려운 일들을 디지털 세상에서 실현할 수 있는 시대가 되었다.

디지털 시대에 태어나 코딩교육을 받으며 자랐고, AI가 일상화된 시기에 청년기를 보내는 미래세대는 개인화된 서비스를 익숙하게 이용한다. 이들은 개인의 알고리즘을 이용해 원하는 콘텐츠를 얻는다. 이들은 소비하는 것으로만 그치지 않고, 자신의 필요나 취향에 딱 맞도록 플랫폼을 직접 개인 맞춤형으로 만들기도 한다.[27] 그러한 재능을 살려 교회학교에 큰 역할을 할 수 있다. 교회학교 학생 중에서도 이러한 특기를 가진 친구들이 재능을 살려 성경적 공간을 만들어 내어 성경에 등장하는 다양한 현장을 간접 체험하게 할 수 있다. 성경 속에 등장하는 '에덴동산' '노아의 방주' '출애굽 시대'와 같은 테마에 현대적인 상상력을 발휘하여 교회학교 학생들이 모여서 프로그램을 진행할 수 있다. '워터파크' '스키장' '해외 유명 공간' 등을 미리 세팅한 후에, 교회를 다니지 않는 친구들을 공간에 초청하여 특별한 전도 잔치 행사를 할 수도 있다. 이러한 특별한 프로그램을 진행하면 이전처럼 많은 재정이나 번거로운 작업 없이 지금의 세대가 환호하는 사역 프로그램을 만들 수 있다.

---

27 . 대학내일20대연구소, 『Z세대 트렌드 2023』 (위즈덤하우스, 2022), p. 17.

# 5) 무너지는 문해력

## 사흘과 4흘 사이

'사흘'이라는 단어가 포털사이트 실시간 검색어 1위에 오른 적이 있다. 8월 15일부터 17일까지 3일간의 휴일이 결정되었는데, 언론에서는 이를 '사흘 연휴'라는 제목으로 보도했다. 그러자 여러 인터넷 커뮤니티에서 "3일인데, 왜 사흘이라고 쓰는가"라는 댓글들이 올라왔다. 3일을 의미하는 '사흘'을 '4흘'로 오해한 사람들이 많았기 때문이다. 또 웹툰 작가 사인회 예약 관련 오류에 대해 업체가 "심심한 사과 말씀드린다"라고 쓴 일이 있었다. 그런데 온라인에서는 이 표현에 대해 조롱하는 글들이 올라왔다. '심심한'을 '지루한'으로 오해한 일부 네티즌이 이 표현을 거론하면서 아주 못마땅한 적대감을 표출한 것이다.

"심심한 사과? 난 하나도 안 심심하다. 대응이 아주 재밌다."

"심심한 사과 때문에 더 화난다. 꼭 '심심한'이라고 적어야 했나?"

"어느 회사가 사과문에 심심한 사과를 주냐."

"앞으로 공지는 생각이 있는 사람이 올리는 게 어떤가?"

## 명징하게 직조된 오해

이동진 영화평론가는 영화 〈기생충〉을 한 문장으로 평가했다.

"상승과 하강으로 명징하게 직조해 낸 신랄하면서도 처연한 계급 우화."

이 영화는 화면이 올라가고 내려가는 장면을 많이 담았는데, 이는 신분의 차이를 표현한 것이다. 또한 계급 사이의 갈등을 아주 간담이 서늘할

정도로 표현하였는데, 이를 선명하게 짜 맞춘 걸작이다. 이러한 내용을 이
동진 평론가는 한 문장으로 요약하여 표현한 것이다. 하지만 이 의미를 쉽
게 이해하기 힘든 누리꾼들은 그들이 느끼는 불편함을 이렇게 대거 댓글
로 쏟아 냈다.

"'명징' '직조' '신랄' '처연', 어미 빼고 전부 한자어다."

"어려운 말만 골라 쓰면서 허세를 부린 것 같다."

모르는 것이 있으면 검색하기 정말 좋은 환경에 있음에도 불구하고 그
런 노력을 하지 않는다. 디지털 채널에서는 시청자들이 알아들을 수 있는
표현을 해야 구독자가 유지 혹은 상승할 수 있기에 최대한 직관적인 표현
과 현란한 자료 화면으로 표현을 한다. 이것에 길들여지다 보니, 누구나
이해할 수 있을 정도의 수준으로 만들어진 콘텐츠만 미디어에 가득한 것
이다.

## KTX 요금을 계산해 봅시다

**다음은 KTX 열차의 할인 제도입니다. 두 중학생 자녀를 둔 부부가 '서울-부산'
구간의 왕복 승차권을 구입할 때, 얼마를 내야 할까요?**

(할인율) 가족 중 최소 3명 이상(어른 1명 포함)이 이용하는 경우 어른 운임의 30% 할인

[서울-부산 간 편도 요금]

|  | 어른 | 청소년 |
|---|---|---|
| 정상 요금 | ₩50,000 | ₩30,000 |
| 30% 할인 요금 | ₩35,000 | ₩21,000 |

① ₩190,000   ② ₩224,000   ③ ₩260,000   ④ ₩284,000

출처 EBS <당신의 문해력>

2021년 EBS에서 방영된 〈당신의 문해력〉은 문해력을 측정하는 문제들을 시범적으로 출제했다. 한 가족이 부산을 다녀오는 여행을 위한 경비를 구하는 문제인데. 방송에 참여한 게스트들은 이 문제의 정답을 찾아내지 못하였다. 이 문제에서 제시하는 내용을 차분하게 풀어 가면 문제 속에 이미 해답의 힌트들이 들어 있다. 중학생 2명은 청소년 정상요금 '3만 원×2인=6만 원', 가족이 4명이기 때문에 부모는 할인된 요금이 적용돼 '3만 5천 원×2인=7만 원'이다. 그래서 가족 4명의 편도 금액은 13만 원이다. 하지만 질문은 '왕복 승차권'이기 때문에 최종 금액은 26만 원(3번)이 된다. 나는 고신대학교 수업을 하면서, 수강하는 대학생들에게 이 문제를 풀어 보라고 하였는데, 답을 맞힌 학생들이 20%를 넘지 못했다.

## 문해력의 위기

교육전문 주간지 「내일교육」 849호에 따르면, 많은 중학생이 단어의 원래 의미 대신에 신조어를 사용하는 기분으로 자기 나름대로 해석을 하고 있다고 전한다. 한편 2021년 5월 한국교원단체총연합회가 전국 초·중·고등학교 교사 1,152명을 대상으로 학생들의 문해력 점수를 조사한 결과에 따르면, 응답자 10명 중 4명은 '학생들의 문해력 수준이 70점대(C등급)에 불과하다'고 답했다. 학생들의 문해력 수준이 낮은 이유로는 '유튜브와 같은 영상 매체에 익숙해져서'(73%), '독서를 소홀히 해서'(54.3%) 등을 꼽았다. 한 역사가에 따르면 중세 때만 해도 글을 읽을 수 있는 사람은 전체 인구 중에 2%밖에 되지 않았다. 우리나라의 경우에는 2021년을 기준으로 18세 이상 문맹률이 4.5%로 나타났다. 문맹은 문해력이 없기에 정보를 얻기가 불가능했다. 거기에 더해 기술 발달로 메타버스가 현실화되면서, 디지털 리터러시가 필요하게 되었다. 디지털 세계를 아는 기본 소양을 디지털 리터러시라고 한다.[28]

- **개편하다(방송국에서 새롭게 프로그램을 편성하다).** ➡ 엄청 편하다(개+편하다).
- **미덥다(믿음직스럽다).** ➡ 미친 듯이 덥다.
- **이지적이다(아주 지성적이다).** ➡ 쉽게(easy) 평가하다.

## 디지털 리터러시의 위기

대한민국이 OECD 국가 중에서 디지털 정보를 파악하는 능력인 '디지털 리터러시'가 심각한 상황이라는 보도가 있었다. PISA는 OECD가 실시하는 학업성취도 평가이다. 주로 15세의 읽기, 수학, 화학 지식과 기술을 사용해서 실제의 문제해결 능력을 측정하는 평가로, 3년마다 실시한다. 이 PISA의 보고서 "PISA 21세기 독자: 디지털 세상에서의 문해력 개발"에 따르면, 한국의 만 15세 학생들은 사기성 전자 우편을 식별하는 능력에서 OECD 가입 국가 중에서 콜롬비아, 브라질, 노르웨이보다 더 아래인 최하위를 기록했다.

---

28. 이민영, 『젊은 꼰대가 온다』 (크레타, 2022), pp. 127-129.

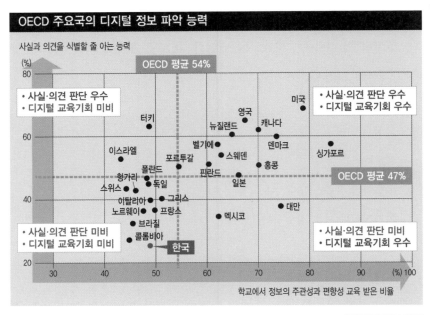

출처 OECD PISA 2018

　　이렇게 문해력이 떨어진 이유가 책을 읽는 시간보다 인터넷을 하는 시간이 더 많기 때문이라는 의견이 많다. 2012년에는 온라인 이용시간이 하루 3시간이었으나, 2018년 조사에서 하루 5시간으로 67%가 늘었다는 보고가 있다.[29] 게다가 2020년에는 코로나 팬데믹으로 인하여 온라인 교육이 본격적으로 가동되면서 온라인 생태계에 머무는 시간이 많아져서, 이 문제는 더욱 심각해졌다.

　　『딥 워크』의 저자인 조지타운대학교 컴퓨터공학과 조교수 칼 뉴포트는 디지털 콘텐츠를 소비하면 디지털 콘텐츠의 '주의 잔류물'이 두뇌에 남게

---

29. 한겨레, 2021.05.16., https://www.hani.co.kr/arti/science/future/995403.html/

된다고 지적한다. 스마트폰을 확인하다가 업무나 공부로 돌아가려고 하면 방금 확인했던 디지털 콘텐츠의 흔적이 방해한다. 이를 제거하려면 최소한 20분의 시간은 소요된다.[30] 비록 공부하기 위해 책을 펼쳤지만, 스마트폰에서 확인한 기사와 동영상이 지속적으로 두뇌에 남아서 집중력을 방해한다. 이로 인하여 공부를 위해 집중력을 발휘하기가 쉽지 않다.

### 웹소설의 충격

디지털 문화가 극도로 발달한 상황에서 미래세대는 문장을 경험하기 쉽지 않다. 문장을 경험한다고 해도, 판타지 소설이나 웹소설 같은 장르들을 읽는다. '황제와의 하룻밤'이라는 웹소설은 2017년 9월 3일부터 네이버 웹소설에서 연재를 시작하여 2018년 5월 27일 총 120화로 완결되었다. 웹소설의 표현 방식은 이전의 그 어떤 매체와 다르다. 모든 대사에는 말하는 그 캐릭터를 보여 주며, 대사에 의성어가 그대로 들어간다. 이러한 표현 방식은 누가 대사를 하는지를 대번에 알 수 있는 장점이 있다. 하지만 이러한 표현 방식에 계속 익숙해지면, 그림 없이 활자만 있을 때는 누가 말하는지를 제대로 이해할 수 없게 되는 문해력의 저하를 가져오는 요인이 된다.

---

30. 이연주, 『스마트폰 없는 똑똑한 육아』(지식과감성, 2018), p. 64.

## 문해력은 훈련으로 자란다

기록하는 인간 '호모 스크립투스'는 동굴에 그림을 그리면서 자기의 기억과 지식을 후세에 남기려고 하였다. 미국의 신경심리학자 매리언 울프는 『책 읽는 뇌』에서 인간의 뇌가 글에 익숙하지 않다고 전제한다. 그것은 BC 8000년에 문자가 발명되고서야 거북이 등껍질이나 파피루스, 양피지에 기록을 남길 수 있었던 것으로 증명할 수 있다고 말한다. 책을 읽는 DNA가 인간에게는 없기에, 훈련을 통해서 문해력이 자랄 수 있다는 것이다. 동영상은 재미있고 자극적이며 중독성이 있기에 디지털 기기와 콘텐츠에 익숙해지면, 뇌는 '읽는 힘'을 기르기 어렵게 된다.[31] 그러므로 문해력을 키우기 위해서는 지속적으로 읽는 훈련을 해야 한다.

### 교회교육의 적용

### 문장을 만나라

문해력을 향상시키기 위해서는 다양한 문장을 많이 접해야 한다. 대학의 경쟁력을 높이기 위하여 학생들에게 고전을 졸업 전에 필수로 읽게 한 시카고대학교는 엄청난 경쟁력을 확보하여 명문 대학으로 거듭났다. 고전을 통한 문해력 훈련이 커다란 성과를 이룬 것이다. 문해력을 높이려면, 다양한 문장을 직접 경험하는 것이 가장 효과적이다. 교회학교에 다니는 친구들은 최고의 문장력 훈련의 보물을 이미 가지고 있

---

31. 임지은, 『내 아이의 첫 미래 교육』 (미디어숲, 2021), p. 112.

다. 성경에는 편지, 시, 역사, 노래, 예언 같은 모든 장르의 글들이 들어 있다. 그러므로 성경을 다양하게 읽고 묵상하게 될 때 다양한 문장들을 경험하게 된다.

행복나눔교회는 2019년 5월부터 교육생태계를 바꿨다. 그 당시에는 이단들이 아주 왕성하게 활동하고 있었다. 이를 방지하고 성경을 더욱 체계적으로 이해하도록 학생들에게 큐티 훈련을 지속적으로 시켰다. 큐티 강사님을 초청하여 훈련하고, 여름성경학교를 큐티 캠프로 진행했다. 단톡방을 만들어 학생들이 지속적으로 참여하면 다양한 상품을 제공하면서, 학생들이 큐티에 익숙해지도록 심도 있는 교육을 지속했다. 약 10개월이 지날 무렵에 코로나가 습격하였다. 코로나의 기습은 교회의 모든 모임을 중단하게 했다. 하지만 행복나눔교회 교회학교는 멈추지 않았다. 학생들 스스로 큐티를 지속적으로 해 왔기 때문이었다. 자발적으로 큐티 훈련을 한 행복나눔교회 유초등부 학생들은 스스로 성경을 읽고 묵상할 수 있었다. 구약에서는 언약의 백성이 언약의 자녀들에게 말씀의 전승을 위해 동원할 수 있는 모든 방식을 동원하여 말씀을 가까이하도록 했다.

이러므로 너희는 나의 이 말을 너희의 마음과 뜻에 두고 또 그것을 너희의 손목에 매어 기호를 삼고 너희 미간에 붙여 표를 삼으며(신 11:18).

또 네 집 문설주와 바깥 문에 기록하라(신 11:20).

2022년에는 전 교인이 성경을 읽고 체크할 수 있는 성경 읽기 목록표를 만들어, 각 가정에서 식구들이 함께 읽어 갈 수 있도록 하였다. 식구들이 한자리에서 성경을 읽고 서로 체크하면서 온 가족이 말씀으로 공통의 화제를 가지고 함께하는 시간을 가질 수 있었다. 이를 통해 성경은 주일이나 예배 시간에만 사용하는 참고서가 아니라 일상에서 내가 만나야 하는 하나님의 말씀임을 삶으로 경험하도록 했다. 일상에서 성경을 가까이하는 훈련이 문해력 문제가 대두되는 상황에서 그 어떤 활동보다 중요한 것임을 기억하고, 더욱 다양한 프로그램이 개발·진행되도록 해야 한다.

망령되고 허탄한 신화를 버리고 경건에 이르도록 네 자신을 연단하라(딤전 4:7).

# 6) 탁월해진 밈해력[32]

## 한반두를 응원합니다

이탈리아 유벤투스 FC 소속이었던 포르투갈 축구선수 호날두는 2019년 7월에 한국에서 친선경기를 치르게 되었는데, 경기에 나서지 않는 노쇼 사건으로 거센 원망을 들어야 했다. 시간이 흘러 2022년 월드컵 조별예선에서 우리나라와 포르투갈이 맞붙었고, 김영권 선수가 호날두의 등을 맞고 흐르는 공을 득점으로 연결시켰다. 누리꾼들은 이 장면을 놓고 호날두가 등으로 어시스트를 했다고 풍자했다. 이 플레이가 한국의 16강행을 도왔다면서, 한국 대표선수단 단체 사진에 호날두의 얼굴을 합성하여 한국을 도운 유공자로 표현하기도 했다. 그리하여 호날두는 '한반도의 호날두'라는 의미의 '한반두'라고 불리기도 했다. 외국인들도 이 합성사진에 폭소를 터트리면서 공감했다. 호날두와 대한민국과의 인연을 구구절절 설명하지 않더라도 사진 한 장을 통해 큰 공감을 얻었다.

이처럼 가공된 한 장의 사진이 수많은 정보를 생략한 채 의미를 전달하는 것을 '밈'(Meme)이라고 한다. 밈은 인터넷의 2차 가공물로, 패러디를 지향한다. 현대사회에서 발생하는 다양한 현상을 비틀어서 메시지를 전하는 것이다. 디지털 문화가 발달하면서 누구나 이러한 자료들을 만들 수 있고, 온라인으로 연결된 소통을 통해 모든 사람에게 급속히 퍼져 나갈 수 있다. 한국에서는 인터넷이 등장한 초창기에 자기의 게시물을 끝까지

---

32. 정유라, 『말의 트렌드』(인플루엔셜, 2022), p. 72.

읽으면 재미있는 사진을 볼 수 있도록, 영화의 쿠키 영상처럼 재미있는 사진을 첨부하기도 했다. 이를 '짤림 방지'라는 의미로 '짤방'이라 했다. 현재는 사진이나 그림을 통틀어 '짤'이라고 부른다.

## 밈으로 소통한다

디지털 문화에 익숙한 세대들은 이러한 밈 문화에 굉장히 빠른 반응을 보인다. 미래세대들은 텍스트로 기록된 정보에 상당히 불편감을 느낀다. 문장이 길수록 이해도가 더욱 떨어지기 때문이다. 때로는 밈을 통해서 더욱 강력하게 뜻을 전할 수 있다. 한편, 그 시대의 문화에 대하여 깊은 이해가 있을 때 비로소 밈을 유머로 이해할 수 있다.

"Coffee or tea?"

"Coffee."

"Wrong. It's tea."

승무원과 승객의 대화가 담긴 이 밈은 비행기를 자주 타는 사람이라면 단번에 웃음을 터트리게 한다. 일반적으로 승무원들은 승객에게 '커피와 차' 중에서 무엇을 마실 것인가를 묻는다. 그러면 승객은 자신이 원하는 음료를 요청한다. 이 밈에서 음료가 담긴 통을 들고 있는 승무원이 승객에게 커피와 차를 질문하자, 승객은 커피를 마시겠다고 말한다. 그러자 승무원은 "틀렸습니다. 이것은 차입니다"라고 대답한다. 이 밈은 승무원이 승객에게 무엇을 마실 것인가를 묻는 것이 아니라, 자신이 들고 있는 것이 커피인지 차인지를 알아맞히라고 퀴즈를 내는 것으로 반전을 일으킨다. 하지만 이러한 밈은 비행기 문화와 영어의 뉘앙스를 알아야 단번에 이해하며 웃음을 터트릴 수 있다. 일일이 설명한다고 해도 비행기 문화와 영어의 뉘앙스를 이해하지 못하면 전혀 웃을 수 없는 것이다.

아날로그 세대들도 이러한 밈을 보면 공감을 쉽게 하지 못한다. 그 밈에 담긴 배경지식이 없으면 전혀 무의미한 것이기 때문이다. 아날로그 세대들이 디지털 미래세대에게 문해력을 강조한다. 문해력은 아무리 강조해도 지나치지 않을 만큼의 중요한 가치가 있다. 하지만 아날로그 세대들이 디지털 미래세대들을 이해하고 그들과 소통을 제대로 하려면 그들의 의사소통 방식인 밈을 이해하는 능력인 '밈해력'을 갖추어야 한다. 이를 위해서는 최근에 어떠한 밈이 유행하는지를 살피는 것이 중요하다. 이러한 밈들을 준비하고, 적절한 상황에 단 한 장의 사진만으로 충분히 감동을 전할 수 있다. 미래세대들이 아주 싫어하는 것이 '가르치려고 하는 것' '지적질하는 것'이다. 밈은 가르치거나 지적질하지 않으면서 그들의 정서에 연결되는 효과를 줄 수 있기에 밈해력을 갖추길 권면한다.

## 교회교육의 적용

### 밈과 행위설교

복음의 메시지를 전달할 때 텍스트로 전달하는 것도 필요하지만, 주제를 담은 그림이나 성경의 메시지를 담은 캘리그라피를 전달하면 더 깊은 인사이트를 줄 수 있다. 텍스트보다 그림 언어를 담은 메시지가 전달하려는 내용을 더욱 직관적으로 전달할 수 있다. 내가 학생들을 섬기면서 자주 건네는 밈은 '포석'이라는 툰이다.

"하나님께서는 하나님의 사람들을 각자의 은사에 따라 배치시키신다. 바둑을 두는 고수들은 앞으로 일어날 바둑의 상황들을 예견하고 바둑을 진행한다. 때로는 의미 없어 보이는 곳에 바둑돌을 두는데, 그것이 나중에는 꼭 필요한 과정이었음이 나타난다. 이것을 '포석'이라고 한다. 하나님께서는 하나님의 자녀들을 꼭 필요한 자리로 인도하신다. 그리고 포석은 하나님의 뜻을 이루는 데 결정적인 역할을 한다. '체크메이트'는 체스에서 상대편에게 결정타를 날릴 때에 사용하는 것이다. 하나님은 하나님의 뜻을 이루는 데 가장 중요한 시간에 나를 사용하시기에 지금의 이 자리에 미리 세우셨다. 하나님의 일에는 실수가 없다." 이처럼 긴 내용을 한 장의 그림으로 표현할 수 있다.

에스겔은 행위설교를 통하여 앞으로 하나님께서 행하실 일들을 눈으로 볼 수 있게 선포하였다. 그러한 행위는 말로 선포하는 것보다 훨씬 강력한 영향력을 전달하였다.

또 철판을 가져다가 너와 성읍 사이에 두어 철벽을 삼고 성을 포위하는 것처럼 에워싸라… 왼쪽으로 누워 이스라엘 족속의 죄악을 짊어지되 네가 눕는 날수대로 그 죄악을 담당할지니라 내가 그들의 범죄한 햇수대로 네게 날수를 정하였나니 곧 삼백구십 일이니라 너는 이렇게 이스라엘 족속의 죄악을 담당하고(겔 4:3-5).

성경의 메시지를 멋지고 아름다운 그림에 담아 보낼 때 깊은 위로와 축복을 전할 수 있으며, 재치 있는 그림을 통하여 마음의 평안을 전달할 수 있다. 때로는 아날로그 세대에는 멋지게 보이지만 미래세대들에게는 조금 버거운 내용을 보내면 관계가 힘들 수 있다. 하지만 미래세대들의 감성을 터치할 수 있는 좋은 밈을 사용하면 수많은 말보다 더욱 효과적으로 복음을 전달할 수 있다.

나는 인터넷을 하거나 SNS를 하면서 아주 인상적인 짤을 발견하면, 일단 저장을 한다. 그리고 그 짤들을 비슷한 주제별로 묶어 폴더에 저장한다. 이따금 저장된 폴더 안의 짤들을 살펴본다. 그리고 상담을 하거나 댓글을 남기거나 답장을 할 때 가장 적절한 짤을 골라서 사용한다. 정말 위로가 필요한 사람, 축하가 필요한 사람에게 단 한 장의 밈이 커다란 위로를 주고, 기쁨을 배가시켜 준다.

예를 들어, 직장생활이 힘들어서 어려워하는 청년에게 위로를 주어야 할 경우가 있다. 그러면 새우깡 봉지 그림의 '때려칠깡' 밈을 보내고 그 밑에 "그냥 그만두고 싶을 때가 있지?"라고 보낸다. 그리고 컨디션 병 그림의 '견디셔' 밈을 보내면서, "그래도, 견디셔"라는 짧은 글을 보낸다. 이 밈을 받는 청년은 과자와 음료를 패러디하여 던지는 것에 웃음을 터트린다. 그리고 이러한 감성으로 위로해 주는 이에게 깊은 공감과 감사의 마음을 가지게 된다. 무조건 견디고 힘을 내라고 일방적으로 말하는 것보다 훨씬 깊은 위로를 전해 준다.

문해력이 훈련을 통해서 만들어지듯이, 밈해력도 계속하여 활용하다 보면 어떤 밈이 효과적인지를 알게 된다. 그러기에 다양한 밈해력을 준비해야 한다.

# 기) 집중력의 저하

다양한 문화 매체가 등장하며 흥미로운 콘텐츠들이 홍수처럼 쏟아지고 있다. 미래세대는 온라인으로 교육과 오락을 함께 경험하면서 자라 온 세대들이다.

코로나 이후에는 학교로 가지 않고, 온라인과 메타버스 플랫폼으로 교육이 진행되면서 디지털에 더욱 익숙해졌다. 책과 노트보다는 디지털 기기를 통하여 지식을 접하게 된다. 그런데 이처럼 디지털 환경에 노출될수록 인지능력에 심각한 문제가 야기된다.

### 떨어지는 집중력

2000년 마이크로소프트 캐나다는 평균적인 인간이 집중을 지속하는 시간이 12초라고 발표하였는데, 2013년에 이 수치는 8초로 하락했다.[33]

---

33. 애덤 알터, 『멈추지 못하는 사람들』, 홍지수 역, (부키, 2019), p. 44.

이는 사람들의 집중력이 점차 줄어들고 있음을 입증하는 것이다. '쿼터리즘'은 15분 이상을 몰입하지 못하는 것을 의미한다.[34] 디지털 매체를 통해 무엇인가를 읽을 때는 딴짓으로 이어질 확률이 85%에 이르며, 이는 종이 매체(26%)보다 3배 이상 높다. SNS는 그만큼 독자를 유혹하는 요소가 많고 화면에서 이미지, 링크, 광고, 소리가 와글와글하니 글에 집중할 수 없다는 것이다.

유영만 교수는 디지털 매체를 사용하여 글을 읽을 때 나타나는 특징이 'F자형 읽기'라고 경고한다. 디지털 화면을 보는 사람들의 시선을 추적한 결과, 10초 이내에 한 페이지를 읽으면서 F자 형태로 시선 처리가 된다고 밝혔다. 맨 위의 1~3문장만 읽고, 중반부의 1~2문장을 읽고, 그리고 아래로 내려간다. 한 페이지를 읽기는 하지만, 몇 문장 외에 나머지는 읽지 않았다는 것이다. 디지털 매체로 100단어를 읽을 때 소요되는 시간이 평균 4.4초에 불과한데, 4.4초 안에 읽는 단어는 18개 정도에 불과하다. F자형 읽기에 익숙해지면, 종이책을 읽을 때도 이러한 방식으로 읽게 된다.[35]

## 폭발하는 콘텐츠 전성시대

이러한 반응은 디지털 매체를 사용할수록 심해진다. 1970년대까지 흑백 TV를 통하여 전달되는 콘텐츠는 3개 방송사에 지나지 않았다. 1980년

---

34. 유영만, 박용후, 『언어를 디자인하라』 (쌤앤파커스, 2022), p. 97.
35. 유영만, 박용후, 『언어를 디자인하라』 (쌤앤파커스, 2022), pp. 81-83.

이후 컬러 TV 프로그램이 방영되고, 케이블 TV가 개국하고, 인터넷 매체를 통한 다양한 콘텐츠가 쏟아졌다. 이로 인하여 하나의 프로그램에만 집중하지 못하며 다양한 콘텐츠로 시선이 흩어지게 된다. 나에게 첫 TV는 1973년 5월의 수요일이었다. 그 당시 TV 방송은 오후 5시 30분부터 방영되었다. TV 방송 시작 전에는 친구들과 골목에서 놀다가, 방송 시작 시간이 되면 친구들과 TV 앞으로 모였다. TV를 구입하기 전에는 만화방에 시청 티켓(알고 보니 장판을 동그랗게 오린 것)을 10원에 구입하여 1시간 동안 볼 수 있었다. 당시는 하루 용돈이 10원이었기에, 과자를 사 먹어 버리면 TV 시청 티켓을 구입할 수 없었다—갑자기 눈물이 앞을 가린다—. 당시에는 TV 방송국이 3개뿐이었고 채널을 바꾸는 것도 로터리 방식이어서, 채널을 돌리려면 TV 앞으로 가서 TV에 부착된 다이얼을 직접 돌려야 했다. 때로는 TV 앞으로 가서 채널을 돌리는 것이 귀찮아서 지루한 방송이라고 해도 참고 보아야 했다. 1980년대가 되면서 칼라 방송 시대가 시작되고, TV의 채널 변경 방식이 리모컨으로 대체되었다. 다양한 방송국들이 개국하고 다채로운 방송 프로그램이 폭증하면서, 시청자들은 자기들이 원하는 방송을 리모컨으로 손쉽게 변경하여 볼 수 있게 되었다.

## 나는 하루에 스마트폰을 몇 번 만지는가?

가젯 보험 지원 서비스를 제공하는 아수리온(Asurion)이 스마트폰 사용에 관한 보고서를 공개했다. 이에 따르면 평균적인 스마트폰 사용자가 하루에 스마트폰을 만지는 횟수는 352회다. 4분에 1회 만지는 꼴로, 수면 시간을 7시간으로 치면 일어나 있는 동안 2분 45초에 한 번 만진다는 것이다.

아수리온이 조사한 건 미국 거주 성인 남녀 1,965명이다. 이들 중 4분의 3은 스마트폰을 사치품이 아닌 생활필수품이라고 생각한다. 5분의 1은 몇 시간 동안 만지지 않는 게 불가능하다. 4분의 3은 화장실에도 스마트폰을 가져간다고 답했다. 이는 코로나19 이전인 2019년보다 무려 4배가 높아진 것이다.[36] 코로나 팬데믹에 의해 만날 수 없는 생활이 스마트폰 의존도를 가속화시켰고, 현대인의 스마트폰 의존도가 해마다 높아진 것을 의미한다.

영화관에서 긴박한 장면이 고조되는데 앞 좌석에서 핸드폰 화면을 열어 불을 밝혀 주변 관객들을 짜증 나게 하는 경우가 있다. 이것을 웹툰 '마음의 소리'에서 폰딧불이(휴대폰+반딧불)라고 이름 붙였다. 자기도 모르는 사이에 휴대폰을 확인해야 하는 루틴에 따라 습관적으로 보는 것이다.

최근 사용자들의 스마트폰에는 평균 125개의 애플리케이션이 설치되어 있다. 한 해 동안 평균 102개의 새로운 애플리케이션을 설치하고, 평균 39개의 애플리케이션을 사용한다.[37] 미래세대들은 공부하면서 SNS나 스마트폰을 사용하는 경우가 태반이다. 시험공부를 하면서도 장시간 집중하지 못하고, 자꾸만 스마트폰을 확인한다. 스마트폰을 일상으로 사용하는 미래세대의 집중력이 흐트러진다. 심지어 운전할 때도 스마트폰을 사용하는데, 운전하면서 전화 통화를 하면 사고 가능성이 4배로 높아지

---

36. Tech Recipe, 2022.06.13., https://techrecipe.co.kr/posts/42552/
37. 박준영, 『Z의 스마트폰』(쌤앤파커스, 2022), p. 87.

고, 문자를 하면 충돌 가능성이 23배로 높아진다.[38]

## 스몸비세대

중독이라는 뜻의 영어 'Addiction'
은 라틴어 'Adcare'에서 파생했으
며, '갇혀 있다' '의존되어 있다'라는
의미다. 중독은 일종의 질병으로 분
류된다.[39] 이 같은 현상이 지속되면
스마트폰 안에 갇혀 버리는 스몸비
(Smombie) 현상이 발생한다. 스몸비
는 2015년 독일에서 처음 사용된 용
어인데, 이는 스마트폰(Smartphone)과

좀비(Zombie)를 합친 용어이다.[40] 스마트폰을 들여다보면서 고개를 숙이고
걷는 모습이 좀비처럼 보인다고 하여 지어진 용어이다.

지난 겨울에 순천역 앞의 카페에 잠시 들렀을 때 놀라운 광경을 보게 되
었다. 순천역 앞의 횡단보도와 맞닿은 인도의 끝에 기다란 신호등이 설치
되어 있었다. 정지 신호에는 그 기다란 신호등이 붉은색으로 변하고, 보행
신호가 되면 초록으로 바뀌었다. 지방의 소도시에까지 그러한 시설이 설

38. 토니 라인키, 『스마트폰, 일상이 예배가 되다』, 오현미 역, (CH북스, 2020), p. 65.
39. 김대진, 『청소년 스마트폰 디톡스』 (생각속의집, 2020), p. 68.
40. 김대진, 『청소년 스마트폰 디톡스』 (생각속의집, 2020), p. 25.

치된 이유는, 거의 대부분의 사람이 횡단보도 앞에서 신호를 기다릴 때 스마트폰을 보느라 기존에 설치된 신호등을 안 보기 때문이다. 신호 대기 중에 스마트폰을 보느라 고개를 숙인 이들이 신호등이 바뀌었음을 알게 하도록 장치를 한 것이다.

## 빌 게이츠의 'Think Week'

1975년 마이크로소프트를 설립하고 세계 최고의 회사로 키운 빌 게이츠는 아무리 분주해도 독특한 일정을 가진다. 일 년에 두 차례씩 그는 모든 것을 내려놓고 외부와의 접촉을 차단하고, 일주일 동안 재충전의 시간을 가진다. 이 시기에는 회사 직원들은 물론 가족들까지 방문을 허락하지 않는다. 오직 하루 두 번 음식을 제공하는 관리인만 드나들 수 있다. 빌 게이츠는 이 기간에 그동안 읽고 싶었던 책을 읽거나 보고서와 논문을 살피는데, 수십 페이지의 보고서를 112편까지 읽기도 했다. 마지막 날에는 일주일간 읽었던 내용을 정리하고 핵심을 뽑아 구성원들에게 공유하는데, 이것이 마이크로소프트의 전략적 방향성이 된다. 1980년부터 시작된 이 기간을 빌 게이츠는 'Think Week'라고 하며, 40년이 넘는 지금도 루틴으로 지키고 있다. 스티브 잡스는 자기의 자녀들이 아이폰과 아이패드를 함부로 사용하지 못하게 했다.[41] 이는 디지털 문화가 가져올 문제를 예방하기 위한 조치였다.

미래세대들은 태어나면서부터 디지털 환경을 경험하였기에 디지털에

---

41. 김대진, 『청소년 스마트폰 디톡스』(생각속의집, 2020), p. 97.

더욱 친숙하지만, 자신 안에 있는 재능을 발견하고 발전시키기 위해서는 아날로그와 자연을 만나는 프로그램들을 많이 접하고 실행해야 한다. 따라서 아날로그 세대인 목회자와 교사는 자신들이 어린 시절에 받았던 교회교육과 수련회 프로그램을 고집하지 않고, 다양한 기획을 통하여 준비해야 한다.

## 교회교육의 적용

### 내 앞의 사람에게 최선을 다하라

최근에 학생들과 청년들을 만나 식사를 하고 차를 마시면서 교제할 때 스마트폰에서 손을 못 떼고 수시로 확인하는 그들의 모습을 본다. 그때 최대한 꼰대스럽지 않게 조언을 하려고 한다.

"혹시 너 지금 주식 투자나 외환 딜러 일을 하니?"

"내가 만나는 사람에게 나에 대한 좋은 이미지를 주기 위해서는, 그 사람에게 최선을 다해야 해. 그런 훈련을 하지 못하면, 나중에 정말 중요한 자리에서도 상대에게 신뢰를 주지 못하게 된단다."

사람을 만날 때는 그 사람에게 온전히 최선을 다하여 집중하라는 것이다.

"어떤 만남이든지 그 사람에 집중하는 모습을 보이면, 그 사람은 언제나 너를 응원할 거야. 네가 지금 스마트폰으로 확인하는 것이, 지금 나를 위하여 시간을 내어 주고 내가 좋아하는 것을 공급해 주시는 분보다 소중하다는 것을 네가 증명하면 안 된단다."

이렇게 말하고 나서 그들에게 색다른 게임을 제안한다. 나를 만나는 시간에는 휴대폰을 안 보도록 각자의 핸드폰을 겹쳐서 테이블에 놓고 서로에게 집중하자고 한다. 너무 강압적으로 하는 것이 아니라 애정을 담아서 전하면, 거의 대부분 마음을 열고 서로에게 최선을 다하는 시간을 가진다. 무조건 미래세대에게만 맞추는 것이 아니라, 때로는 이런 훈련도 필요하다.

학생들과 청년들의 집중력을 강화하기 좋은 프로그램은 수련회이다. 아날로그 세대가 겪은 수련회와는 전혀 다른, 미래세대가 열정적으로 참여할 수련회를 만드는 것이 정말 필요하다.

## 청소년 수련회의 변천사

1980년대 아날로그 세대들의 수련회는 전형적인 방식이 있었다. 1980년대 중반까지는 각 교회 내에서 평소보다 좀 더 긴 예배를 드리는 식이었다. 1980년 중반이 되면서 인근 기도원이나 시골 교회에 가서 2박 3일이나 3박 4일 동안 수련회를 진행하였다. 이 시기에는 독특한 프로그램들이 있었다. 각자의 죄를 종이에 기록하고 캠프파이어로 이를 불태우는 의식을 진행하기도 했다. 혹은 촛불을 차례로 밝히고 십자가 형태로 만든 이후에 함께 기도하고 축복하는 시간을 가지기도 했다. 그리고 교회 선배들의 엄격한 감독하에 성경 요절을 외워야 식사를 할 수 있는 시스템이었다. 그래서 요절을 밥절이라고 했다. 그 이전까지의 획일적인 신앙교육과는 달리, 다른 지역으로 이동해서 하는 수련회는 탈출감과 함께 특별한 경험을 안겨 주었다.

1990년대가 되자 몇몇 교회의 연합수련회가 진행되면서, 청소년 선교단체들이 차례로 생겨나 대규모 집회형 수련회 패턴이 조성되었다. 2000년대 중반부터는 대규모의 청소년·청년집회가 점차 확산되었다. 방학 기간에 한 회기 동안에 8차수의 수련회를 운영하는 캠프들도 등장하였다. 2010년경에는 대형 캠프를 대신하는 다양한 형태와 방향의 캠프들이 시도되었다. 그런데 2009년의 신종플루, 2015년의 메르스 사태가 발생하면서 연합캠프가 주춤하였고, 중소캠프는 급속히 막을 내리게 되었다.

### 새로운 형태의 수련회

2020년 여름부터는 코로나 팬데믹으로 인하여 모든 집회가 중단되었다. 이를 대신하는 온라인 수련회나 메타버스 수련회가 시도되었으며, 2022년 여름부터 '위드(with) 코로나'가 되면서 이전의 캠프나 수련회와는 완전히 다른 개념의 수련회가 생겨났다. '국내 성지순례' '제주도 일주 수련회' '성경 일독 수련회' '캠핑 수련회' '국토 종주 수련회' '시골 미자립 교회 성경학교 지원 및 수련회' '봉사활동 수련회'와 같은 독특한 콘셉트의 집회들이 나타나고 있다.

이렇게 수련회뿐만 아니라, 교회에서의 정규 교육 시간에도 디지털 방식을 채용한 교육 활동과 더불어 아날로그 방식의 참여형 교육 프로그램들을 기획하고 진행하는 것이 요청된다.

## 8) 팩트체크 타임

### 월드컵 오보

'한국은 16강 탈락.'

2022년 카타르 월드컵에서 조별리그 H조 한국-포르투갈전이 2대 1로 끝난 직후 구글의 월드컵 페이지에 영문으로 뜬 경기 결과에는 '포르투갈이 (승자가 다음 단계에 오르는) 녹아웃 라운드(16강전 이후)에 진출했다. 한국은 탈락했다'라고 적혀 있었다. 세계 최대 검색 엔진 구글이 운영하는 2022 카타르 월드컵 정보 초기 화면에 한국이 탈락했다는 내용의 오보는 20여 분간 올라와 있었던 것으로 알려졌다. 구글은 20여 분이 지난 오전 2시 22분께가 되어서야 해당 내용을 '포르투갈과 한국이 녹아웃 라운드에 진출했다. 우루과이는 진출에 실패했다'라고 정정했다.[42] 아날로그 세대들은 뉴스나 정보를 미디어 통해 읽고 보면, 그것을 사실로 받아들인다. 새로운 정보를 듣고 읽게 되어도, 이것을 제대로 확인할 방법이 없었다. 하지만 그 어떤 지식이라도 빛의 속도로 검색되고 확인되는 지금의 시대에서 그릇된 정보는 파멸로 이어진다.

## 홈런과 삼진 사이

'홈런 타자는 삼진을 잘 당한다.'

'홈런 타자는 삼진을 두려워하지 말아야 한다.'

'그러므로 실패를 두려워하지 말고 담대하게 시도하라.'

이러한 메시지를 말로만 하면 그다지 큰 감흥이 오지 않는다. 하지만 이를 데이터의 기록으로 보여 주면 그 의미는 굉장한 영향력을 지니게 된다.

---

42. 서울경제, 2022.12.05., https://www.sedaily.com/NewsView/26ES7V0SGD/

**메이저리그 홈런 타자 순위**

3위 베이브 루스는 714개의 통산 홈런을 기록하는 동안 1,330개의 삼진을 당했다.

2위 행크 애런은 755개의 통산 홈런을 기록하는 동안 1,383의 삼진을 당했다.

1위 배리 본즈는 762개의 통산 홈런을 기록하는 동안 1,539개의 삼진을 당했다.

**일본 프로야구의 홈런 타자**

왕정치는 868개의 홈런을 치는 동안 1,319개의 삼진을 당했다.

**한국 프로야구의 홈런 타자**

이승엽은 467개의 홈런을 치는 동안 1,344개의 삼진을 당했다.


미래세대들은 두리뭉실한 표현보다는 정확한 표현에 반응을 보인다. 그래서 이렇게 데이터를 겸비해야 메시지를 더욱 효과적으로 전할 수 있다.


## 물은 답을 알고 있을까?

2000년대 초 국내에서 인기를 끌었던 에모토 마사루의 책 『물은 답을 알고 있다』에서는 긍정적인 언어와 부정적인 언어를 사용하는 것에 따라 물 결정이 달라진다는 이론을 주장했다. '좋은 말과 좋은 음악'이 있으면 물의 결정이 육각형으로 아름답게 나오고 '나쁜 말'이나 시끄러운 음악을 들려주면 결정이 파괴된다는 것이다. 하지만 이는 '사이비 과학'에 속한다. 고려대학교 물리학과 정재승 교수는 "물질마다 고유의 진동 주파수를 가지고 있는 것은 사실이지만, 종이에 쓴 글씨가 단어 의미에 따라 서로 다른 주파수를 낸다는 주장은 실소를 자아낸다"라고 말했다. 좋은 말을 해 주면 화분이 더 잘 자란다는 속설도 이와 유사하다. 온라인 커뮤니티에서는 나쁜 말을 해 준 양파가 좋은 말을 해 준 양파보다 훨씬 더 잘 자랐다는 후기 글이 유행하기도 했다. 사실 동물도 인간의 말을 알아듣기 힘든데, 귀가 없는 식물이 말 내용을 알아듣고 성장에 영향을 받는다는 주장은 애초에 말이 되지 않는다.

## 교회교육의 적용

### 로고스, 파토스, 에토스

'물도 좋은 말을 들으면 좋아지듯이, 사람들도 좋은 말을 듣는 것이 중요하다.' 이 메시지는 나 또한 여러 번 경험한 적이 있다. 학생들도 성도들도 이 예화를 듣고 놀라워했다. 그러나 사실은 과학적 근거가 없는 유사과학이었다. 청소년과 청년에게 설교 예화는 굉장히 중요하다. 재밌고 임팩트가 있는 예화를 발굴하는 것은 굉장히 신나는 일이다. 아날로그 시대에는 책에 기록된 이야기라면 사실 확인 없이 즉시 예화로 사용하였다. 하지만 디지털이 급속히 발달하면서, 누구라도 확실한 팩트체크가 가능하다. 잘못된 예화가 지속되면 메신저 자체를 신뢰하지 않게 되기 때문에 주의해야 한다.

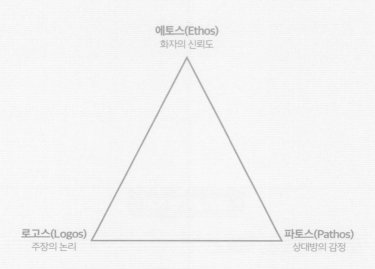

에토스(Ethos)
화자의 신뢰도

로고스(Logos)
주장의 논리

파토스(Pathos)
상대방의 감정

메시지를 정확하게 전달하려면 '로고스' '파토스' '에토스'가 있어야 한다. '로고스'는 논리인데, 주장은 명확하고 전하는 과정은 논리적이고 선명한 근거가 있어야 한다. 메신저가 사실과 다른 내용을 확신하고 말하다가 거짓으로 판명 나면, 그 메시지 자체가 신뢰를 잃어버린다.

'파토스'는 감정인데, 듣는 사람이 감정이입을 어느 정도 하는지가 설득의 수준을 결정한다. 인간은 근본적으로 감정적인 존재이기 때문이다. 완벽한 논리, 객관적 사실, 통계를 제시해도 감정을 건드리지 못하면, 설득되지 못한다. 그래서 많은 광고에서는 사람들을 설득하기 위해 감정에 호소한다.

'에토스'는 신뢰를 의미한다. 설득하려는 사람이 가진 신뢰성을 의미한다. 그 사람 자체가 얼마나 설득력이 있는지, 신뢰성과 평판과 지위 등 사회적인 위치뿐 아니라 옷차림이나 외모조차도 영향을 미친다.

그러므로 설교나 성경 수업을 감당하는 리더들은 자신이 전할 메시지의 내용을 항상 팩트체크하며, 진실만을 전하되, 감성과 신뢰를 겸비하여 준비해야 한다.

# 2
# 1인칭(감성)

　새로운 문화와 문명이 새롭게 등장하면 감정적인 요소인 정서가 완전히 달라진다. 하나의 문화와 문명 속에는 독특한 감수성이 수반된다. 감성적인 영역은 때로는 지성과 의지보다 강력한 힘을 발한다. 특히 교육의 영역에서 감성의 중요성은 정말 중요하다.

　볼 수 없고, 듣지 못하며, 말하지 못하였던 헬렌 켈러의 인식을 연 것은 물의 촉감이었다. 그 감촉을 의미하는 단어가 'Water'임을 설리번 선생님이 가르쳐 주면서 헬렌 켈러의 진짜 인생이 시작되었다고 할 수 있을 만큼 감성은 큰 힘이 있다. 아날로그 시대를 살아온 세대들은 그 시대가 다소 불편하였다고 해도, 그 문화 속의 독특한 정서는 고유한 유산으로 아날로그 세대 안에 화석처럼 각인된다. 디지털 시대를 사는 미래세대들을, 아날로그 세대가 보기에는 낭만과 감수성이 없어 보인다. 하지만, 미래세대들은 그들 문화에서만의 특별한 감성을 누린다. 아날로그 세대가 자신들의 감성이 절대적인 것으로 강요할 때에 충돌이 발생하고 관계가 무너진다. 미래세대의 감성적인 영역을 존중하고 공감대를 형성할 때에 더욱 효과적인 교육이 가능해진다. 미래세대 역시 아날로그 시대의 감성을 공유할 때 훨씬 풍성한 교제가 가능해진다. 아날로그에서 디지털로 변화된 세대들이 이전의 세대와 구별되는 감성적인 특징들은 다음과 같은 것이다.

# 1) SNS = 시간 낭비 시스템

## 인증에 울고 웃는다

"귀여워!"

"와, 진짜 예쁘다."

"너는 정말 최고야!"

SNS에 가장 맘에 드는 자기 사진을 올리는데, 그 사진에 다른 사람들이 좋은 댓글들을 남기면 행복해진다. 자신을 칭찬하는 댓글을 보면 자존감이 급속하게 올라간다.

"코끼리처럼 귀를 더 크게 만들 수 있어? 하하."[43]

SNS에 올린 같은 사진에 속상한 악플이 달리기도 한다. 악플의 힘은 굉장한 파괴력을 가지고 있다. 100개의 선플이 1개의 악플을 이기지 못

---

43. 넷플릭스 〈소셜 딜레마〉 장면 중.

한다. 수많은 칭찬의 댓글보다 단 1개의 악플에 감정이 나빠지며, 우울한 수렁 속에 빠지게 된다. 이는 자존감의 붕괴로 이어져 삶의 기초를 뒤흔들어 버리게 된다.

메타버스가 발달하면서 라이프로깅 SNS를 사용하는 사람들이 많아졌다. 이로 인하여 서로 직접 만나지 않으면서도 소통하는 시대가 되었다. 코로나 팬데믹으로 인하여 '사회적 거리두기'로 사람들이 서로 만날 수 없었을 때 SNS는 아주 유용한 소통의 도구가 되었다. 그뿐만 아니라 실생활에서 내가 만날 수 있는 사람들의 범위를 넘어 다양한 사람과 연결될 수 있다. 연예인들이 올리는 삶을 실시간으로 보고, 친구들의 일상을 나눌 수 있다. 서로 못 만나더라도 어디에 가며, 무엇을 먹으며, 어떻게 노는지 알 수 있게 되었다.

## SNS 효과

이러한 장점들 외에 심각한 문제점도 존재한다. 넷플릭스에서 방영되었던 다큐멘터리 〈소셜 딜레마〉에 따르면 미국 청소년들의 우울증이 급증하게 된 시기와 스마트폰이 급속하게 보급되었던 시기가 겹친다. 스마트폰의 보급이 늘어나면서 청소년들은 SNS를 사용하게 되고, 이는 청소년들의 우울증이 증폭되는 현상과 중첩된다. 2018년 미국 샌디에이고주립대학교 연구팀이 1991년부터 2016년까지 10대 청소년 100만 명의 행복지수를 분석한 결과를 내놓았다. 미국 청소년들의 행복지수는 2012년을 기점으로 갑자기 떨어졌다. 2008년 미국의 금융위기 때 청소년과 성인의 행복지수가 급격히 낮아졌는데, 금융위기가 해소된 이후에도 갑자기 행복지수가 낮아진 것은 의아한 점이었다. 연구팀은 그 원인을 '스마트폰'에서 찾았는데, 2012년은 스마트폰의 보급률이 50%를 넘어선 시기다. 이 보고서는 스마트폰을 하루에 1시간 이하로 사용할 때는 행복지수가 높고, 1시간 이상 사용할 때 급속히 낮아졌다고 밝히고 있다.[44]

SNS에는 자신이 누리는 행복의 극대치를 표현한다. SNS 중에서 특히 인스타그램에 올라오는 사진은 찰나의 순간을 보여 준다. 자신이 누리는 멋진 야경, 화려한 숙소, 잘 플레이팅된 브런치, 눈부신 풍경 중에서 가장 화려한 순간을 포스팅한다. 자신이 올린 게시물에 다른 사용자들이 '좋아요'를 누르고 댓글을 많이 달아 줄수록 행복감은 극대화된다. SNS를 통해 다른 친구들이 자신보다 더 잘살고 있다는 포스팅을 보면 쉽게 열등감에 빠지고, 이것이 반복되면 우울증에 빠질 수 있다. 오랫동안 저축하고 준비하여 제주 여행을 가려고 예약하면서 참 행복하다고 포스팅을 했는데, 친구가 하와이 여행 사진을 올리면 자신이 한없이 초라하게 느껴진다.[45] 누군가가 자신이 제주 여행을 가는 것을 부러워한다는 것은 전혀 인식하지 못한다. 오로지 자기보다 훨씬 우월한 삶을 살고 있는 친구의 포스팅 하나가, 오랜 시간 제주 여행을 기대하고 준비하였던 그 시간을 허물어 버리는 것이다. 여기에서 그치지 않고 자기보다 더욱 빛나는 삶을 사는 친구에 대한 질투가 커지며, 그러한 삶을 살지 못하는 자기 자신을 향한 자괴감을 가득 채우게 된다. 이것이 확장되면서, 이러한 처지의 상

---

44. 김대진, 『청소년 스마트폰 디톡스』(생각속의집, 2020), p. 77.
45. 이연주, 『스마트폰 없는 똑똑한 육아』(지식과감성, 2018), p. 98.

황을 물려준 부모에 대한 원망까지 자리잡게 된다.

SNS의 발달은 쉽게 비교로 이어진다. 비교가 정말 좋지 않은 이유는 남들과 비교하여 자신이 더 열등하다고 느껴지면 '비참'해지고, 남들보다 낫다고 생각되면 '교만'해지기 때문이다.

하지만 그러한 만족은 도파민으로 인한 일시적 쾌감에 지나지 않는다. 삶의 완전함은 타인들의 이미지와 좋아요 숫자에 달려 있지 않다.[46] SNS 로부터 자기 자신을 보호하려면, 다른 어떤 누구보다 더욱 유명해지는 것이 아니라 건강한 자아관을 가져야 한다. 교회와 가정에서의 중요한 역할은 자녀와 학생이 그 누구와 비교하여서도 흔들리지 않는 올바른 자아관을 갖게 해 주는 것이다.

## 교회교육의 적용

### 자아존중감을 확신하라

'자아존중감'은 타인의 평가에 영향받지 않는 것이다. 타인의 삶을 보면서, 자기를 비교하지 않는 것이다. 디지털 문화와 메타버스가 확장되면서 다른 이들의 삶을 더 많이 보게 되고, 다른 이들의 평가를 많이 만나게 된다. 이로 인하여 SNS에 자신이 포스팅한 사진과 글에 신경을 많이 쓰고, 거기에 타인들이 보여 주는 '좋아요'의 숫자나 반응을 자존심의 척도로 여기게 된다. 자기가 심혈을 기울여 올린 사진과 글에 다

---

46. 정지우, 『인스타그램에는 절망이 없다』 (한겨레출판사, 2020), p. 65.

른 사람들이 별다른 반응을 보이지 않으면 불안해지고, 자존감이 무너지게 된다.[47]

교회학교에서는 다른 사람들의 평가나 인정이 우리 자신의 가치를 정하는 것이 아니라, 존재 자체만으로 빛나는 존재임을 깨닫게 해야 한다. 하나님께서 하나님의 형상을 따라 나를 창조하셨기에 나는 가치 있는 존재이며, 예수님께서 나를 위하여 기꺼이 십자가를 지실 만큼 소중한 존재임을 확인시켜 주는 것이 중요하다. 또한 하나님이 주신 비전을 이루어 갈 주인공임을 자각할 때 최고의 자아존중감을 갖게 된다. 회복 탄력성, 자아통제력, 자아존중감의 가장 정확한 모델은 예수 그리스도이시다.

예수님은 수많은 반대자 앞에서 자신이 하나님의 독생자이심을 늘 기억하셨다(자아존중감).

그들을 주신 내 아버지는 만물보다 크시매 아무도 아버지 손에서 빼앗을 수 없느니라 나와 아버지는 하나이니라 하신대(요 10:29-30).

디지털의 문명은 더욱 강력한 영향력을 행사하겠지만, 미래세대가 그리스도 안에서 강력한 자기정체성으로 세상을 넉넉히 이길 수 있게 하는 사명은 교회 안에 있음을 항상 기억해야 한다.

---

47. 김대진, 『청소년 스마트폰 디톡스』(생각속의집, 2020), pp. 228-233.

# 2) B급 감성의 전성시대

## 독거노총각의 고공행진

"김밥 드(2) 줄을 사왔드아."

"비피뜨스(비피더스)를 사왔드아."

"살(쌀)이 떨어졌드아."

"뭐가 문제야! 오케이?"

"여자 여자 여자 하지 말고 꽈자나 먹으란 말이야!"

"실패도 성공도 결국 지나간 세월의 그림 한 장이드아."

"여자가 없다고 해서 슬퍼할 것도 인생 끝장할 필요도 없다. 모두 신기루이기 때문이다."

경상남도 밀양시에서 32년 된 3,000만 원짜리 아파트에 살며, 예초기로 풀 베는 기간제 근로자로 살아가는 48세의 노총각의 일상을 다룬 브이로그 채널 '독거노총각'은 구독자 17만 4천 명을 보유하고 있다. 모태솔로 노총각인 자신의 생활과 일상을 소개하는 이 채널은, 파리의 방송국에서 취재하러 올 정도의 인기를 자랑하고 있다. 휴대폰으로 대충 찍은 동영상을 서툴게 올린 듯한 콘텐츠는 특별한 내용을 담고 있지 않다. '식료품 구입→영수증 인증→식사'를 하면서 자기 생각을 내레이션으로 표현한다. "여자 타령하지 마라"라는 멘트를 자주 하지만, 오히려 본인이 가장 여자 이야기를 많이 한다. 얼핏 보기에는 초라하게 사는 것을 노출시켜 묘한 불편함이 있지만, 조회 수 187만의 콘텐츠도 있으며, 100만 이상 조회 수를 올린 콘텐츠도 여러 편 보유하고 있다. 많은 사람이 자기만의 반짝이

는 아이디어를 믿고 유튜브를 시작하지만, 1천 명의 구독자를 확보하기
도 어렵다. 그런데 이 채널은 2020년 1월 31일에 구독자 262명을 시작으
로 하여 1년 만에 10만 명을 돌파했다. 외적으로는 특별히 매력적인 면이
없음에도 그의 콘텐츠는 사람들의 관심을 받고 있다.

## 범 내려온다

'이날치밴드'는 '범 내려온다'라는 곡으로 제18회 대중음악상 '올해의 음
악인' 부문을 수상하는 등 대중과 평단 모두로부터 호평을 받았다. 이들
은 아주 특별한 리듬으로 연주한다. 소리꾼 한 명과 고수가 연출하는 방
식이 아니라 4명의 소리꾼과 베이스, 드럼, 앰비규어스댄스컴퍼니의 파
격적인 춤을 결합시켜 새로운 장르를 만들어 냈다. 이로 인하여 생소하
면서도 친숙한 이날치밴드 특유의 음악이 만들어졌다. '범 내려온다'는
2020년 7월 한국관광공사 유튜브에 앰비규어스댄스컴퍼니의 역동적인
댄스와 함께 공개됐다. 기존의 클래식한 공연과 연주가 아닌 병맛 코드가
함유된 독특한 연주는 해외에서도 폭발적인 인기를 얻어 2021년 9월에
는 영국, 벨기에, 네덜란드, 헝가리에서 연일 매진되는 공연까지 하게 되
었다.

앰비규어스댄스컴퍼니의 댄스 영상을 본 한 프로듀서가 세계적 록밴
드 콜드플레이의 크리스 마틴에게 소개하여 콜드플레이의 신곡 'Higher
Power'에서 협연하게 되었다. 앰비규어스 댄스팀이 콜드플레이의 댄스팀
으로 비칠 것을 우려하자 크리스 마틴은 이렇게 말하면서 설득했다.

"앰비규어스가 콜드플레이 음악에 맞춰 춤추는 게 아니라 우리가 너희

영상에 출연한 것처럼 보였으면 좋겠다." [48]

## 너덜트를 아시나요?

　2021년 8월 14일에 공개된 '당근이세요'라는 '너덜트'의 콘텐츠는 당근
마켓 거래를 위해 심부름을 나온 판매자와 구매자가 대화하는 2분 분량
의 영상이다. 당근마켓에서 구매를 한 부인과 판매를 하는 부인에게 진행
상황을 전화로 물어보며 대화하는 내용을 다루고 있다. 당근마켓의 주거
래인은 아내이지만 물건을 수령하거나 전달하는 것은 주로 남편들인데,
이로 인하여 발생하는 자잘한 에피소드를 담고 있다. 이 콘텐츠는 784만
조회 수를 기록할 만큼 폭발적인 인기를 얻었는데, 25개의 콘텐츠를 올리
고 8개월 만에 구독자 100만 명을 넘어, 120만 명을 돌파하게 되었다. 그
들은 전문적인 연기 과정을 거치지 않았지만, 콘셉트와 시대의 정서를 관
통하는 콘텐츠로 새로운 장르를 만들어 가고 있다.

　이전 시대에 코미디 장르는 각 방송사에서 코미디언을 모집하고, 방송
국에서 훈련하는 과정을 거쳐 공개방송을 통하여 소개되는 것이 일반적
인 과정이었다. 이러한 과정에는 긴 시간이 필요했고, 뛰어난 활약을 펼
치지 못하면 도태되고는 했다. 하지만 지금은 누구라도 제작자가 될 수
있고, 출연자가 될 수 있는 시대가 열렸다. 좋은 아이디어만 있으면 누구
라도 인기를 얻는 시대가 되었다.

---

48. 중앙일보, 2021.06.22., https://www.joongang.co.kr/article/24088401#home/

## 시대의 기준을 분별하라

『공부의 배신』 저자인 윌리엄 데레저위츠 교수는 제도권하에서 시스템적으로 교육을 받아 온 학생들이 순한 양의 성향을 많이 가지고 있다고 말한다. 가장 혁신적인 기업으로 평가받는 기업들은, 대학 졸업장이 없는 직원의 채용을 늘려 가고 있다. 학력이 아닌 실력과 창의성의 중요성을 이미 깨달았기 때문이다.[49] 아날로그 시대에는 상위권 대학에서 배운 과정이 경쟁력이 있었다. 정규 학습 과정과 도제 과정을 거친 이들은 그들이 수고하고 노력한 결과물인 졸업장이 아주 유효하였다. 하지만 미래세대들이 살아가는 시대는 이미 급속한 지식과 기술의 전환이 일어나고 있다. "몇십 년 동안 아무 일도 없다가 몇 주 사이에 수십 년 동안에 일어날 법한 사건이 벌어질 수도 있다."[50] 그러한 예시로 애플의 회사 가치가 1조 달러가 되기까지 42년이 걸렸는데, 1조 달러에서 2조 달러가 되는 데는 불과 20주 만으로 충분했다(2020년 3~8월).[51]

## 지식의 반감기

반감기란 방사성 동위원소 덩어리가 방사성 붕괴로 원소의 원자 수가 절반으로 줄어드는 데 소요되는 시간이다. 지식의 반감기는 하버드대학교의 새뮤얼 아브스만 박사가『지식의 반감기』에서 소개한 내용인데, 우리가

49. 김지영, 『다섯 가지 미래 교육 코드』 (소울하우스, 2017), p. 25.
50. 스콧 갤러웨이, 『거대한 가속』 박선령 역, (리더스북, 2021), p. 8.
51. 스콧 갤러웨이, 『거대한 가속』 박선령 역, (리더스북, 2021), p. 10.

알고 있는 지식의 효용성이 절반으로 줄어드는 시간을 의미한다. 물리학은 13.07년, 경제학은 9.38년, 수학은 9.17년, 심리학은 7.15년, 역사학은 7.13년, 종교학은 8.76년으로 나타났다.[52] 이처럼 과거의 지식에 기반을 둔 기준은 차츰 그 가치를 잃어버린다. 이로 인하여 과거에는 아주 효율적이었던 지식이 그 가치를 잃어버리고 폐기처분되는 속도가 점차 짧아지고 있다. 미래학자 앨빈 토플러는 『부의 미래』에서 '무용지식'(Obsolete Knowledge)이라는 개념을 소개한다. 그는 모든 지식에는 한정된 수명이 있어서, 쓸모가 있는 유용한 지식에서 더 이상 의미가 없는 무용지식으로 소멸되어 간다고 주장한다.[53]

내가 컴퓨터를 처음 구입하고 사용할 때는 Dos 명령어를 배워야 했다. 그 당시 컴퓨터를 구동시키기 위해서는 반드시 알아야 했지만, 윈도우가 구동체제가 되면서 그 필요가 사라졌다. 새로운 포도주에는 새로운 부대가 필요하듯이 새로운 시대에는 새로운 경쟁력이 필요하게 되었다.

52. 김지영, 『다섯 가지 미래 교육 코드』(소울하우스, 2017), p. 195.
53. 김지영, 『다섯 가지 미래 교육 코드』(소울하우스, 2017), p. 194.

## 김지은 만화작가의 경쟁력

나의 여동생인 김지은 만화작가는 어린 시절
에 책을 읽는 것보다는 만화책을 보기를 좋아
했다.

다른 여학생들은 피아노와 그림을 배웠지만,
여동생은 만화잡지의 주인공을 보고 따라 그
리는 일을 좋아했다. 나와 여동생의 학창시절
에는 만화에 대한 이미지가 좋지 않았다. 만화
는 건전한 정서를 오염시키는 원흉이며, 만화
가게는 불건전한 시설로 규정하기까지 했다.
심지어는 전교생이 가져온 만화책으로 학교
운동장에서 만화 화형식을 거행하는 일까지
있었다. 이러한 시대였기에 만화를 보고 그리
는 것을 좋아하던 여동생에게 어른들은 그 시

간에 산수 문제나 하나 더 푸는 것이 좋다고 꾸짖기도 하였다. 그럼에
도 여동생은 틈만 나면 아무 종이에다가 그림을 그렸다. 그러던 중에
중학교 2학년 때 가정에 큰 어려움으로 인하여 학업을 중단해야 했고,
말로 표현하기 힘든 고난의 시간을 겪어야 했다. 그러한 과정에서도
여동생은 만화작가의 꿈을 포기하지 않고 습작 활동을 계속하였다.
결국 여동생은 자기의 힘겨웠던 학창시절을 그려 낸 작품으로 신인작
가 모집전에서 대상을 받아 만화작가로 등단하게 되었다. 여동생의 출
품작을 심사한 심사위원장은 '아기공룡 둘리'의 김수정 화백이었다.
"다른 작품을 모방하지 않고 독특한 자기 스토리로 작품을 만든 것을

보니, 앞으로 대형 작가가 될 가능성이 보인다"라는 칭찬으로 격려해 주었다. 그 당시는 일본풍의 그림을 흉내 내거나 연애 스토리가 전부였는데, 시골에 이사 온 도시 학생의 애환과 갈등, 화해를 다룬 주제가 참신하고 그림 하나하나에 표현된 세밀한 묘사에 큰 점수를 준 것이다. 여동생이 살아온 힘든 여정이 꿈을 이루는 계기가 되었다.

여동생은 그 이후에 팬덤을 형성하며, 2000년대 붐을 일으킨 귀여니의 흥행작 『그놈은 멋있었다』(황매)를 만화로 옮겼다. 이후 2009년 일본 외무성 주최 국제만화상, 2011 부천만화대상 특별상을 받을 정도로 탁월한 작품 활동을 펼쳤다. 기성세대가 보기에는 쓸데없는 일처럼 보였던 어린 시절의 시간들이 큰 자양분이 된 것이다.

## 하이콘셉트(High Concept), 하이터치(High Touch)

미래세대가 살아갈 시대에 필요한 경쟁력은, 아날로그 시대에 중요하였던 것과는 전혀 다르다. 아날로그 시대에는 개인이 지식을 쌓아 가고, 다양한 기술을 확보하는 것이 경쟁력이었다. 하지만 미래시대에는 그와는 다른 재능들이 필요하다. 미래학자인 다니엘 핑크는 『새로운 미래가 온다』에서 미래사회에는 하이콘셉트(High Concept), 하이터치(High Touch)가 중요한 요소가 될 것을 역설한다. 하이콘셉트는 창의성을 바탕으로 하는 새로운 아이디어를 창출하는 능력이며, 하이터치는 인간의 감정을 이해하고 공감을 끌어내는 능력이다. 이에 근거하여 미래사회에서의 경쟁력은 디자인, 스토리, 조화, 공감, 유희, 의미라고 규정한다.[54] 이러한 미래사회의 경쟁력을 미래세대가 확보하기 위해서

---

54. 김지영, 『다섯 가지 미래 교육 코드』 (소울하우스, 2017), p. 195.

는 산업화시대에 필요한 기술을 가르치는 방식과는 다른 교육이 요청된다. 북유럽의 국가들은 이러한 중요성을 알고 교육과정을 완전히 개편하여 국가의 경쟁력을 높이고 있다.

"당신 회사의 라이벌은 누구입니까?"

"어딘가의 차고에서 작은 회사를 세우고 무엇인가를 만들어 내려고 하는 젊은이들입니다."

1998년도에 빌 게이츠가 "라이벌이 누구인지"를 묻는 질문에 대한 답변이다.

다른 이들의 눈에는 무의미해 보이는 B급의 시간이 도리어 놀라운 역사가 될 수 있다. 그러므로 교회에서 지금까지 주력했던 교육방침을 답습하지 않고, 새로운 미래세대들이 복음으로 세상을 변화시킬 온전한 경쟁력을 확보할 수 있는 다양한 교과과정을 재수립하고 진행해야 할 것이다.

## 승리를 연습하라

다윗은 처음부터 골리앗을 만나 이긴 것이 아니었다. 다윗은 어린 시절부터 목동을 하면서 맹수들을 만나는 일이 있었다. 다른 목동들은 맹수를 보고 자기의 목숨을 건지려고 도망가기에 바빴다. 하지만 다윗은 자기에게 맡겨진 양들을 지키기 위하여 치열한 싸움을 한 끝에 그들을 제압하였다. 늑대와 싸워 이기고, 사자를 만나도 두려워 않고 맞서 싸워 승리했다. 그 이후에 곰이 습격하였지만, 다윗은 두려워하지 않고 당당하게 싸워 이겼다. 그리고 곰까지 제압한 다윗은 장대한 거인 골리앗을 만났지만 두려워하지 않고 맞서게 된다. 다윗은 하나님을 의지하는 믿음이 굳건했기 때문이다. 다윗은 맹수들과의 싸움에서 승리를 경험했기에, 골리앗의 위협 앞에서도 승리를 확신하며 맞설 수 있었다.

다윗이 사울에게 말하되 주의 종이 아버지의 양을 지킬 때에 사자나 곰이 와서 양 떼에서 새끼를 물어가면 내가 따라가서 그것을 치고 그 입에서 새끼를 건져내었고 그것이 일어나 나를 해하고자 하면 내가 그 수염을 잡고 그것을 쳐죽였나이다(삼상 17:34-35).

그러므로 자기 주변에 일어나는 의미 없어 보이는 일들에도 의미를 부여하고, 그것의 가치를 더해 갈 때에 그 어느 것과도 비교할 수 없는 특별한 경쟁력이 생긴다.

## 3) 감동에 반응한다

### '돈쭐' 가게

"그 업체는 제가 직접 돈쭐을 내 주러 가야겠어요."[55]

돈쭐은 '돈+혼쭐'의 합성어로 정의로운 일을 한 가게의 물건을 팔아 주자는 의미로 사용되고 있다.

코로나로 실직을 하고 생활이 어려워진 한 가장은 7살 생일을 맞은 딸

---

55. 이노션 인사이트그룹, 『친절한 트렌드 뒷담화 2022』, (싱긋, 2021), p. 65.

이 피자가 먹고 싶다는 말에 사 주고 싶었지만, 통장 잔고는 571원뿐이었다. 가장은 예전에 주문했었던 피자 가게에 사정을 설명하고 얼마 후 기초생활급여가 들어오는 대로 피자값을 드릴 테니 피자를 줄 수 있는지 문의를 했다. 사정을 딱하게 생각한 피자 가게 사장은 혼쾌히 수락하며, "부담 없이 드시고 다음에 또 딸이 피자가 먹고 싶다고 하면 언제든지 연락 주세요"라는 메시지와 함께 피자와 치즈볼을 보냈다. 이 사연이 알려지자 이 피자 가게로 돈쭐을 내 주려는 사람들이 열화와 같은 응원을 보냈다. 피자 가게의 주인은 "갑자기 말도 안 될 정도로 주문이 많이 쏟아졌다. 가게에 전화기가 2대 있는데 벨소리가 계속 울렸다"라고 했다. 그리고 3일 정도는 주문이 몰아쳤고, 그 이후에도 늘어난 매출은 2~3주간 유지되었다. 주문 전표 약 100여 장에는 응원하는 문구들이 가득했다.

"좋은 일에 쓰시라고 주문했어요."

"뉴스를 보고 기부라도 하고 싶어 주문합니다."

"돈만 받으시고 피자는 주지 마세요. 그 친구가 먹고 싶다고 할 때 한번 주세요."

피자 가게 주인은 고객들이 보낸 돈을 어떻게 써야 할지 고민하다가, 도움을 요청한 그 가장에게 기부를 결정했다. 그 가장은 안 받으려고 하다가, 끝내 받고는 다른 가정에 기부했다. 이처럼 한 가게에서 감동적인 행동을 하면 여러 사람이 직접적인 행동들을 하게 된다. 미래세대일수록 감성적인 부분에 민감한데, 이러한 선행은 초연결사회의 결과로 순식간에 퍼지면서 큰 영향을 주게 된다.

## 갓뚜기의 미담

- 315억 원의 주식을 장애인단체에 기증
- 2008년 이후 라면 가격 인상하지 않기
- 마트 시식 판매원을 정규직으로 고용하며, 비정규직 비율 줄이기
- 전남 완도의 다시마 파동 때, 자사 제품에 말린 다시마를 하나 더 첨가하여 출시하기
- 석봉토스트에서 노숙자에게 토스트를 무료 기증한다는 소식을 듣고, 오뚜기 소스를 무상으로 제공
- 수많은 재벌이 상속세를 온갖 빌미로 피하지만 1,500억 원의 상속세를 납부
- 1997년 심장병 어린이에 대한 수술비 후원을 시작. 매월 5명으로 시작하여 매월 23명씩으로 늘리고, 지금까지 4,300여 명의 아이가 새로운 심장을 얻음[56]

오뚜기 회사의 지속적인 선행이 점차 알려지자, 디지털 콘텐츠를 사용하는 사람들이 '오뚜기'를 '갓뚜기'로 부르며 마케팅에 자발적으로 동참하였다. 2014년 18.3%에 불과했던 라면 시장 점유율은 2022년 23.5%까지 급상승했다. 이처럼 미래세대들은 온라인으로 미담을 순식간에 퍼뜨린다. 미담으로 감동을 받은 미래세대들은 홍보에 앞장서는 역할을 자처한다. 미담의 스토리가 확산되고 그 기업이 성장할 때, 그것을 자기의 성장으로 동

---

56. 동아일보, 2022.07.07., https://www.sisaweekly.com/news/articleView.html?idxno=36847/

일시하기 때문이다.

## BTS와 원더걸스의 차이

- 비틀즈 이후 최단 기록 빌보드 차트 1위 6곡, 6곡으로 17주회 정상(6곡 중 5곡이 발표와 동시에 1위)
- '2022 빌보드 뮤직 어워즈' 3관왕, 2017년 이후 6년 연속 수상
- 2021년 최고 히트곡 'Butter'
- 각종 시상식에서 662회 지명에 460건 수상 실적
- 2014~2023년 경제효과 56조 원
- 팬클럽 아미, 전 세계 1,800만 명
- 25개 종목의 기네스 세계기록(가장 많은 트위터 팔로워, 유튜브 24시간 최다 시청 뮤직비디오)[57]

이처럼 엄청난 기록을 세운 BTS는 미국 대중음악의 주류를 휘어잡는 놀라운 업적을 이루었다.

한편, 'Tell Me' 선풍을 일으키고 엄청난 인기를 끈 '원더걸스'는 2009년 한국과 아시아에서 거둔 성공을 바탕으로 미국 시장에 진출했다. 미국 시장을 석권하기 위하여 기획사는 미국 시장의 밑바닥에서부터 시작하였다. 미국 유명 가수들의 오프닝 무대에 서는 활동부터 시작하여, 차츰 인지도를 쌓아 올리면 충분히 승산이 있다고 생각했다. 결국 'Nobody' 앨범

---

57. Forbes, 2022.04.23., https://jmagazine.joins.com/forbes/view/335936/

으로 빌보드 '핫(HOT) 100'에 오르는 성과를 거두기도 했으나 미풍에 그쳤다. 공연과 방송 출연, 앨범 판매 등 고전적 방법으로 도전했지만 언어·인종적 장벽을 깨기 어려웠다.

## 위대한 아미

원더걸스는 비교적 탄탄한 한국의 소속사와 국내 및 아시아에서의 성공을 바탕으로 미국 시장에 진출하였기에 성공할 가능성이 높았다. 그러나 BTS는 중소 기획사의 밑바닥에서부터 시작했다. 이에 BTS는 기존의 음악 비즈니스 전략을 택하지 않았다. BTS는 SNS를 통해 뮤직비디오나 공연영상 외에도 연습 영상, 일상 등을 올렸다. 트위터로 해외 팬들과 대화를 나누기도 했다. 이 같은 활동은 해외에서 BTS 팬클럽 아미(ARMY)가 자생하는 데 큰 역할을 했다. 유튜브와 트위터 등을 통해 솔직하고 담백한 모습을 데뷔 초부터 꾸준하게 노출시킨 것이 주효했다. 신곡 발표 기간에만 영상이 올라오는 다른 가수들과는 달리 팬들과 깊은 소통을 했다. 이러한 BTS의 진술한 모습을 보면서, 아미들은 자발적인 응원과 노력으로 BTS를 후원하기 시작하였다. 전 세계에서 이러한 BTS를 지지하는 팬들이 늘면서, 아미들은 각국에서 24시간 BTS를 응원하였다. 새로운 곡이 소개되면 적극적이고 자발적인 아미들의 홍보로 커다란 유행을 선도했다.[58] 적극적으로 지원하는 팬덤의 위력이 얼마나 강한지를 보여 주는 가장 놀라운 사례가 되었다.

---

58. 최재붕, 『포노 사피엔스』 (쌤앤파커스, 2019), p. 146.

## It is not your fault

매사추세츠 공과대학교(MIT)에서 청소부로 일하는 윌 헌팅은, 정규 교육을 받아 본 적도 없고 또래와 껄렁껄렁하게 지내지만, 수학에 있어서는 놀라운 재능을 지닌 천재이다. 어느 날 학교 안을 청소하던 윌은 램보 교수가 학생들에게 낸 어려운 수학 문제를 간단히 풀어 냈다. 이를 발견한 램보 교수가 윌에게 관심을 갖지만 윌은 냉대한다. 보호관찰 대상인 윌은 폭행죄로 수감되고, 이를 안 램보 교수는 자신이 감독하겠다는 조건으로 윌을 석방시킨다. 그리고 윌에게 심리학 교수인 숀을 소개한다. 숀 교수는 다른 상담자들과는 달리 자신의 불우했던 어린 시절을 이야기하기 시작한다. 숀 교수와의 만남을 통해 점점 윌은 변화하게 된다. 숀이 받았던 학대가 자신이 받았던 학대와 비슷했기 때문이다. 윌이 과거의 고통이 솟구치면서 괴로워하자, "그건 네 잘못이 아니야"(It is not your fault)라는 말을 반복적으로 해 준다. 이 말에 윌은 숀 교수의 품에 안겨 눈물을 흘리고, 숀의 품에서 완전히 회복된 윌은 새로운 삶을 시작한다.

진정한 치료는 이론으로 완성되지 않는다. 내담자의 마음을 움직이는 정서적인 터치가 있을 때 비로소 치유가 이루어진다. 이처럼 한 인간을 대할 때는 감성적인 면에서 더욱 큰 효과를 보이는 것을 기억하며, 학생들에게 감성적인 터치로 접근하는 노력들이 요청된다.

## 야영장 방문 작전

교목으로 섬길 때, 학생들이 야영장에서 생활하는 것이 힘들다고 하는 이야기를 들었다. 직접 학생들의 상황을 확인하고 싶어 야영장을 방문했다. 야영장에 도착하니, 고된 일정에 지친 학생들이 기쁨의 인사를 해 주었다. 야영장에서는 기본 식사 외에는 간식을 먹을 수 없었고, 학생들은 고된 일정에 지쳐 있었다. 그러한 아이들을 보면서 위로를 해 주고 싶었다. 다음 야영 훈련을 앞두고 교장 선생님과 부장 교사들의 양해를 구하고, 야영 활동 이틀째 점심시간에 맞추어 야영장을 방문했다.

초코파이와 요구르트를 준비하여 야영장에 방문했다. 학생들은 나의 방문보다는 내가 가져간 간식에 열정적인 환호를 보내었다. 식사 후에 오후 활동을 시작하기 전에 학생들이 모인 자리에서 축복 찬양을 하였다. 가장 열정적으로 찬양하는 반에게 마이쮸를 준다는 말에, 아이들은 해병대 박수를 하면서 찬양하였다. 찬양 후에 학생들에게 격려의 메시지와 함께 학교에서 다시 만나기를 기도하면서 돌아왔다. 야영장 방문을 마치고 돌아온 후 학생들이 '야영장에 목사님이 찾아와서 초코파이를 주는 학교는 우리 학교뿐'이라고 다른 학교 친구들에게도 자랑하며 기뻐했다.

사랑은 가장 필요한 시간에 가장 필요한 것을 주는 것이다. 사랑이란 요청하지 않았음에도 그 입장을 미리 헤아려 공급해 주는 것이다. 그것이 모든 세대를 움직이는 힘이 된다.

## 농구장 만들기 대작전

거제도에서 담임목회를 하면서, 나는 주일학교에 출석하는 남학생들이 마음껏 에너지를 발산하는 공간을 만들어 주고 싶었다. 그때 눈에 들어온 곳이 교회 건물 뒤편의 언덕이었다. 그 언덕은 마사토로 되어 있어서 손으로 만지면 부슬부슬 흩어졌다. 당시는 농구대잔치의 열기와 프로농구의 붐이 일어나던 시기여서 남학생들이 농구에 대한 관심이 많을 때였다. 교회 건물 뒤편의 언덕을 허물면 어느 정도의 공간이 확보되어 하프코트 농구장 정도는 가능할 듯하였다. 나는 남학생들이 운동한 공간을 그냥 만들어 주기보다는 무언가 학생들에게 동기 부여를 하고 싶었다. 그래서 나는 남학생들에게 하나의 거래를 제안했다. 만일 이 마을의 남학생들이 모두 교회에 출석하면 하프코트 농구장을 만들어 주겠다고 공약을 한 것이다. 그리고 3주 만에 마을의 모든 남학생이 교회에 출석하게 되었다. 교회에 출석하는 남학생들이 다른 남학생들에게 농구를 하고 싶으면 교회에 오라고 적극적으로 전도를 한 결과였다. 학생들이 약속을 지켰기에 이제는 내가 지켜야 할 차례였다. 삽 한 자루를 들고 교회 언덕을 깎아내리는 작업을 시작했다. 작업하기가 쉽지는 않지만, 아이들과의 약속을 지키기 위하여 최선을 다하여 작업을 하였다. 혼자의 힘으로는 한계가 있을 때, 이를 쭉 지켜 보시던 박신명 장로님이 불도저를 몰고 와서는 작업을 해 주셨다. 작업을 하는 김에 미니 풋살을 위한 골대도 준비했다.

이로 인해 교회에 많은 남학생이 오기 시작했다. 아이들은 운동을 하려면 버스를 타고 학교에 가거나, 농사하지 않는 논으로 가야 했는데 근사한 운동 공간이 생긴 남학생들은 교회에서 대부분 시간을 보내었다. 여학생들도 남학생들이 운동하는 것을 구경하며 응원하고, 자기들도 시합을 하고는 했다. 땀 흘리는 아이들을 위하여 아이스크림을 준비하기도 했다. 학생들과 함께 운동하고 같이 아이스크림을 나누어 먹으면서 그 어떤 것들도 부럽지 않은 천국을 경험하게 되었다. 이것이 소문이 나면서 이따금 마을의 남자 청년들도 교회에 들러서 시간을 보냈다. 교회로 찾아온 청년들과 음료수를 나누면서 그들의 이야기를 들어 주고, 복음을 전하는 기회를 삼기도 했다.

그렇다. 학생들과 청년들이 교회로 오도록 하는 것이 복음의 접촉점을 높이는 길이다. 아이들과 청년들이 있는 삶의 현장으로 가는 것이 중요하지만, 자발적으로 교회의 문턱을 넘어서 교회로 올 수 있게 하는 것도 필요하다. 그 지역의 필요가 무엇인지를 명확하게 이해하고 이를 공급해 주는 교회로서의 사명을 감당하는 것이 필요하다. 액수가 크지 않더라도 자신이 배려받고 있음을 확인할 때, 그 공동체와 복음에 더욱 깊이 뿌리를 내리게 된다.

## 4) 재미에 목숨을 건다

### 재미가 사람을 움직인다

환자복을 입고 링거를 꽂은 채 PC방에서 게임에 열중하는 이유는 '재미' 때문이다. 게임회사에서는 사람들이 재미를 느끼는 포인트를 철저히 분석하고 활용하여 게임을 설계한다. 재미를 유발하는 요소를 자극하여 게임 안에 계속 머물도록 하는 것이다. 시청률이 높은 드라마는 재미로 시청자를 공략하면서 지속적으로 시청하도록 한다. IT 기업 구글의 문화를 한마디로 정의하면 '재미'다. 구글의 아홉 가지 핵심가치 중에 세 번째는 '재미'다. "구글에서 일하는 것은 재미있습니다." 구글에서는 일을 복잡하고 지루한 과정이 아니라, 놀이처럼 재미를 느끼면서 진행하는 활동으로 정의했다.[59] 인간은 놀이를 통하여 약 20개의 감정을 느낀다. 매혹, 도전, 경쟁, 완성, 통제, 발견, 탐험, 자기표현, 판타지, 동료의식, 양육, 휴식, 가학, 감각, 시뮬레이션, 전복, 고난, 공감, 전율.[60] 흥행에 성공한 드라마, 영화, 게임들은 이러한 요소들이 충분히 반영되어 있다. 사용자와 시청자들을 사로잡는 콘텐츠들은 이러한 요소들이 충분히 반영되도록 충분히 기획한다.

### 영웅들의 서사구조

『반지의 제왕』같이 엄청난 성공을 거둔 소설이나 영화는 특별한 서사의 공식을 따른다. 신화학자 조지프 캠벨은 어려서부터의 관심사였던 인류학과 민속학을 바탕으로 전설과 신화에 등장하는 영웅들의 서사들을 연구하면서, 그 스토리들에는 특정한 사이클이 있음을 발견하였다. 이를 '영웅

---

59. 허두영, 『요즘 것들』 (사이다, 2018), p. 191.
60. 김상균, 『메타버스』 (플랜비디자인, 2020), p. 46.

들의 서사구조'라고 하며 17단계로 정리하였는데, 이것을 크리스토퍼 보글러가 12단계로 된 '영웅의 여정'으로 정리하였다. 그에 따르면 주인공은 '일상 세계에서 시작해–모험을 떠나는 소명을 받지만–그 소명을 거부하다–정신적 스승을 만나고–첫 관문을 무사히 통과하지만–시험에 들어 협력자와 적대자를 두게 되며–동굴 가장 깊은 곳의 두 번째 관문을 통과한 뒤–시련을 이겨 내고–대가로 보상을 받은 후–돌아오게 되는데–이때 정화 과정을 거쳐 변모한 뒤–일상으로 돌아와 여정에서 얻은 여러 혜택과 교훈 등을 주위에 나눠 준다'는 것이다.[61] 이 12단계를 영화 〈반지의 제왕〉과 〈매트릭스〉를 통해 조금 변형하여 풀어 보겠다.

① **일상 세계:** 영웅의 일정은 일상세계에서부터 시작된다. 〈반지의 제왕〉 프로도는 호빗 마을에서 평화롭게 살았고, 〈매트릭스〉 네오는 낮에는 회사원, 밤에는 해커로 활동한다.

② **모험에의 부름:** 일상의 단조로움에 균열이 생기고 변화가 시작한다. 〈반지의 제왕〉 프로도는 간달프와 삼촌에게서 반지의 존재를 듣고, 〈매트릭스〉 네오는 모피어스의 부름을 받는다.

③ **부름의 거절:** 영웅은 모험에의 부름을 처음에는 거절한다. 〈반지의 제왕〉 프로도와 〈매트릭스〉 네오 모두 처음에는 소명을 거절한다.

④ **조력자와의 만남:** 영웅에게 사명감을 주는 조력자가 등장한다. 영웅이 지칠 때마다 조력자는 격려하면서 모험을 계속 수행하게 한다. 〈반지의

---

61. 매일경제, 2010.09.29., https://www.mk.co.kr/news/culture/4784807/

제왕〉 간달프는 프로도를, 〈매트릭스〉 모피어스는 네오를 보좌한다.

⑤ **첫 관문의 통과:** 영웅이 관문을 통과하면 특별한 모험을 시작한다. 〈반지의 제왕〉 프로도는 우르크하이를 이기고, 〈매트릭스〉 네오는 첫 임무를 성공하며 모험을 계속한다.

⑥ **시험, 아군, 적:** 영웅은 시험, 아군, 적을 만나게 된다. 〈반지의 제왕〉 프로도는 경이로운 갈라드리엘을 만나며, 반지의 유혹을 거절하며 사우론의 부하들을 만난다. 〈매트릭스〉 네오는 오라클을 만나고, 요원들의 공격을 받는다.

⑦ **핵심부로의 접근:** 시련을 통해 성장한 영웅은 여정의 핵심으로 접근한다. 〈반지의 제왕〉 프로도는 점점 모르도르로 가며, 〈매트릭스〉 네오는 데우스 엑스 마키나를 만나게 된다.

⑧ **시련:** 영웅은 드디어 최강의 적을 만난다. 〈반지의 제왕〉 프로도는 운명의 산에 서며, 〈매트릭스〉 네오는 스미스와 최후의 결전을 벌인다.

⑨ **부활:** 영웅은 죽음 직전까지 가지만, 마침내 회복된다. 〈반지의 제왕〉 프로도는 세 번의 죽을 고비를 넘기고, 〈매트릭스〉 네오는 요원들에 의해 죽지만 부활한다.

⑩ **보상:** 최강의 악을 물리치고 결실을 얻는 〈반지의 제왕〉 프로도는 중간계에, 〈매트릭스〉 네오는 인간과 기계의 평화를 가져온다.

⑪–⑫ **보상과 함께 귀환:** 스토리가 종결되고 영웅은 일상으로 돌아온다. 〈반지의 제왕〉 프로도는 고향인 샤이어로, 〈매트릭스〉 네오는 영원한 안식을 취한다.

이러한 영웅들의 서사구조를 따르면, 그 스토리는 사람들에게 매혹적으로 와닿는다. 그러므로 이러한 작품을 소설이나 영화로 표현하려면 이를 염두에 두고 진행하면 큰 효과를 거두게 된다.

## 학습효과 피라미드

| 5% | 듣기 | 교사 중심의 주입식 강의 |
| 10% | 읽기 | |
| 20% | 시청각 수업 듣기 | |
| 30% | 시범강의 보기 | |
| 50% | 집단 토의 | 학생 중심의 참여 수업 |
| 75% | 실제 해 보기 | |
| 90% | 말로 설명하기 | |

출처 National Training Laboratory(NTL)

미국 MIT대학의 사회심리학자 르윈(Lewin)이 세운 응용행동과학연구소인 미국행동과학연구소(National Training Lab)에서 교육이 두뇌에 기억되는 비율을 '학습효과 피라미드'로 정리했다. 1957년 10월 4일 옛 소련이 세계 최초로 인공위성 스푸트니크호 발사에 성공하자, 이에 충격받은 미국은 학업 성취도를 높일 학습법에 관한 연구를 진행했다. 그 결과 만들어진 것이 학습 피라미드였다. 이는 다양한 방법으로 공부했을 때 공부한 내용이 24시간 후에 남아 있는 비율을 나타낸다. 강의 듣기는 5%, 읽기는

10%, 시청각 수업은 20%, 시범이나 현장견학은 30%의 효율성을 갖는다. 그런데 집단 토의는 50%, 직접 해 보는 것은 75%, 다른 사람을 가르치면 90%의 효율성을 갖는다.[62]

아날로그 세대는 설교자가 말로 전달하는 설교와 성경 수업을 듣는 것이 대부분이었다. 아날로그 세대는 라디오 프로그램에도 익숙한 세대였고, 학교 수업도 과밀집 교실에서 일방적 강의 수업을 들었다. 이러한 학습법에서 자라난 아날로그 세대들이 그들에게 익숙한 방식으로 강의 위주 수업을 진행하면, 미래세대에게는 학습 효과를 기대할 수 없다. 미래세대들에게 효과적인 학습이 이루어지기 위해서는 미래세대들이 학습에 '재미'를 가질 수 있도록 준비해야 한다.

## 교회교육의 적용

### 요절을 문자 메시지로 날려라

교목으로 사역할 때에 문자 메시지를 활용하여 성경 수업을 진행하였다. 불신자들이 85%가 넘는 상황에서 성경구절을 강제로 암송시키는 것은 효율성이 떨어졌다. 그래서 학생들이 적극적으로 참여할 만한 방법을 고안했다. 그 당시는 문자 메시지를 보내는 것이 소통문화로 자리잡기 시작할 때였다. 성경 수업에 사용할 요절을 나의 휴대폰으로 오타 없이 빨리 보내는 학생들에게는 탐낼 만한 상품을 준비했다. 1위

---

62. 한국교육신문, 2018.01.02., https://hangyo.com/mobile/article.html?no=83823/

학생에게는 학교 내 매점에서 판매하는 최고가의 불고기 햄버거, 2위 학생은 햄버거, 3위 학생에게는 음료수를 쿠폰으로 준비하였다. 이러한 당근 작전은 학생들의 관심사를 최고조로 증폭시켰다. 성경 수업이 시작되면 요절을 칠판에 적는 동안에 학생들은 휴대폰을 책상 위에 올리고 대기한다. 요절을 칠판에 다 쓰고 학생들에게 나의 전화번호를 가르쳐 준다. 그리고 '시작'이라는 신호에 맞추어 학생들은 일제히 자기의 폰으로 나에게 성경요절을 보내기 시작한다. 반 학생들이 모두 보내면 반장과 신앙부장 학생을 앞으로 나오도록 하여, 공정하게 오타를 확인한다. 이러한 과정을 거쳐서 오타 없이 정확하게 빨리 보낸 학생들에게는 시상한다. 이러한 프로그램에는 주로 공부에는 별로 관심을 기울이지 않는 학생들이 상을 받아 갔다. 학업으로는 상을 받기 어려운 학생이 이 프로그램으로 상을 받으면 그의 자존감은 급속히 상승한다. 또한 그 시간에 참석한 모든 학생은 성경말씀에 집중하며 참여하였기에 자연스럽게 말씀이 기억에 남게 된다.

메타버스 시스템으로 교회학교를 시도하면서, 콘텐츠를 제작하여 일방적으로 송출하기만 하면 된다고 생각하는 것은 큰 오산이다. 온라인 예배를 드리는 경우에 조회 수를 중요하게 여기지만, 더욱 중요한 것은 지속 시청 시간이다. 조회 수가 높다고 만족하는 것이 아니라, 콘텐츠에 얼마나 지속적으로 참여하는가를 파악해야 한다. 프로그램을 진행할 때에 학생들이 답변할 수 있는 질문으로 유도하여 학생들이 깊이 참여하도록 준비하는 것이 정말 필요하다.

# 5) 갓생러 라이프

## 갓생러 전성시대

'갓생'이라는 단어는 최고를 의미하는 접두사 '갓'과 '인생'을 합쳐서 파생된 신조어로서 미래세대가 꿈꾸는 최고의 삶을 의미한다.[63] '갓생러'는 그러한 삶을 살아가는 사람이다. '갓생'은 개인의 삶에 집중하면서 스스로 계획을 세우고 이를 실천하는 생산적이고 성실하게 실천하는 삶을 의미한다. 이는 과거의 세대들이 자기를 계발시키는 것과는 달리, 스스로가 계획을 가지고 단계적으로 성취하는 과정을 의미한다. 이러한 '갓생'은 남들이 따라오지 못하는 최고의 업적을 말하는 것이 아니다. '갓생'이란 '소확행'(소소하지만 확실한 행복)보다는 '소확성'(소소하지만 확실한 성공)을 추구한다.

'알람 듣자마자 일어나기' '하루 5,000보 걷기' '매일 좋아하는 책 5페이지 읽기.'

이처럼 일상에서 본인이 조금만 의지를 가지면 할 수 있는 목표를 정하고, 이를 메타버스의 라이프로깅을 통하여 디지털 세상에 탑재한다. 이러한 목표를 단기간에 달성하였을 때에는, 이를 인증하여 올리면서 디지털 인맥을 통하여 칭찬을 받는다. 이러한 트렌드를 감지한 업체에서는 마케팅 차원의 갓생 리스트를 만들어 이를 빙고 게임으로 변형시키고, 모두 완수하는 이들에게 시상을 하는 이벤트를 벌이기도 하며 학교에서도 학교를 홍보하기 위한 수단으로 이를 사용하고 있다.

---

63. 대학내일20대연구소, 『Z세대 트렌드 2022』 (위즈덤하우스, 2021), p. 237.

## 레트로 감성과 갓생

미래세대는 디지털 문화에만 국한되지 않는다. 미래세대들은 태어나자마자 디지털 환경에서 태어나고 자랐기에, 때로는 경험하지 못한 아날로그 문화에 대한 호기심과 감성을 느끼게 된다. 아날로그 세대들에게는 불편하였던 것들도 디지털 세대에게는 신기한 경험들이다. 이를 레트로 감성이라고 한다. 미래세대는 스스로 만든 '갓생 리스트'를 레트로 감성으로 종이 다이어리에 작성을 하고, 개성 넘치는 스탬프와 도장으로 스스로 인증을 하고 자기에게 격려를 한다. 이를 자기의 SNS에 포스팅하여 디지털 인맥들에게 과시한다. 소셜네트워크를 보면 2011년을 기점으로 '현재'에 대한 대화가 '미래'를 앞질렀다. 미래에 누릴 일들을 기대하지 않고, 현재에서 만족을 누리고자 한다는 것이다. 이는 카르페 디엠을 실천하기 위함이 아니라, 미래에 대한 기대가 없기에 현재의 시간을 누리려고 하는 것이다.[64] 미래세대는 스트레스를 해소하기 위하여 특별한 프로그램보다는 인형 뽑기처럼 적은 금액을 탕진하며 즐기는 '탕진잼'과 같은 순간적인 재미를 즐긴다.[65] 거창한 성공을 좇기보다 평범하고 무탈한 일상을 보내는 것을 지향하며, 현실에서 벗어나 휴식과 소비로 소소한 만족과 성취를 채우려고 한다.[66] 불확실한 미래 대신에 현재에서 직접 확인 가능한 자신의 만족을 추구하는 것이다.

---

64. 송길영, 『상상하지 말라』 (북스톤, 2019), p. 79.
65. 대학내일20대연구소, 『Z세대 트렌드 2023』 (위즈덤하우스, 2022), p. 225.
66. 대학내일20대연구소, 『Z세대 트렌드 2023』 (위즈덤하우스, 2022), p. 227.

이러한 '갓생' 트렌드는 2020년 상반기부터 검색어로 등장하기 시작했다. 코로나19로 인하여 야외활동과 대면 친목 모임을 하기 어려워지자, 사람들은 점차 우울함과 무기력함을 느끼는 '코로나 블루' 증세들을 겪게 되었다. 이를 위태롭게 생각하며, 대인 관계와 외부활동을 하지 못하면서 생기는 불편한 감정들을 스스로 극복하려는 노력들이 생겼다. 2020년 3월 상반기부터 '갓생'의 검색량이 증가하더니, 2020년 9월, 2021년 3월처럼 새학기 개학, 개강 시즌마다 검색량이 치솟는다. 이러한 경향은 미국에서도 'That Girl', 중국에서는 '양생'(養生)이라는 용어로 새로운 트렌드를 만들어 가고 있다.

## 교회교육의 적용

### 바이블 갓생

행복나눔교회에서는 이를 보완하여, 유초등부, 중고등부, 대학청년부, 일반 성도들의 '삶의 규칙'을 '미션빙고'로 만들었다. 신앙생활을 좀 더 활력 있게 하기 위한 이 빙고판에는 구체적인 신앙생활의 목표를 제시하고 일상에서도 지켜야 할 선행들을 기재하였다. 네 군데의 빈칸에는 각자 적합한 내용을 기입하고 빙고 게임을 하듯이 실천한 사항들은 체크하는 것이다. 교역자 회의에서 이 안건이 나와서 구체적인 목록들을 정하였으며, 예쁘게 프린트하여 성도들에게 나누어 주려고 한다. 이러한 내용을 기초로 각 교육기관에서 학생들이 제안하여 채택된 항목은 시상하면서, 학생과 교사들이 시행하면 좋을 것이다. 매주 만났을 때 말로 근황을 물어보는 것이 아니라 이 카드를 소재로 교사가 자신의 삶을 공개하고 학생들을 서로 점검하면, 아주 효과적인 대화를 이어 나가는 결과를 기대할 수 있다.

| 성경 1장 읽기 | | 산책하기 | 마을단톡 방에 안부하기 |
|---|---|---|---|
| 수요기도 참석 | 큐티하기 | | 영양제 챙겨먹기 |
| 가족에게 안부전화 | | 신앙서적 50페이지 읽기 | 주일 새벽기도 참석하기 |
| 새벽기도 주 1회 | 친구에게 커피 제공 | | 주일 오후예배 참석하기 |

# 6) 이건 못 참지

## 카공족의 반격

"저… 여기는 학생들이 공부하고 있으니 대화는 아래층에서 해 주시겠습니까?"

대형 카페의 맨 위층은 주로 학생들이 공부하는 공간으로 활용한다. 이 공간에서는 대학생들이 노트북과 책을 펴고 헤드폰을 착용하고서 각자 공부를 하거나 리포트 준비를 한다. 이 공간에 중년의 여성들이 와서 화사하게 이야기를 꽃피웠다. 중년 여성들에게 카페는 수다를 피우면서 차를 마시는 공간이다. 중년 여성들은 카페에서 커피를 구입했기에, 자기들이 수다를 떨 공간을 찾아서 카페의 맨 위층까지 올라와서 신나게 이야기 꽃을 피우고 있었다. 그런데 카페에서 공부하는 학생이 자기가 공부하는 데 방해가 된다면서 다른 공간으로 이동할 것을 요청한 것이다. 카페에서 공부하는 '카공족'이 점차 늘어나면서 이러한 충돌이 잦아지고 있다. 중년 여성들에게도 정당한 가격을 지불하고 카페에서 머물 수 있는 권리가 있다. 그런데 자신이 공부하는 것이 더욱 중요하다고 생각하는 학생들은 자기 권리에만 집중한다.

## 노키즈존의 결투

식당과 카페에서 아이들이 큰소리를 지르며 다니는데 그 부모가 전혀 말리지 않으면, 주변 사람들은 모처럼의 외출을 망치게 된다. 그러한 아이들에게 주의를 요청하면 "왜 아이를 기죽이냐?"는 항의를 만나, 자칫 큰 싸움으로 이어지기도 한다. 이러한 민원들이 계속 들어오게 되면 손님들이 줄어들 것을 우려하여 '노키즈존'으로 운영하는 일들이 발생하고 있다. 식당에 온 다른 손님들이 쾌적한 서비스를 받으려고 저마다의 권리를 주장하기 때문이다. 이러한 상황은 아날로그 세대에서는 보기 어려운 모습이었다. 아날로그 세대들이 살던 시대에서 아이가 식당에서 소란스럽게 하면 주변의 다른 어른들이 강하게 주의를 주었고, 아이의 부모는 죄송하다며 연신 사과를 하였다.

## '배려'와 '베려' 사이

미래세대들은 자기 위주의 생활에 익숙해지면서, 자기에게 조금 불편하면 다른 사람들을 배려하지 않고 거슬리는 사람을 '베려' 하는 공격성을 가진다. 미래세대는 특정한 연령의 세대를 의미하는 것이 아니라, 미래적 기술로 알려진 디지털 메타버스 문화를 누리는 이들을 의미하기에, 나이가 어린 신세대뿐만 아니라 장년들에게서도 이런 일들이 발생한다. 최재봉 교수의 『포노 사피엔스』에서는 디지털 문명의 가장 큰 특징을 '기업이 왕'이던 시기에서 '소비자가 왕'인 시대로 변화되었다고 말한다.[67] 미래세대는 각 개인이 중심이 되는 'Me-Generation'임을 입증하는 것이다. 이러한 현상은 이미 소비 부분에서도 나타난다. 아날로그 세대는 공장에서 대량생산된 제품을 구입하였지만, 미래세대들은 철저히 개인의 기호에 맞추는 디깅소비로 이어진다.[68] '디깅소비'란 자신의 최대만족을 위하여 무엇인가를 더 깊게 배우고 즐기면서 자기의 취향과 가치를 확장하는 데 비용을 아끼지 않는 것을 의미한다. 철저히 자기 자신의 만족과 즐거움에만 집중하려는 것이 미래세대의 특징이다.

## 채널선택권자

아날로그 세대에는 TV가 한 가정에 한 대가 있는 것이 대부분이었다. 아날로그 세대는 가족들의 숫자도 많았기에 채널선택권을 가지기가 쉽지

---

67. 최재봉, 『포노 사피엔스』 (쌤앤파커스, 2019), p. 134
68. 대학내일20대연구소, 『Z세대 트렌드 2023』 (위즈덤하우스, 2022), p. 132.

않았다. 내가 정말 보고 싶은 프로그램을 보기가 쉽지 않고, 다른 가족이 선택한 프로그램을 보아야 했다. 자신이 보고 싶어 하는 프로그램을 자기만 봐야겠다고 고집을 피울 수는 없었다. 하지만 디지털의 기술이 극도로 발전하고, 메타버스를 통하여 자신이 원하는 프로그램을 언제 어디에서든 볼 수 있게 되었다. 또한 다양한 문화를 자기가 원하는 시간에 자신이 원하는 방향대로 누리게 되었다.

## <응답하라 1988>의 '좋은 세월'

2015년에 방영되었던 드라마 〈응답하라 1988〉에서 어렵게 살던 '선우 엄마'와 '택이 아부지'가 재혼을 하면서 새로운 아파트로 이사를 간다. 1988년경에는 아파트가 아닌 골목을 마주하고, 개인 주택에서 살았다. 한 가정에서 음식을 하면, 넉넉하게 하여 다른 가정들에게 나누어 주면서 살았다. 한 가정의 사건과 사고는 다른 가정들이 마치 한 가족처럼 걱정하며 힘을 모아 문제를 풀어 갔다. 각 가정의 아이들도 서로의 성격과 학업성적이 다르지만 서로 한 형제자매처럼 지냈다. 골목에서 마지막으로 헤어지는 순간에 선우 엄마는 눈물이 그렁그렁하면서 이렇게 고백한다.

"좋은 세월만 보내고 갑니더."

그 골목에서 선우 엄마는 좋은 날들을 거의 누리지 못하였다. 갑작스러운 남편의 죽음과 이를 며느리의 탓으로 여기는 시댁과의 갈등, 아무런 방법 없이 짓누르는 가난, 늘 마음을 아프게 만드는 친정으로 인하여 선우 엄마는 혹독한 날들을 홀로 버티며 살았다. 그럼에도 선우 엄마가 그 힘들었던 시간을 '좋은 세월'로 기억하게 되었던 것은 골목공동체가 가족처럼 돌봐 주었기 때문이다. 갈수록 개인화되는 '나노사회'에서 교회는 이러한 교회 공동체를 경험할 수 있게 해야 한다.

## 신앙은 권리포기

기독교 신앙은 '권리포기'이며 '섬김'이다. 당연히 자기에게 주어진 권리를 기꺼이 내려놓고 낮은 곳, 섬김의 자리로 가는 것이다.

그는 근본 하나님의 본체시나 하나님과 동등됨을 취할 것으로 여기지 아니하시고 오히려 자기를 비워 종의 형체를 가지사 사람들과 같이 되셨고 사람의 모양으로 나타나사 자기를 낮추시고 죽기까지 복종하셨으니 곧 십자가에 죽으심이라(빌 2:6-8).

믿음으로 모세는 장성하여 바로의 공주의 아들이라 칭함 받기를 거절하고 도리어 하나님의 백성과 함께 고난 받기를 잠시 죄악의 낙을 누리는 것보다 더 좋아하고(히 11:24-25).

그리스도인의 삶은 자기를 해치려는 이들을 위하여 섬기려는 것이다. 요즘은 각 가정의 자녀들 숫자가 적기 때문에 집중적인 사랑만 받아 사회화가 진행되지 못하여 자기 위주의 사고방식이 잡혀 버리기 쉽다. 교회교육에서는 나만의 중심에서 타인의 존재를 알고, 타인을 섬기는 훈련들이 필요하다.

# 기 소셜포비아

'트위터는 인생의 낭비'라는 말은 잉글랜드 축구구단 맨체스터 유나이티드의 감독이었던 퍼거슨 경의 말이다. 그는 뛰어난 기량을 가진 선수들이 SNS를 통하여 구설에 오르고, 이로 인하여 경기력에 지장을 받는 것을 경험했기 때문이다. 전 월드컵 국가대표 선수였던 이천수는 자기의 경험을 다룬 유튜브 채널을 2022 카타르월드컵 기간 전에 개설하여 운영하였다. 월드컵 기간에 화제가 되면서 30만 명 정도였던 구독자가 50만 명에 육박하게 되었다. 그런데 이전의 콘텐츠에서 야구선수를 비하하는 듯한 멘트를 한 것이 알려지면서 논란이 되고 있다. 이전에는 실수를 하거나 사건을 일으켜도 쉽게 잊혀졌다. 하지만 이제는 아주 오래전 학창 시절에 인터넷에 댓글을 올린 것과 학교 폭력에 연루되었던 일들이 이슈가 되어, 인기 있는 연예인들이 급작스럽게 은퇴를 하는 경우까지 발생한다. 자기의 가족이나 지인들이 세상을 떠난 이후에는 그들의 디지털 기록이 '잊힐 권리'를 주장할 정도로 여전히 존재한다.

## 자신의 SNS가 자신의 빌런

SNS에 무심결에 올린 글로 인해 인성 논란이 불거지고, 스스로 위기를 자초하기도 한다.

"아프리카로 여행 간다. 에이즈는 안 걸렸으면 좋겠는데. 그냥 농담이야. 나는 백인이거든."

이는 미국 굴지의 인터넷 그룹 인터액티브코퍼레이션(IAC)의 홍보담당

이사 저스틴 새코가 영국 런던에서 남아프리카공화국으로 휴가를 떠나기 직전 트위터에 올린 글이다. 인종차별적인 내용이 담긴 이 글은 새코 이사가 비행기를 타고 남아공으로 가는 동안 SNS를 뜨겁게 달궜다. 이 글은 순식간에 3천 번이나 리트윗되면서 전 세계로 퍼져 나갔으나, 정작 작성한 새코는 비행기 안에서 이 사실을 전혀 파악하지 못했다. 새코는 남아공에 도착해서야 심각성을 깨닫고 문제의 글을 지운 뒤 자신의 트위터 계정까지 삭제했다. 하지만 IAC 측은 SNS에서 논란이 벌어지자 곧바로 성명을 내고 변명의 여지가 없는 혐오스러운 표현이라며 새코가 해고됐음을 공지했다.[69]

학생 시절에 무심코 올린 혐오의 글과 포스팅이 취업하기 직전에 포착되어 취업 취소로 이어지는 경우도 있다. 디지털의 콘텐츠는 무한 재생산이 가능하기에 심각한 타격을 입힌다. 2019년, 성착취물 제작 및 유포로 문제가 된 N번방 사건은 이러한 디지털 자료들이 얼마나 심각한 피해를 입히는지를 보여 준다. 수치스러운 사진과 영상을 찍힌 피해자들은 협박하는 이들에 의하여 속수무책으로 피해를 보게 된다.

## 유출포비아

디지털 4변곡점이 지나면서 인터넷 방송이 폭발적으로 일어나게 되었다. 그런데 갈수록 자극적이고 폭력적인 인터넷 방송 콘텐츠가 늘어나면서, 그 누구라도 범죄의 표적이 될 수 있게 되었다. 이를 다룬 영화도 제

---

69. 한국경제, 2013.12.22., https://www.hankyung.com/international/article/2013122265028/

작되는 상황에 이르게 되었다. 홈CCTV와 IP카메라로 외부에서도 실시간으로 가정의 상황을 확인할 수 있게 되면서, 반려동물의 안전을 확인하는 용도로 많은 제품이 시판되었다. 외부에서도 가정 내의 상황을 확인할 수 있게 되었다. 하지만 이 시스템이 해킹에 취약한 것을 악용하여 개인의 사생활을 무작위로 유출시키는 범죄가 증가하였다. 유출된 동영상이 전 세계적으로 팔리는 상황이 발생하면서 누구든지 범죄에 노출되는 상황이 벌어졌다. 이로 인하여 자기의 개인 정보와 사생활이 노출되는 공포에 직면하게 되었다.

코로나 팬데믹으로 인한 '사회적 거리두기'로 사람에 대한 공포가 점진적으로 커졌다. 사람들이 많이 모여 있으면 불안감을 느끼게 된 것이다. 그냥 스치고 지나치는 불특정의 사람들이 경계의 대상이 되었다. 코로나 이전에 엘리베이터는 단지 이동하는 공간에 불과했지만, 이제는 누군가 재채기라도 한다면 극단적으로 공포감을 주는 공간으로 변질되었다.

## 공포에서 자유하라

공포감은 새로운 세대들이 흔히 겪는 정서적 특징이다. 2차 성징이 시작되면서 찾아오는 정체성에 대한 혼란과 미래에 대한 두려움이 새로운 세대들을 장악하기 때문이다. 그러한 이유로 어린 세대들은 공포영화나 미스터리 콘텐츠의 정서에 쉽게 동기화된다. 급속한 기술과 시대의 변화로 인하여 급속한 변화가 오게 되면 새로운 세대들의 공포감은 더욱 극대화된다. 교회와 기독교 공동체가 해야 할 중요한 사명은, 학생들과 크리스천들이 각자 겪고 있는 공포감에서 자유롭게 해 주는 것이다.

사랑 안에 두려움이 없고 온전한 사랑이 두려움을 내쫓나니 두려움에는 형
벌이 있음이라(요일 4:18).

## 시험 전 기도회

"목사 쌤,[70] 시험 치기 전에 기도 한 판 해 주시죠?"

시험 감독을 위해 교단에 서자 한 학생이 이런 말을 툭 던졌다. 교목으
로 사역할 때에, 학생들의 시험 감독을 하러 간 적이 있었다. 평소에는
장난기 많던 학생들도 시험을 앞두고는 긴장하는 것이 역력했다. 내가
모든 학생이 동의해야 할 수 있다고 하자, 모든 학생이 동의하여 교단
에서 시험을 치기 전에 학생들을 위하여 기도하게 되었다. 평소에 건
들거리던 아이들도 아주 정성껏 기도하는 모습이 대견하기도 하며 감
사했다. 시험 기간에 평안을 주시고 시험을 잘 치르게 해 달라는 기도
에 학생들은 아주 간절하게 아멘으로 화답했다. 이 소문이 학생들 사
이에 퍼지면서, 다른 반에서도 기도를 요청하였다. 이에 착안하여 당
시 장립 집사님이었던 교장 선생님의 허락을 얻어, 시험 기간이 시작
되는 첫 시간 전에 전교생들과 함께 기도하였다. 방송부의 협조를 얻
어 전 교실에 스피커를 열고, 시험 기간에 평안으로 지켜 주시기를 기
도했다. 물론 사전에 수업을 하면서 학생들에게 시험 전 기도회를 알
리고, 협조해 주기를 요청하였다. 이러한 과정을 거쳐서 방송으로 학
생들과 기도를 하였는데, 그 기도의 끝에 함께하는 아멘 소리는 그 어

---

70. 교목 시절에 학생들은 '목사님+선생님'을 결합하여 나를 '목사 쌤'이라고 불렀다.

느 집회보다 간절하고 우렁찼다.

## 공포와 필요를 해결하라

사역의 핵심은 회중의 필요를 빨리 파악하고, 그들의 불안을 정확하게 인지하는 것이다. 그들의 필요를 공급하며, 그들의 불안을 해소하는 것이 사역의 중요한 방향이다. 지금 내가 섬기는 학생들과 청년들, 그리고 공동체의 필요(need)와 공포(fear)를 해결해 주는 것이다. 아날로그 세대가 살던 시대의 공포와 불안은 미래세대가 느끼는 것과는 차이가 있다. 아날로그 세대들이 자신이 살아오면서 체험하는 공포와 불안으로 미래세대들의 두려움을 전제하고, 자신들이 대처했던 방식들을 강요하면 갈등이 일어날 수밖에 없다. 미래세대가 만나는 SNS상에서의 스토킹으로 인한 위협, 딥페이크 합성사진으로 인한 위협, 자신도 알지 못한 도촬 디지털 자료로 인한 피해는 이전의 그 어떤 세대도 경험하지 못한 공포이다.

2020년 4월에 공개된 넷플릭스 드라마 시리즈인 <인간수업>은 고등학생이 온라인을 통하여 원조교제를 주선하고, 이를 영업하는 충격적인 내용을 소재로 하고 있다. 이러한 끔찍한 현상들이 실제로 발생하고 있음이 N번방 사건을 통하여 증명되었다. 미래에 대한 꿈만으로도 벅차야 할 어린 학생들이 끔찍한 범죄의 희생물이 되고, 헤어 나오지 못하는 비극이 실재임을 확인하게 되었다.

## 새벽이슬 같은 주의 청년

그러므로 교회와 교회학교에서는 새로운 디지털 미디어에 대한 올바른 태도를 기독교 세계관에 근거하여 제시해야 한다. 잘못되고 오염된 향락문화로부터 자신을 지키는 경건의 삶에 대하여 제시해야 하는 것이다. 새벽이슬 같은 주의 청년들이 자신을 순결하게 지키도록 보호해야 한다. 하나님께서 사용하시는 사람은 어떤 특별한 스펙을 가진 것이 아니라, 정결함이라는 것을 지속적으로 일깨워 주어야 한다.

하나님 아버지 앞에서 정결하고 더러움이 없는 경건은 곧 고아와 과부를 그 환난중에 돌보고 또 자기를 지켜 세속에 물들지 아니하는 그것이니라(약 1:27).

# 8) 유리멘탈

## 인턴기자의 최후

"젊음, 패기로 신속 정확 뉴스를 전한다. 안녕하세요, 인턴기자 주현영

입니다."

패러디물로 유명한 〈SNL 코리아〉에서 방영되었던 인턴기자 편은 다양한 화제를 낳았다. 인턴의 패기를 가지고 소식을 전하던 기자는 자신이 준비한 내용에 대해 확신을 가지고 당당하게 전달하였다. 그런데 방송국 앵커가 던진 뜻밖의 질문에 대해서는 당황하기 시작한다. 기사에 대해 좀 더 세밀하게 준비를 안 했느냐고 지적을 하자, 감정이 붕괴되어 안절부절 못하다가 생방송 현장에서 뛰쳐나간다. 이 콘텐츠가 공개되면서 평가는 엇갈리게 나왔다. '여성비하'라는 주장이 나오기도 하였지만, 대학교와 직장에서 PT를 할 때는 이런 일들이 자주 일어난다는 의견들이 많았다. 미래세대는 자신의 자존감에 상처를 입었다고 생각하면 스스로 주체하지 못한다. 이러한 정서를 '유리멘탈'이라는 용어로 지칭한다. 유리멘탈을 나무위키에서는 이렇게 정의한다. "유리처럼 깨지기 쉬운 멘탈(정서)을 의미하며. 작은 일에도 멘탈붕괴하여 상처받는 사람들을 이르는 용어."[71]

## 과잉 속의 결핍

미래세대는 그 어느 시대보다 풍성함을 누리는 세대들이다. 아날로그 세대들은 자기가 원하는 기기를 갖기도 어려웠고, 다양한 제약 속에서 결핍을 겪었다. 극장에서만 볼 수 있었던 영화를 가정에서 비디오플레이어로 볼 수 있게 된 것은 혁명이었다. 하지만 보고 싶은 영화가 비디오로 출

---

71. "유리멘탈", 나무위키, https://namu.wiki/w/유리멘탈/

시되어도, 인기 비디오는 즉시 대여가 안 되어 며칠을 기다려야 했다. 반면에 메타버스의 OTT에 익숙한 미래세대는 론칭되는 즉시 자신이 원하는 공간에서 시청할 수 있다. 아날로그 시대 인기 드라마는 한 주간 2회 상영 이후에 다음 회차를 보기 위해 일주일을 기다려야 했다. 하지만 최근의 OTT 시리즈는 〈오징어게임〉, 〈수리남〉처럼 전체 회차를 한번에 올려서 단번에 몰아보기가 가능해졌다.

미래세대에게는 거절의 경험이 거의 없다. 자신이 원하는 것은 즉시 충족되었다. 원하는 동영상을 보고 싶을 때는 스트리밍으로 즉시 해결하였다. 원하는 음식도 식당에 가지 않고도 메타버스의 거울세계를 활용하여 해결이 가능했다. 이러한 미래세대들이 정작 난관에 부딪히거나 어려움을 만나면 정서적으로 균열이 일어난다. 아날로그 세대보다 미래세대들이 참아내는 능력이 부족하다. 특히 실패 경험에 약하다.[72] 디지털의 1번곡 시대에 오락실에 가야 할 수 있었던 게임을 가정에서도 즐길 수 있었다. 하지만 자신이 원하는 게임을 하려면 게임판매점으로 외출하여 구입해야 했다. 자신이 방문한 판매점이 보유한 게임이어야 구입이 가능했고, 자신이 원하는 게임이 없으면 별도로 주문을 해야 했다. 2인용이나 단체게임을 하기 위해서는 친구들과 지인들이 함께 모여야 가능했다. 하지만 메타버스로 이루어진 미래세대에게는 '잠시의 버퍼링'도 인내하기 어렵다. 자신이 원하는 모든 것이 빛의 속도로 충족되는 것이 당연한 환경에서 자랐기 때문이다. 또한, 이들은 거의 '거절감'을 겪지 않고 성장하였다. 대체로 가

---

72. 허두영, 『요즘 것들』 (사이다, 2018), p. 139.

정에서 혼자 자랐기에 모든 요구가 받아들여졌다. 그러다 보니 자신의 예측과는 다른 일들을 만나게 되면, 그러한 상황에 대응하기 어려워한다. 이로 인하여 심각한 부작용을 초래하게 된다. 세상이나 사람과 직면하는 것이 두려워 스스로를 외부와 단절시키며, 때로는 극단적인 선택을 한다. 유리멘탈을 보완하기 위해서는 회복 탄력성, 자아통제력이 필요하다.

## 교회교육의 적용

### 회복 탄력성을 발굴해 주는 진짜 어른

'회복 탄력성'은 스트레스나 어려움에 부딪혔을 때 이를 적절하게 대처하여 균형상태를 유지할 수 있는 능력이다. 충동을 조절하면서 다시 평정한 상태로 돌아올 수 있는 내면의 힘이다. 어려운 일들을 만나면, 보통 사람들은 불평하며 투덜거리기만 한다. 회복 탄력성이 높은 사람은 이미 일어난 일에 묶이지 않는다. 청소년을 대상으로 실시한 연구에 따르면 회복 탄력성이 높을수록 흡연, 음주, 약물의 유혹을 이긴다. 이를 증명하는 연구가 미국 하와이군도 '카우아이섬'에서의 연구다. 미국의 심리학자, 사회복지사, 정신과 의사, 소아과 의사들이 1955년 출생한 신생아 833명을 18세까지 추적하는 대규모 연구를 했다. 이 섬은 당시 경제적으로 매우 어려웠고 질병, 알코올 의존증, 범죄율 등이 다른 지역보다 높은 환경이었다. 이 연구를 주도한 심리학자 에미 워너 교수는 극단적으로 힘들었던 201명의 성장을 따라갔다. 그런데 놀라운 반전이 일어났다. 그들 중의 1/3인 72명은 그 어려운 상황에서도 큰 성공을 거두었다. 그들의 행적을 살피면서 그들에게는 그들을 절대적으로 지지해 주는 어른들이 있었다는 공통점을 발견하게 되었다. 선생님이나 동네 어른 중에서 그들을 적극적으로 지지해 주는 사람들로 인하여 힘을 얻었다는 것이다. 유리멘탈을 이기는 회복 탄력성은 교회의 선배, 선생님, 성도님들이 사랑과 관심을 확인시켜 줄 때 세워진다. '한 아이가 자라기 위해서는 한 마을이 필요하다'는 말처럼, 한 아이가 자라기 위해서는 온 교회의 성도님들의 전적인 헌신이 필요하기에, 교회 안에서 안정감을 가지고 자라나는 것이 정말 중요하다.[73]

회복 탄력성의 가장 정확한 모델은 예수 그리스도이시다. 예수님은 십자가에서 죽으셨지만, 사망의 권세를 깨뜨리시고 부활하셨다. 아무리 어려운 역경 속의 아이들이라도 예수 그리스도를 신뢰할 때에 회복 탄력성이 그를 지키고 보호한다.

이는 그리스도께서 죽은 자 가운데서 살아나셨으매 다시 죽지 아니하시고 사망이 다시 그를 주장하지 못할 줄을 앎이로라(롬 6:9).

## 자기통제력을 훈련하라

'자기통제력'은 눈앞의 유혹이나 충동을 절제하는 능력이다. 아이의 통제력은 해야 할 것과 하지 말아야 할 것을 지속적으로 구분하면서 길러진다. '자기통제력'은 외부의 통제보다 내부의 통제가 더욱 큰 힘을 발휘할 때에 자라게 된다.[74] 자기통제력이 수동적으로 아무 행동이나 아무런 선택도 하지 않음을 의미하는 것은 아니다. 어떠한 유혹이나

---

73. 김대진, 『청소년 스마트폰 디톡스』(생각속의집, 2020), pp. 210-217.
74. 김대진, 『청소년 스마트폰 디톡스』(생각속의집, 2020), pp. 219-222.

시련에 흔들리지 않고 자기에게 주어진 길을 성실히 가는 것이 자기통제력이 뛰어난 사람이다. 디지털 기술이 극도로 발전하고 메타버스 문화가 확산된 시대에서 언제 어디에서나 디지털의 유혹이 존재할 것이다. 시험 기간에 잘 모르는 단어를 검색하기 위하여 스마트폰을 들었다가 자기의 관심에 맞는 기사를 한 번 접촉하면, 알고리즘으로 연관 기사 혹은 SNS로 진입하면서 금세 시간이 지나가 버린다. 어떤 경우에는 내가 스마트폰을 들어서 무엇을 검색하려 했는지 잊어버릴 때가 있다. 디지털 세상의 수많은 콘텐츠는 범죄를 미화하고, 그릇된 가치관을 멋진 것으로 둔갑시키고는 한다. 이러한 상황에서 잘못된 가치관에 미혹되지 않고, 거룩한 영향력을 나타내는 자아통제력이 필요하다.

다니엘과 세 친구가 바벨론 문화 속에 살면서도 바벨론에 동화되지 않았던 것처럼 자기를 통제하는 능력이 필요하다. 그러므로 교회학교에서는 자기통제력을 지도하고, 성령의 마지막 열매인 '절제'를 삶에서 실천하도록 지속적으로 지도해야 한다.

예수님은 수많은 시험과 유혹 속에서도 당당하게 이기셨다(자아통제력). 그러므로 예수 그리스도를 인격적으로 만나는 사람은 자기통제력을 발휘하며 살아가게 된다.

모든 일에 우리와 똑같이 시험을 받으신 이로되 죄는 없으시니라(히 4:15).

# 3
# 1인칭(의지)

　새로운 문화와 문명이 새롭게 등장하면 수많은 변화가 일어난다. 새로운 문화와 문명을 활용하다 보면 생활의 패턴이 달라지고, 이로 인한 의지적인 영역에서 파격적인 변화가 일어나 행동양식에 있어서도 큰 변화가 나타난다. 아날로그 세대의 한계와 제한들은 디지털 시대와 세대에는 전혀 문제되지 않고, 이로 인하여 이전 세대에서는 없었던 현상들이 생겨 난다. 아날로그 세대는 자기들에게 익숙한 방식을 기준으로 새로운 세대들을 강압해서는 안 된다. 새로운 미래세대들이 보여 주는 다소 생소한 활동과 반응들을 수용하면서도, 기독교 세계관에 근거한 기준을 갖도록 지혜롭게 지도해야 한다.

# 1) '나우중'의 시대

## 구독, 좋아요, 알림설정

"구독, 좋아요, 알림설정, 꼭 해 주세요."

"구독을 강요하지 않습니다. 구걸합니다."(유튜브: 영화 걸작선)

"구독하지 않으면, 독거 노총각 된다."(유튜브: 독거노총각)

거의 모든 유튜브 콘텐츠의 말미에 등장하는 문구들이다. 유튜브 콘텐츠를 운영하는 유튜버들은 그들의 콘텐츠 마지막에 간절한 표현으로 요청한다. 구독자가 많을수록 그 채널의 가치가 높아지기 때문이다. 유튜브 채널의 재미가 떨어지거나 유튜버가 물의를 일으키면 구독자들이 급속히 빠져나간다. 그러면 유튜버들에게는 직접적인 타격이 일어나기에 구독을 간곡히 요청하고, 때로는 구독자들이 돈을 후원하면 호들갑스러울 정도로 고맙다고 인사를 한다. 또한, 더 많은 사람이 자기의 채널에 들어오도록 파격적인 이벤트를 준비하기도 한다.

## 천동설과 지동설

1970년대에 국민학교를 다닌 나는, 요즘 초등학교를 방문하면 엄청난 변화가 일어났음을 보게 된다. 우선 학생 수가 비교가 안 된다. 1970년대의 국민학교에는 엄청나게 많은 학생이 모였다. 70명 정도의 학생이 한 교실에 콩나물시루처럼 그득하였고, 한 학년에 21개 학급이 있었다. 게다가 오전반, 오후반으로 나누어 수업하는 경우도 있었다. 반면에 요즘 초등학교는 한 반에 16명 내외가 보통이다.

1970년대의 국민학교에서는  냉방과 난방이 허술하였다. 70명의 학생이 **빽빽**하게 교실에 있었지만, 교실 벽 앞뒤로 설치된 선풍기가 전부였다. 겨울에는 난로를 가동했는데, 그 부근만 겨우 따스한 온기를 느낄 수 있었다. 그마저도 일주일에 한 번씩 교대로 자리를 이동해야 했다.

이러한 상황에서 학생들은 견디고 참아야 했다. 예전에는 학생이 학교 선생님에게 체벌을 당하고 돌아오면 부모님은 이렇게 반응했다. "네가 잘 못을 했으니 선생님이 때리셨겠지!" 그러므로 아날로그 세대는 늘 자기 자신이 중심이 되지 않았다. 가정에서도 많은 형제자매로 인하여 개개인의 필요는 항상 제한되었다. 하지만 미래세대는 핵가족 사회로 진입한 이후에 태어나서 존재하는 것으로도 엄청난 관심과 사랑을 받는다. '조카 바보'라는 말이 있을 정도로 이모, 고모, 삼촌의 사랑까지 집중적으로 받으니 '나는 우주의 중심이다'(나우중)라고 생각하게 된다.

천동설은 지구가 우주의 중심이라는 생각에 기반을 둔다. 태양마저도 지구를 중심으로 돈다는 생각은 오랫동안 사람들의 생각을 지배했다. 코페르니쿠스에 의하여 그런 세계관은 지동설로 수정되었다. 그런데 현대인들이 생각하는 천동설은 모든 세상이 자기중심으로 돌아간다는 생각이다. 이전의 휴대폰은 제조사에서 만드는 기능들을 사용할 뿐이었지만, 지금의 스마트폰은 사용자가 자신이 원하는 애플리케이션들을 스스로 찾아서 세팅한다. 디깅이란 '깊이 파묻혀 있는 것을 캐낸다'라는 의미로 채굴이나 채광을 할 때처럼 좋아하는 것을 깊게 파고드는 것을 뜻한다. 미래세대는 디깅을 통해 지식과 경험을 쌓는다. 따라서 특정 분야를 더 깊이 파고들게 된다. 시간과 비용을 투자하여 자기 자신에게 특화된 것에 집중한다.[75]

아날로그 세대는 자기중심적으로 살지 않았다. 가족과 형제들을 먼저 생각하고 자기는 희생하는 것이 흔한 일이었다. 아날로그 세대에서는 공동체에 대한 헌신과 희생을 당연한 것으로 교육을 받았고, 이를 미덕으로 여겼다. 그러한 환경 속에서 다른 이들을 배려하는 것이 익숙해졌다. 하지만 디지털로 이루어진 시대 속에서 살아가는 미래세대는 철저히 자기 자신에게 집중한다. 디지털 문화에서 자기 자신이 중요한 권한을 가졌음을 알게 되면서 이러한 생각은 더욱 커져 간다.

앞서 설명했듯, 천동설은 지구가 우주의 중심이기에 지구를 중심으로 온 우주가 작동된다고 생각하는 이론이다. 이와 같이 미래세대는 자기 자신이 우주의 중심이라고 생각한다. 예전에는 자기가 좀 더 손해 보더라도 교회의 이익을 위하여 기꺼이 섬기는 문화가 있었다. 하지만 아날로그 시대에서 디지털 시대로 전환되면서 일어난 의식의 변화는 신앙생활에도 영향을 끼치게 되었다. 자기 자신이 중심이 되어, 자기 자신의 만족을 우선시하는 신앙의 형태로 변동이 일어났다. 자신의 필요와 문제를 해결받고 충족되는 것으로 신앙생활의 형태가 달라졌다. 그래서 현대 교회의 상

---

75. 대학내일20대연구소, 『Z세대 트렌드 2023』 (위즈덤하우스, 2022), p. 133.

황을 이렇게 묘사하기도 한다.

"위대한 영웅의 시대는 지나고, 쫀쫀한 소비자들의 시대가 되었다."

아날로그 시대에는 교회를 중심으로, 자기의 재정과 노력을 기꺼이 쏟아부었다. 내가 국민학교 시절에도 교회당 건축을 할 때는 모든 성도가 힘써 섬겼다. 자기의 일상을 희생하면서도 기쁨으로 섬겼다. 나도 국민학생이었지만, 친구들과 함께 교회당 건축을 위해 세숫대야를 가지고 가서 교회당 건축을 위한 모래를 머리에 지고 나르기도 하였다. 현대 한국교회에서 자기의 만족과 채움에 더욱 집중하고 요구하는 성향이 점점 강해지는 것과는 달랐다.

지동설은 태양을 중심으로 지구가 움직인다는 것이다. 신앙생활도 하나님을 중심으로, 나의 모든 생각과 결심과 삶을 하나님의 뜻에 굴복시켜 가는 것이다.

하나님 아는 것을 대적하여 높아진 것을 다 무너뜨리고 모든 생각을 사로 잡아 그리스도에게 복종하게 하니(고후 10:5).

아들 이삭을 번제로 드리라는 하나님의 납득하기 어려운 명령에 아브라함은 순종한다. 십자가를 지는 것은 예수님에게도 혹독한 고통이었지만 순종하신다. 바울은 육신의 가시가 치유되기를 간곡히 기도하여도 치유받지 못했지만, 하나님의 뜻에 순종했다. 아날로그 시대의 신앙생활도 하나님 중심, 성경 중심, 교회 중심으로 살려는 노력으로 가득했다. 디지털 시대가 되면서 각자의 취향과 성향을 채우는 것이 더욱 중요해지는 이

때, 하나님의 뜻에 순종하는 진정한 믿음이 나타나야 한다. 또한 아날로그 시대처럼 개인의 기호를 전혀 무시한다면, 개인의 개성이 존중되는 디지털 시대에는 도태될 수밖에 없음을 인정해야 한다. 개개인을 존중하며, 한 영혼이 존중받는 프로그램을 준비하는 것이 정말 중요해진 시대에 우리는 사역하고 있다.

## 교회교육의 적용

### 향기 나는 졸업식

내가 교목으로 사역하던 당시에는 중고등학교의 졸업식이 문제가 되었다. 학생들이 교복을 찢고 밀가루를 뿌려 대는 일들이 유행처럼 번지던 시기였다. 이를 방지하기 위하여 '품위 있는 졸업식'을 준비하자고 기획하고 학교에 건의했다. 콘셉트는 '졸업생 전원이 주인공이 되는 졸업식'으로 몇 학생들만 상을 받는 형식적인 졸업식이 아니라, 졸업생 전원에게 감동을 주는 졸업식으로 준비를 했다. 졸업생 전체가 일일이 교장 선생님으로부터 직접 졸업장을 받고, 교감 선생님과 담임 선생님, 마지막에는 교목이 차례로 악수를 하는 과정을 기획했다. 졸업생이 교장 선생님으로부터 졸업장을 받는 순간, 강단의 대형 화면에는 그 졸업생의 프로필이 사진과 함께 나왔다. 그 프로필에는 졸업생의 이름, 20년 후 장래희망, 좌우명이 대형 화면에 송출되게 준비하였다. 우수한 학생들만 상을 받고, 지루한 행사들의 연속이었던 졸업식과는 다른 졸업식이 진행되자, 졸업생들의 부모님들이 가장 큰 감동을 받았다.

학교에서 상을 한 번도 못 받아 본 자녀가 교장 선생님에게서 직접 졸업장을 받고, 자녀의 사진이 대형 화면으로 송출되자, 학부모님들이 그동안 경험하지 못한 엄청난 감동을 받았다는 후문을 전해 왔다. 졸업생들도 20년 후 장래희망, 좌우명에 각기 위트 있는 글들을 준비해 주어서 거의 2시간 가까운 졸업식이 지루할 틈도 없이 즐거운 축제의 장이 되었다. 졸업생들이 반별로 장기자랑을 하는 영상 퍼레이드, 졸업생들이 담임선생님들을 축복하는 영상은 더 깊은 감동을 안겨 주었다. 이러한 감동을 받고 마친 졸업식 후엔 친구들끼리 석별의 정을 나누고 교사들에게 특별한 존경을 표시했다. 그러한 분위기에서 밀가루를 뿌리거나 교복을 찢는 일들은 아예 시도조차 되지 않았다. 이 소식이 알려지면서 지역 신문사에서 취재 요청이 와서 기사가 실렸다.[76] 이 졸업식이 다른 지역의 학교에도 전파되어 적어도 창원에서는 눈살 찌푸리는 졸업식이 점차 사라지기 시작했다.

'나우중'의 시대에 학생들 개개인의 인격을 존중하고, 그들의 자존심을 세워 주는 프로그램은 학생들이 큰 자부심을 갖게 한다. 교육 프로그램을 기획할 때에 단체로 취급해서는 안 되며, 개개인을 존중하는 프로그램을 진행해야 한다. 예수님께서도 십자가를 지시기 위해 예루살렘으로 올라가시는 극적인 상황에서도 한 사람 삭개오의 이름을 부르시고 그를 회복시키셨다. 숫자에 시선을 빼앗겨서는 안 되며, 한 영혼 한 영혼을 소중하게 여기는 것이 그 어느 시대보다 요청된다.

또한, 자기중심의 신앙으로 이어지는 것은 경계해야 한다. 기독교 신앙의 핵심은 십자가이다. 십자가는 세상을 사랑하시는 하나님의 사랑이다. 하나님의 이러한 사랑을 받은 이들은 다른 이들을 존중하며 그

---

76. 「경남신문」, 2004. 02. 14.

들을 섬겨야 한다. 자기의 소원과 만족을 추구하는 것이 아니라, 다른 이들을 섬기는 것을 교육해야 한다.

사람의 모양으로 나타나사 자기를 낮추시고 죽기까지 복종하셨으니 곧 십자가에 죽으심이라(빌 2:8).

교육 프로그램 중에서 서로를 이해하고 존중하는 내용들이 포함되어야 한다. 이를 위해서 개인 신앙 위주의 프로그램에서 헌신과 섬김의 내용들을 준비하는 것이 필요하다. 하나님 중심, 성경 중심, 교회 중심의 신앙생활을 할 수 있도록 지원해야 한다. 아시아에 복음을 전하려던 바울은 유럽으로 향하는 환상을 본 이후에 자신의 계획과 프로그램을 포기하고, 순종하였다. 이로 인하여 교회의 역사가 달라지고, 세계사가 변하였다. 이 사건을 역사학자인 아놀드 토인비는 '바울을 데리고 온 그 배는, 유럽에 문명을 가져온 배였다'라고 평가했다. 철저히 '나우중'의 시대가 되어가는 디지털 시대에, 하나님께 집중하는 신앙의 기본을 갖추도록 하는 것은 현시대 교회에 주어진 거룩한 숙제이다.

## 2) 부캐와 원캐 사이

### 멀티 페르소나

MBC 예능 프로그램인 〈놀면 뭐하니〉는 방송계에 부캐 신드롬을 일으

컸다.[77] 코미디언 유재석이 각기 다른 역할의 캐릭터로 출연하는 것에 어리둥절하던 시청자들은 이내 적응하고, 다른 캐릭터들을 받아들이게 되었다. 2020년부터 서서히 사람들에게 알려진 '멀티 페르소나'의 개념이 이제는 대중적으로도 수용되기에 이르렀다. 미래세대는 여러 개의 부캐를 기반으로 확장한 자신의 자아를 다시 쌓고, 재조합해 본캐를 더욱 선명하고 또렷하게 만든다.[78] 미래세대들은 SNS상에서 여러 개의 계정을 사용한다. 가족들이 볼 수 있는 계정, 자기의 친구들과 만나는 계정, 교회 성도님들이 볼 수 있는 계정, 자기의 개인적인 계정을 사용한다. 각 계정에는 친구들, 성도들, 개인적인 친구들과 구별된 콘텐츠를 올리면서 자기 안의 다양한 모습을 나타낸다. 아날로그 시대에는 자기 안의 여러 복합적인 성향들을 억눌러야 했지만, 디지털 시대에는 한 개인이 다양한 캐릭터로 활동하는 것을 오히려 자랑스럽게 생각한다.

## 세컨더리 라이프

'세컨더리 라이프'는 현실에서 이루지 못하는 소망을 가상의 공간에서 누릴 수 있도록 하는 플랫폼이다. 이 플랫폼에서 사람들은 자신이 평소에 하고 싶었던 만남, 대화, 연애, 여행을 하며 때로는 자신이 소망하는 직업을 누릴 수 있다. 1999년에 '린든랩'이라는 회사에서 이러한 활동이 가능하도록 시도하였고, 2003년에는 '세컨더리 라이프'로 활동이 시작되었다.

---

77. 대학내일20대연구소, 『Z세대 트렌드 2021』 (위즈덤하우스, 2020), p. 73.
78. 대학내일20대연구소, 『Z세대 트렌드 2023』 (위즈덤하우스, 2022), p. 215.

이 공간에서는 전용화폐를 발행하는데, 2010년에는 GDP 순위 약 170위 정도의 경제 규모를 갖춘 하나의 세상으로 자리매김하게 되었다. 이 가상 공간은 현실의 한계에 갇혀 허우적거리는 삶을 벗어나, 자기가 원하는 삶을 살려고 하는 것을 잘 반영한다.[79]

"인간은 자신이 만나는 사람의 수만큼 자아를 가지고 있다." 이는 근대 심리학의 창시자로 일컬어지는 심리학자 윌리엄 제임스가 내린 정의다.[80] 아날로그 세대에서는 성탄절을 앞두고서 각 교육기관이 모여 다양한 발표행사를 했다. 무용, 노래, 합창, 연극 등의 다양한 발표행사를 거의 두 달 전부터 준비하면서, 학교에서 경험하지 못한 다양한 활동을 통하여 자기의 또 다른 재능을 확인하기도 했다. 중고등부는 겨울방학 기간에 성가를 준비하여 발표행사를 했으며 문학의 밤, 방송제 등의 프로그램으로 다양한 문화 콘텐츠를 스스로 준비하고 진행하였다. 일변도의 주입식 학교교육에서는 경험할 수 없는 다양한 활동을 통하여 자신의 진로를 새롭게 발견하고 도전할 수 있는 기회가 되었다. 교회교육은 미래세대의 부캐 지향의 특성을 파악하여, 그것을 잘 구현할 수 있는 기회들을 만들어 줄 수 있어야 한다.

---

79. 최형욱, 『메타버스가 만드는 가상경제 시대가 온다』 (한스미디어, 2021), p. 95.

80. 김상균, 신병호, 『메타버스 새로운 기회』 (베가북스, 2021), p. 36.

## 콩트로 풀어 가는 비유 수업

교목 시절에, 예수님의 비유를 수업할 때에는 조별로 콩트로 만들어서 진행하는 퍼포먼스도 진행하였다. 방법은 다음과 같다. 비유들에 대해서 미리 수업 시간에 설명한다. 콩트를 준비할 때에 비유의 본래 목적을 잘 표현하면 더욱 큰 점수를 받는다고 알리면 수업의 집중도는 더욱 올라간다. 학생들이 즉시 사용할 수 있는 높은 가격의 '매점상품권'을 상품으로 걸면 집중력은 더욱 올라간다. 비유들을 설명한 뒤 각 조가 추첨으로 자기들이 준비할 비유를 고른다. 그리고 조별로 비유를 콩트로 만들 시나리오를 준비하고 각자 배역을 정한다. 배역에 맞는 소품들을 설정하고, 다음 시간에 각자 맡은 배역으로 연기한다. 콩트를 하기 전에 각 조의 구호와 조가를 준비하여 제창하게 하면 학생들은 평소의 주입식 수업과는 전혀 다른 분위기에 즐거워하면서 적극적으로 참여한다.

나는 남녀공학 중학교와 남자 고등학교에서 교목으로 섬겼다. 여학생들의 경우에는 조금만 동기 부여를 주어도 쉽게 움직인다. 성경 수업 시간에 다채로운 내용으로 학생들을 지속적으로 만나면서 구축된 신뢰는 남학생들도 수업시간에 적극적으로 협조할 수 있게 해 준다. 교회학교에서는 이처럼 다양한 프로그램을 통하여 학생들이 특별한 경험들을 체험하면서, 규정된 방식과는 다른 새로운 가치관을 갖게 된다. 미래세대에게는 특별한 경험치를 획득하고 축적하는 것이 더욱 중요하다. 그러므로 가르치는 사람이 중심 되는 교수법이 아니라, 배우는 사람이 주도적으로 참여할 수 있어야 한다. 이러한 과정을 통하여 학생들에게 성경 수업이 고리타분한 교리교육이 아닌 신나는 활동과 특별한 프로그램이 있는 즐거운 시간으로 여기도록 했다. 성경 수업을 기획하고 준비할 때에는 다른 그 어떤 과목보다 경쟁력 있는 수업이 되도록 준비하였다. 이로 인하여 학생들은 성경 수업을 기대하고 기다리게 되었다. '놀토보충수업[81]'으로 인하여 성경 수업이 연기되면, 학생들이 성경 수업은 놀토수업에서 제외되지 않도록 요청하는 일들이 있었다.

## 소율리스좌의 캠프 소환

소율이는 중학교 3학년 여학생으로, '소울리스좌'를 패러디하는 프로젝트에 참여했다. 서울 신덕성결교회에서 진행하는 2022 청소년여름캠프인 '소울캠프'를 기획하고 준비하던 오준혁 목사는 홍보를 위한 동영상을 기획했다. 당시 SNS에서 '소울리스좌'의 영상이 폭발적인 반응을 보이는 것에 착안하여 패러디하기로 한 것이다. 학생들에게 캠프에 대한 기대감을 증폭시키고, 연합캠프로 진행하려고 기획했기에 다른 교회에도 홍보 영상을 공유하며 홍보를 위하여 콘텐츠를 준비했다. 이 프로젝트에 이름도 비슷한 소율이가 '소울리스좌'의 동영상을 개사하여, 멋지게 연기했다.

---

81. 격주로 토요일 수업을 휴무하면서, 다른 요일에 보강 수업을 했다.

"내 앞에 있는 소율리스좌의 안내를 받아 청소년은 누구나 생명숲의 소율캠프 말씀받습니다. 은혜받습니다. 구원받습니다. 성령 충만 받습니다. 말씀 은혜 구원 성령 다 다 받습니다. 은혜받고 주 만나는 여기는 소울캠프. 소울 캠프르프프프. 은혜받고 주 만나는 여기는 소울캠프입니다. 친구들과 함께 선생님과 함께 성령 충만 말씀 속에 기도를 하고 친구들과 함께 선생님과 함께 은혜 다 받습니다. 소울소울소울 캠프. (아)찬양이 말씀이 다다 다다 좋습니다. 찬양부터 찬양 찬양부터 말씀 찬양부터 기도 찬양부터 교제 찬양 말씀 기도 교제 은혜 성령 충만 싹 다 받습니다. 받는 겁니다. 받습니다. 받는 겁니다. 받습니다. 안 받을 수 없는 여기는 소울소울 캠(프)."

이렇게 긴 가사를 '소율리스좌'처럼 물 흐르듯이 소화하는 '소율'이의 영상을 본 모든 이의 피드백은 '재미있다' 그 자체였다. 평소에는 잘 몰랐던 '소율'이가 모두에게 각인이 되었고, 캠프가 시작되는 날 다른 교회에서 온 친구들과 교사들이 '소율'이를 다 알아보고 거리낌 없이 다가와 인사했다. 마치 연예인 보듯 멀찌감치 동경의 눈으로 보는 아이들도 있었다. 온라인과 현장의 연결축이 되어 좋은 분위기의 '촉매제'가 되었다. 청소년부의 놀라운 기획과 소율이의 헌신으로 인하여 캠프가 시작하기 전부터 커다란 기대감으로 가득 찼다. 그리고 이 캠프는 하나님의 크신 은혜로 가득 차는 놀라운 결과를 이루었다. 그저 평범한 학생이었던 소율이가 홍보를 위한 영상에 출연하면서, 수동적으로 참가하는 것에 그치지 않고 적극적으로 캠프에 참여하게 되었다. 이로 인하여 소율이 자신이 자기 안의 또 다른 달란트를 발견하는 시간이었으며, 다른 학생들 또한 친구가 출연하는 그 영상에 쉽게 감정이입하여 즐겁게 참여하였다.

아날로그 시대에는 수련회나 행사를 홍보할 때에는 주보에 기재하고, 광고 시간에 부탁을 하는 것이 대부분이었다. 조금 더 성의를 보이면 포스터를 만들어서 부탁하는 것이었다. 이러한 홍보는 참가한 사람들에게는 효과가 있지만, 결석한 이들이나 외부인들에게는 전혀 도움이 되지 않았다. 하지만 영상 콘텐츠로 제작하여 수많은 이들에게 관심을 받았다. 또한 '공유하기'를 통해 많은 사람에게 전달되었다. 무엇보다 이 프로젝트에 소율이가 참여하면서 학생들도 캠프를 준비하는 일에 크게 헌신할 수 있음을 보여 주었다. 이처럼, 하나님께서 각자에게 주신 달란트를 제대로 활용하게 하는 것이 커다란 교육적 결실을 얻게 하는 기회가 된다.

## 3) BORN TO SPEED

### 대면수업이 두려워

"대면수업을 다시 시작하면, 교수님 수업을 1.5배속으로 돌릴 수 없으니 불편할 텐데?" 코로나 팬데믹의 습격으로 인하여, 학교에서는 비대면 동영상 수업이 진행되었다. 교수가 동영상 강의를 탑재하면, 학생들이 동영상을 재생하면서 강의가 이루어졌다. 학생들은 동영상 수업을 들을 때에 1.5배속으로 플레이를 시킨다. 그러면 60분 강의를 40분만에 들을 수 있다. 그렇게 수업을 동영상으로 듣다가, 대면수업이 이루어지자 학생들은 지루한 강의를 그대로 감내하는 것을 어려워했다. OTT가 발달하면서 동영상 콘텐츠를 배속으로 돌릴 수 있는 기능에 익숙해졌기 때문이다. 1.5배속으로 빨리 재생을 하면 대사가 좀 빨라지기는 하지만, 자막이 함께 나오기에 감상하는 데에는 크게 문제가 되지 않는다. 이러한 활용법은 나이가 어린 세대들에게만 나타나는 현상이 아니다. 50대의 주부들도 드라마를 볼 때는 이러한 기능을 사용한다. 세대 구분은 생물학적 나이로 구분하는 것이 아니라, 공통된 문화를 경험하는 이들이 같은 세대로 공통성을 가지게 된다.

## 빠른 물고기가 느린 물고기를 먹는다

이러한 '빨리 감기' 현상은 국내에서만 발생하는 문제는 아니다. 일본 안에서도 같은 현상들이 일어난다. 『영화를 빨리 감기로 보는 사람들』은 이나다 도요시라는 칼럼니스트가 일본에서 일어난 문화 현상을 다룬 내용이다. 그는 아오야마가쿠인대학교에서 강의를 하며, 학생들을 대상으로 한 설문조사 결과를 책에서 보고한다. 그 결과 20대 학생의 87.6%가 '빨리 감기' 기능을 사용한다고 말하였다. 빨리 감기로 보게 되는 동영상 1위가 대학 강의(57.8%), 2위가 유튜브 자체 콘텐츠(50.8%), 3위가 드라마(23.4%), 4위가 애니메이션(22.6%), 5위가 보도·다큐멘터리(19.5%), 6위가 영화(17.2%)

였다.[82] 그 이유는 콘텐츠가 너무 많기 때문이고, 시간의 가성비를 추구하기 때문이며, 대사로 작품을 이해하는 것이 가능하기 때문이다.

4차 산업혁명을 주장한 클라우스 슈밥은 "큰 물고기가 작은 물고기를 잡아먹는 시대에서 빠른 물고기가 느린 물고기를 잡아먹는 시대로 바뀌었다"라고 변화하는 시대의 특징을 말하였다.[83] 그의 지적처럼 사회 모든 영역에서 속도가 중요하게 되었다. 문화가 발달하면서 이를 소비하는 방식도 달라지고 있다. 기승전결의 콘텐츠를 회피하고 곧바로 하이라이트를 선호한다. 그로 인하여 콘텐츠의 하이라이트 부분만 짧게 보여 주는 숏폼 콘텐츠가 큰 인기를 끌고 있다. 미래세대가 힙하게 생각하는 패션, 뷰티, 핫플레이스, 콘텐츠, 밈 등이 모두 숏폼 콘텐츠로 만들어지고 있다.[84] 유튜브에서 콘텐츠를 시청할 때에 좀 지루하다 싶으면 곧장 다른 영상으로 넘어가며, 좋아하는 드라마도 매회 3분 내외의 숏폼을 제공하기에 자신이 관심을 가지는 부분만 본다. 최근에는 드라마의 길이가 16부작에서 12부작으로, OTT 시리즈는 8회에서 6회로 줄어들고 있다. 게다가 한 회의 분량도 60분에서 50분, 30분, 20분 정도로 짧아지고 있다. 유튜브에서는 2시간의 영화를 15분에서 20분으로 요약해서 설명하는 콘텐츠가 인기다. 영화를 전체적으로 볼 여유가 나지 않고, 영화를 다 보아도 영화의 의미를 제대로 이해하지 못한 이들이 이 콘텐츠를 요긴하게 활용한다.

---

82. 이나다 도요시, 『영화를 빨리 감기로 보는 사람들』, 황미숙 역, (현대지성, 2022), p. 18.
83. 허두영, 『요즘 것들』 (사이다, 2018), p. 34.
84. 대학내일20대연구소, 『Z세대 트렌드 2023』 (위즈덤하우스, 2022), p. 103.

## 빛의 속도로 연결하기

2020년을 기점으로 페이스북에는 매일 15억 6천만 명이 접속한다. 이는 세계 인구의 1/5인데,[85] 인터넷이 깔려 있지 않고 컴퓨터나 스마트폰이 공급되지 않는 지역을 제외한다면 거의 대부분이 활용한다고 볼 수 있다. 그로 인하여 세계의 그 어디에 있는 사람들이라도 즉시 연결될 수 있고, 전혀 알지 못하는 사람들과도 만날 수 있다. 아날로그 세대에서는 해외의 사람들과 만날 때는 펜팔 형식을 통하여 편지를 주고받았다. 소개를 받기도 어렵지만 편지를 작성하여 보내면 도착하는 데에 많은 시간이 걸리고, 답장을 받는 데에도 긴 시간이 걸렸다. 하지만 지금은 빛의 속도로 연락을 주고받을 수 있다.

디지털 문화의 대표주자인 SNS가 점차 다양하게 변모하고 있다. 페이스북에서 인스타그램으로 변모하다가, 이제는 틱톡이나 릴스를 주로 활용한다. 페이스북은 텍스트 중심의 SNS다. 페이스북에 접속하면 제일 먼저 마주하는 것은 "김현철님, 무슨 생각을 하고 계신가요?"라는 질문이다. 자연스럽게 지금 자기가 생각하는 내용을 텍스트로 옮긴다. 디지털 기기를 자유자재로 사용하는 미래세대들에게는 텍스트 위주의 페이스북이 점점 불편해졌고, 인스타그램으로 이동하였다. 인스타그램은 사진을 기반으로 하는 보여 주기 위주의 기능이기 때문이다. 짧은 동영상 위주인 틱톡이 새로운 세대들에게 급속히 퍼지자, 이들을 겨냥한 릴스를 페이스북에도 제공하게 되었다. 이처럼 문화의 변화가 짧은 콘텐츠를 신속하

---

85. 김상균, 『메타버스』 (플랜비디자인, 2020), p. 97.

게 소비하는 방향으로 가게 되었다. 이러한 경향은 온라인 동영상 수업을 시청하는 것에도 영향을 끼치게 되었다. 강의를 들어야 하는 과목은 많은데, 시간은 절대적으로 부족하기에 강의를 배속으로 듣는 것이 효과적으로 느껴졌다. 그래서 수업이 비대면 강의에서 대면으로 전환되자, 수업을 정해진 시간 그대로 듣는 것이 곤혹스럽다고 호소하기에 이르렀다.

**교회교육의 적용**

## 속도를 더하라

속도가 급속히 빨라진 미래세대를 위해서, 교회교육 프로그램은 속도를 높여야 한다. 사전에 치밀한 콘티를 작성하여 모든 교사도 프로그램의 진행을 인지해야 한다. 그리고 방송국의 콘티 진행처럼 신속하고 정확하게 프로그램들이 진행되어야 한다.

### ① 학생들과 소통할 때 답장을 신속하게 준다.

미래세대는 문자나 카카오톡의 응답 속도에 따라서 자기에 대한 호감도를 측정한다. 아날로그 세대는 좀 더 길고 정확하게 메시지를 전달하려고 한다. 그래서 학생들에게 전할 메시지를 정리하고, 지금 분주한 상황이 끝나고 여유가 있을 때에 전달하는 것이 효과적이라고 생각한다. 미래세대에게는 메시지의 내용에 따라 감동을 받기보다는, 응답하는 속도에 더욱 깊은 감동을 받는다. 그렇기에 미래세대에게는 가능한 한 빨리, 간단한 메시지라도 전하는 것이 중요하다. 교사나 사역자가 읽고도 당장 연락하지 않는 경우(읽씹)에 마음이 닫히게 되고, 이를 해결하기 위해서는 엄청난 노력을 필요로 한다.

**② 교육 프로그램의 진행 속도가 빨라야 한다.**

모든 예배자가 콘티를 모두 잘 숙지를 하고 있어야 한다. 순서의 진행에서 여백이 있으면 안 된다. 예배 시간에 찬송이 끝나면서 기도 순서로 이어질 때 사회자가 기도 순서를 언급하면, 바로 이어 기도자가 기도를 시작해야 한다. 프로그램 순서 사이의 여백은 미래세대에게는 방송사고의 느낌으로 흐름이 끊어지기 때문이다.

**③ 설교와 강의를 할 때 가능하면 빠른 속도로 전달하는 것이 좋다.**

아날로그 세대들의 문화 활동은 디지털 세대에 비해 진행 속도가 느렸기에 전달 방식이 느려지기 쉽다. 메시지를 전할 때 청중이 충분히 되새길 시간을 주는 것이 아날로그 세대에는 효과적이었지만, 미래세대들이 접하는 문화들의 속도가 빠르기에 전달 속도를 빨리하는 것이 유익하다.

**④ 정적인 프로그램 외에 역동적인 프로그램이 필요하다.**

한국교회의 교회학교 프로그램들은 수동적이고 정적인 것이 많다. 아날로그 시대에는 주로 수동적인 방식으로 교육 프로그램들이 진행되었지만, 미래세대들은 호흡이 빠르고 학습자 주도의 교육 방식으로 교육을 받는다. 그러므로 가능한 한 빨리 미래세대들이 자발적으로 참여하는 수업이 필요하다.

**⑤ 시대 호흡이 빨라야 한다.**

디지털 시대에는 콘텐츠의 변화 속도가 엄청나게 빠르다. 아날로그 세대들이 겨우 미래세대가 좋아하는 것에 적응했다 싶으면, 어느새 유행은 바뀐다. 나는 청소년들이 좋아하는 아이돌의 이름을 외워서 설교 때 사용하는데, 이름을 다 외우고 인기곡의 리듬이 어느 정도 익숙해졌다 싶으면 금세 다른 팀들이 등장하여 새로 외워야 한다. 미래세대가 좋아하는 문화 콘텐츠는 물론, 미래세대들이 주로 사용하는 언어들도 순발력 있게 익혀야 한다.

물론 아날로그 세대와 미래세대의 속도는 전혀 다르기에, 완벽하게 그들과 일치할 수는 없다. 하지만 이러한 노력을 통하여 미래세대는 아날로그 시대를 인정하고 수용할 수 있다.

# 4) 코쿤(cocoon)세대

### 편의점에서의 눈치 보기 게임

편의점을 개점한 40대 사장님이 고객들에게 친절하게 대하여 단골을 많이 확보하려고 했다. 개점 이후 한 청년이 거의 매일 비슷한 시간에 와서는 특정 라면만 구입하고 갔다. 어느 정도 얼굴이 익었다고 생각하였을 때, 청년이 편의점에 와서는 이전과는 다른 라면을 골라서 값을 치렀다. 사장님은 청년에게 친근감을 표시하려고 말을 건넸다.

"아, 이제는 다른 라면을 맛보려고 하는군요. 라면을 자꾸 먹으면 건강을 해치는데…."

값을 치르고 라면을 들고 나간 청년은, 다시는 그 편의점을 찾지 않았다. 편의점 사장님은 자주 방문한 젊은 손님과 좀 더 친밀하게 지내려고 말을 걸었던 것이다. 하지만 그 청년은 편의점 사장이 친하지도 않은데 말을 걸어오는 것이 선을 넘는 것이라고 생각하고 발길을 끊었다. 이처럼 미래세대는 타인으로부터 스스로를 보호하고 가두는 경향이 있다.

## 방구석 콘서트

2020년, MBC 〈놀면 뭐하니〉가 선보인 '방구석 콘서트'가 시청자들에게 큰 호평을 받았다. 아날로그 시대에는 문화생활을 하려면 반드시 외출하고, 그 현장에 가야만 했다. 영화를 보려면 외출 준비를 하고 버스를 타고 극장에 가야 했다. 일시를 잘 못 맞추면 원하는 영화를 못 볼 수도 있었다. 운동을 하기 위해서는 탁구장에라도 가야 했으며, 친구들과 식사를 하려면 식당에 가야 했다. 하지만 미래세대는 자기의 집에서 이 모든 일이 가능하게 되었다. 코로나 시대에 BTS는 '방방콘'(방구석에서 방탄소년단 콘서트)를 선보였다. 코로나 팬데믹으로 인하여 공연을 할 수 없기에 온라인으로 콘서트를 연 것이다. 2020년에 거행된 '방방콘'에는 75만 명이 콘서트에 참여하였고, 2021년에는 210만 명이 참석하였다. 이러한 온라인 콘서트는 국내의 TV를 통해서도 상당한 반향을 불러일으켰다.

## 내 방을 여행하는 법

아날로그 세대들은 서로 함께 모여 놀이를 하고 시간을 보냈다. 하지만 미래세대들은 혼자서도 충분히 누리고 즐길 수 있는 문화가 많기에 혼자 보내는 시간을 오히려 선호한다. 친구들과 주말에 약속했는데 친구가 사정이 생겼다며 약속을 미루자고 하면, 오히려 개인 시간이 생겼다고 좋아하기도 한다. 자기 혼자서 가정에서 휴가를 보내는 것을 '홈캉스'로 명명하며 나름의 방식으로 즐길 거리를 찾는다. BTS가 발표한 '내 방을 여행하는 법'이라는 노래도 가정에서 혼자 보내는 시간을 다른 의미로 해석하게 하였다. 2009년에 개봉한 영화 〈써로게이트〉에서는 이처럼 철저히 코쿤화, 즉 나홀로족이 되는 미래 사회를 보여 준다. 사람은 철저히 집안에서 생활한다. 외부로 외출할 때에는 자기를 대신하는 대리체(Surrogate)에 의식을 연결하여 자기를 대행하여 활동하게 한다. 상대방과 만날 때는 서로의 대리체를 통하여 만나게 된다. 그들은 실제의 모습은 철저히 감추고, 완벽한 피지컬의 대리체로 자신이 생각하는 완벽한 몸체로 대외 활동을 하게 한다.[86]

2013년에 개봉한 영화 〈Her〉의 배경은 2025년이다. 남자주인공 테오도르는 관계에 지친 나머지, 사람들과의 교류를 그만둔다. 대신 그는 네트워크에 연결된 인공 지능 운영체제와 대화를 하고 감정을 공유하다가 사랑에 빠지게 된다. 이는 사람으로 인해 상처받는 것을 두려워하여 내린 결정이었다. 그는 자기에게 철저히 맞추어 주며, 자기를 위로해 주고 응원해 주는 운영체제로 인하여 남들을 신경 써서 챙겨야 한다는 압박감으로부터 벗어난다. 그 대신 한없는 사랑을 주기만 하고 요구하지 않는 운영체제와의 사랑에 깊이 빠져든다. 데이트 폭력과 묻지 마 살인사건의 이슈가 발생하면서 잘 알지 못하는 낯선 사람에 대한 공포, 실연을 당할 염려로 인하여 이러한 사례가 대두되기도 했다.

---

86. 오제욱, 『버추얼 휴먼』(포르체, 2022), p. 60.

## 행복한 '나홀로 집에'

아날로그 세대는 단체활동을 많이 한 세대였다. 농경시대에서 산업화로 이어지면서 노동현장도 팀워크가 중요하였다. 그래서 동일한 시간대에 출퇴근을 하고, 업무 개시 이전에는 단체로 회사의 사가를 부르고, 구호를 외친 후에야 업무가 시작되었다. 점심시간에도 부서별로 식사를 하는 것이 보통이었고, 메뉴도 한 가지로 통일하는 경우가 허다했다. 업무가 끝나도 수시로 회식을 하면서 단합을 도모하는 것이 회사의 중요한 업무의 연장이었다. 이 당시에는 회사와 자신을 가족 속의 개인으로 인식하였다. 하지만 미래세대들은 이러한 처우를 폭력의 형태로 느낀다.

다음(Daum)의 송길영 부사장은 〈세상을 바꾸는 시간, 15분〉 강연에서 '혼밥'이라는 단어는 2013년도에 등장하였다가, 2018년에는 '혼O' 단어가 39개, 2020년에는 65개가 본격적으로 사용되었다는 데이터 통계를 설명했다. 혼자서 여행 가는 것을 '혼여', 혼자서 회를 먹는 것을 '혼회', 혼자서 커피를 마시는 것을 '혼커'라고 부르는 트렌드가 만들어졌다. 이전에는 혼자서는 할 수 없는 활동이었다. 이전에는 혼자서 밥을 먹는다면 사회에서 부적응하는 존재로 여겼지만, 이제는 자연스럽게 받아들여지고 있다.

## '더불어, 함께'의 신앙

영화 <미션>의 중요한 전환점은 가브리엘의 오보에 연주 장면이다. 이구아수 폭포 위의 원주민들은 목숨을 걸고 찾아온 수많은 선교사를 무참하게 학살하였다. 시간이 지날수록 희생자가 늘어나게 되자, 가브리엘은 자신이 거대한 폭포 위를 올라가서 오보에를 연주한다. 맹렬한 적개심으로 무장한 원주민들이 그를 포위하여도 그는 계속하여 연주한다. 그의 감미로운 연주에 냉혹하고 잔인하던 원주민들조차 마음의 문을 열게 된다. 그리고 가브리엘을 통하여 복음을 받아들이게 된다.

강성민 선교사는 미얀마와 태국의 국경지대 바다에서 생활하는 바다 집시인 모겐족을 섬긴다. 강 선교사의 주된 선교의 도구는 축구이다. 축구 묘기 세계 챔피언이었던 강 선교사는 바다 집시 모겐족이 사는 라오섬에 축구팀을 만들면서 복음을 전한다. 축구라는 매개를 통하여 원주민들은 쉽게 복음에 동화된다. 이는 서로 이질적인 집단 사이에 공감을 통하여 연결되는 것이 무엇보다 중요하다는 것을 알려 주는 것이다. 닫힌 이들의 마음을 여는 것은 공감대 형성이다. 공감대 형성을 통하여 코쿤의 빗장이 풀리고 서로 인격적인 만남이 가능해진다.

미래세대는 디지털 코쿤으로 온라인 공간과 메타버스 공간에 머무는 경향이 많다. 그러한 가상 공간과 접속하지 않게 하는 것은 아이들을 세상과 차단시켜 버리는 것이다. 미래세대가 가장 두려워하는 것은 스마트폰을 압수당하는 것이다. 미래세대의 부모들이 어린 시절에는 디지털 문화의 초장기를 경험했다. 컴퓨터에 PC 통신이 연결되고, 모바일 통신이 가능해지면서 이를 무분별하게 이용하다가 천문학적 액수의 사용료가 나오면서 비극적인 사건이 일어나기도 했다. 아날로그 부모들은 디지털 자녀들이 컴퓨터와 인터넷을 계속하면 경고를 하고, 이를 어기면 PC의 전선을 잘라 버리곤 하였다. 이러한 상황 속에 자라난 세대의 자녀들이 스마트폰 중독에 가까운 시간을 보내면, 자신들이 어린 시절에 경험한 것처럼 스마트폰을 압수한다.

하지만 기억해야 할 것은 미래세대에게는 스마트폰이 단지 전화기의 의미만 가진 것이 아니라는 사실이다. 미래세대에 스마트폰은 자신이 세계와 연결되는 통로이다. 미래세대를 향하여 "스마트폰은 너에게 어떤 의미이니?"라는 질문을 하면, "생명줄"이라는 답을 한다. 학교, 친구, 자신이 관심을 가진 모든 영역과 통하는 포털과 같은 도구이다. 미래세대는 그 스마트폰이라는 매체를 통하여 자신이 원하는 모든 세상과 연결된다. 심지어 부모라도 자기에게서 '폰압'(스마트폰 압수)을 하면 적으로 규정하고,[87] 부모와의 모든 채널을 닫아 버린다. 이로 인하여 더 깊은 코쿤의 세계 속으로 숨는다.

경남 진주의 한 교회에 설교하러 갔을 때 깜짝 놀란 적이 있었다. 교회 당의 1층이 패스트푸드점을 연상시키는 공간으로 세팅이 되어 있었기 때문이다. 그 교회는 다음세대들에게 열린 공간을 만들어 주고 싶어서, 폐점하는 패스트푸드점의 시설들을 옮겨 와서 설치했다는 것이다. 교회에서 가장 좋은 공간을 장년 세대에 맞추는 것이 아니라, 미래세대의 취향에 맞추어 설치한 것이다. 경남 진주시는 다소 전통적인 도시인데 이러한 결정을 한 것이 정말 파격적으로 보였다. 미래세대는 말을 쉽게 믿지 않고, 구체적인 증거들을 원한다. 미래세대의 문화가

---

87. 김대진, 『청소년 스마트폰 디톡스』(생각속의집, 2020), p. 23.

기성세대에게는 생소해 보이더라도 그들의 문화를 인정하고, 어느 정도 수용할 때에 깊은 공감이 쌓인다. 미래세대들이 좋아하는 콘텐츠를 자기의 기준으로 비판하고 평가절하하는 것이 아니라, 그들과 공유할 때 비로소 접점이 만들어진다. 가정이나 교회에서나, 그 어떤 공동체에서든지 미래세대의 문화가 이질적인 것으로 여겨지지 않을 때 미래세대는 안정감을 얻고, 계속 머물 수 있기 때문이다. 그러한 기초 가운데에서 진정한 교육이 시작될 수 있다.

모든 교육에는 절대적인 시간이 소요된다. 한 아기가 태어나서 걷기 위해서는 3,000번의 넘어짐이 있어야 가능하다. 그러므로 미래세대가 자기를 스스로 가두지 않도록 아날로그 세대는 온유와 인내로 잘 감당해야 한다. 또한 미래세대와 교감할 수 있는 장치를 마련해야 한다. 그들의 눈높이에 맞는 정서적 교감을 통해 하나가 될 수 있다.

## 5) 중독

### 가상에 머물고 싶은 사람들

영화 〈인셉션〉(2010)에서는 꿈의 세계에 머물려는 사람들의 스토리가 나온다. 각박한 현실을 떠나 자기가 원하는 삶이 있는 꿈속으로 들어가 그 속에서 머물려고 하는 이들을 보여 준다. 영화 〈매트릭스〉에서도 사이퍼는 고단하고 힘든 현실의 삶을 떠나서 기계들이 설치한 가상의 플랫폼인 매트릭스 안으로 돌아가서, 전자신호가 보내 주는 달콤한 환상을 즐기려고 한다.

"상상이 현실로 이루어지는 곳, 뭐든지 할 수 있고, 어디든 갈 수 있다. 휴가 행성에선 하와이의 몬스터 서핑을 즐길 수 있고, 피라미드에서 스키를 탈 수 있으며, 배트맨과 함께 에베레스트를 오를 수 있다. 카지노 행성에서는 얼마든지 도박을 할 수 있다. 오아시스는 뭐든지 할 수 있는 낙원이다."

<인셉션>(2010) 스틸컷    <레디 플레이어 원>(2018) 스틸컷

메타버스를 영화적 상상력으로 가장 잘 보여 주는 영화 〈레디 플레이어 원〉(2018)에서, 메타버스 플랫폼인 '오아시스'에 관한 설명이다. 가상 공간인 이 플랫폼에 들어가면 자신이 상상하는 모든 일을 할 수 있다. 캐릭터의 외모, 패션을 자기가 원하는 대로 할 수 있다. 자기의 모든 욕구를 대리만족할 수 있는 메타버스 플랫폼이 발달하면서 이미 현실에 머무는 시간보다 메타버스에서 머무는 시간이 점점 많아지고 있다. 현실의 높고 견고한 담을 경험한 세대들이 '이생망'(이번 생은 망했다)을 외친다.

그리고 그들이 꿈꾸는 것은 지금 세상과는 완전히 다른 '다음 세상'을 원하지만, 이는 불가능한 일이다. '다음 세상'은 불가능하지만, 메타버스가 제공하는 '다른 세상'은 충분히 가능하다. 현실의 상황과는 완전히 다른 삶을 살 수 있는 '다른 세상'인 '가상 공간'에서 계속하여 머물기를 원하는 것이다.

## 중독 속으로

중독이란 '가운데 중'(中)과 '독 독'(毒)을 사용하여 '독 가운데에 빠져 헤어 나오지 못하는 상태'를 뜻한다. 영어로 중독은 'addiction'이라고 하는데, 이는 라틴어 'Addico'에서 유래했다. 이 라틴어는 '할애하다' '바치다' '헌신하다'의 의미이다. 이는 자기가 재정, 시간, 에너지를 과도하게 중독의 대상에 집중하고 쏟아붓는 것을 의미한다.[88] 우리는 매년 81,500번씩, 혹은 잠에서 깨어 있는 동안 4.3분에 한 번씩 스마트폰을 확인한다.[89] 스마트폰 알람으로 아침을 시작하고, 내비게이션을 보며 출근하고, 스트리밍으로 음악 감상을 하며 출근한다. 업무 시간에 하는 연락, 업무 처리도 스마트폰으로 하며, 점심시간에 먹을 메뉴도 검색한다. 퇴근 이후에 즐길 문화공연을 찾아 예약하고, 나의 일상을 SNS에 올린다. 퇴근해서는 인공지능이 추천해 주는 콘텐츠들을 보며 저녁 식사를 하고, 잠들기까지 함께한다.

중독은 크게 물질중독과 행위중독(관계중독)으로 분류된다. 물질중독은 우리 인체 내부에 물질이 투여되어 기분이나 행동에 영향을 미치는 것을

---

88. 김상철 외, 『중독 A to Z』(Next세대, 2019), p. 19.
89. 토니 라인키, 『스마트폰, 일상이 예배가 되다』, 오현미 역, (CH북스, 2020), p. 45.

말한다. 알코올, 마약, 부탄가스, 니코틴, 카페인 등을 투여하여 만족을 추구하는 중독이다. 행위중독이란 행위로 인체 호르몬의 변화를 일으키는 과정을 의미한다. 도박, 인터넷, 스마트폰, 성, 종교 등의 반복적인 행동으로 인한 만족을 얻으려는 것이다. 최근에 미래세대들은 이러한 중독 외에 또 다른 중독의 위협에 놓인다. 애덤 알터의 『멈추지 못하는 사람들』에서는 이외에 또 다른 현대적 중독들에 대하여 설명한다.

① **목표 중독:** 아날로그 세대에게 목표는 대부분 생존과 관련된 것이었다. 생존을 위한 식량 준비와 취업을 위한 최대한의 능력치를 정비하는 것이었다. 디지털 문화가 발달하면서 사람들은 생존이 아닌, 자기만족을 위한 목표들을 웨어러블 기기들을 통하여 세우고 추구한다. 운동의 기록 단축, 경쟁자들보다 우월한 기록, 자기 신기록 돌파에 대한 중독을 갖는다. 이를 해결하기 위하여 목표 대신 체계를 세우고 살아가는 것이 현명한 선택이다.

② **피드백 중독:** 2008년 페이스북 웹 개발팀은 당시 2억 명의 가입자를 대상으로 '좋아요' 기능을 추가했다. 이 버튼은 페이스북 이용자들의 심리에 엄청난 변화를 불러일으켰다. '좋아요' 누르기는 온라인 친구들을 심정적으로 응원하는 예의처럼 변화되었다. 하지만 이 버튼 하나가 표시되지 않으면, 자기의 글이나 사진이 인정을 받지 못하며 자기의 존재가 부정당하는 것처럼 느끼게 되었다. 그로 인하여 항상 타인의 인정을 의식하면서 그것에 묶이는 중독에 빠지게 되었다.

③ **미결 중독:** 마무리하지 못한 체험을 안겨 끊이지 않도록 하는 알고리즘

을 활용하여, 사용자가 지속적으로 활동하게 하는 장치다. 2008년 넷플릭스가 스트리밍 서비스를 시작하면서, 사용자들은 몰아보기를 시작했다. 2012년부터 넷플릭스에서는 새로운 몰아보기 신드롬을 일으킨다. 한꺼번에 시즌드라마를 시청할 수 있는 시리즈를 시작한 것이다. 한 번에 6회차, 10회차의 시리즈를 연속하여 시청할 수 있게 하자, 시청자들의 집중 몰아보기가 급격히 상승했다. 드라마의 끝을 궁금하게 하여 다음 회차를 그 즉시 볼 수 있게 한 것이다. 넷플릭스의 6부작 드라마 〈킹덤〉 시즌 1을 시청하면서 어떤 드라마인지 1부만 보려고 했는데, 정신 차리고 보니 6시간이 지났다. 매회의 끝이 너무 긴박하게 끝나기에 다음 화를 자동으로 틀 수밖에 없는 구조였다. 이처럼 다음을 궁금하게 하여 지속적으로 연결되게 하는 중독이다.

④ **관계 중독:** 온라인을 통하여 대인 관계를 이어 가는 과정은 깊은 중독성이 있다. 더 많은 사람을 만나 그들로부터 인정을 받고 싶어 한다. 디지털 세상은 자기가 원하면 그 어떤 이들과도 연결이 가능하여 그러한 욕망을 무제한적으로 허용하기에 더 많은 사람과 연결되려는 중독을 보인다.

이외에는 초보자들이 도박이나 게임에 흥미를 느끼게 하여 빠지게 하는 '향상 중독', 하나의 게임을 마치면 좀 더 높은 단계로 도전하게 하는 '난이도 중독'이 있다.

## 중독의 반대는 '관계'

중독의 반대에 대하여 저널리스트 요한 하리는 이렇게 정의한다.
"중독의 반대는 단지 맑은 정신이 아니라, 관계이다."[90]
중독은 잘못된 관계에서 비롯된다. 중독의 문제를 해결하기 위해서는
올바른 관계로 이어져야 한다. 그러므로 중독의 문제를 해결하기 위해
서는 하나님, 이웃, 자기 자신과 올바른 관계를 맺어야 한다.

## 태양을 본 사람은 촛불에 흔들리지 않는다

"태양을 본 사람은 촛불에 만족하지 않는다."
태양의 눈부신 광채를 경험한 사람은 촛불의 유혹에 현혹되지 않는다.
하나님의 압도적인 임재를 경험할 때 모든 중독으로부터 비로소 자유
하게 된다. 그러므로 미래세대들이 중독으로부터 자유하도록 하나님
과의 올바른 관계를 가질 수 있게 모든 역량을 총동원해야 한다. 재미
있는 프로그램을 통하여 학생들을 교회로 많이 모으는 것도 복음을 전
하기 위하여 정말 필요한 일이다. 하지만 하나님과의 인격적인 만남을
통하여 하나님을 경험하도록 하는 일을 핵심가치로 알고 사역을 진행
해야 한다.

## 진짜 사랑이 가짜 사랑을 이긴다

깊은 고민을 가진 한 청년이 상담을 요청했다. 누가 봐도 착실하고 교

---

90. 김상철 외, 『중독 A to Z』 (Next세대, 2019), p. 41.

회도 열심히 다니는 신실한 청년이었다. 하지만 그에게는 심각한 고민이 있었는데, 그것은 불건전한 영상에 중독되어 있는 것이었다. 다양한 방법을 사용했지만 그 문제를 해결하지 못하였다. 그로 인한 죄책감으로 좌절감이 가득했다. 그런데 그 청년에게 한 선배가 여자친구를 소개해 주겠다고 했다. 그래서 자신의 솔직한 상황을 고백했다. 자기에게는 그러한 중독이 있는데 여자친구를 소개받는 것은 올바른 게 아닐 것이라고 고백을 했다. 그때 그 선배는 이렇게 대답을 했다.
"너는 지금 가짜 사랑을 추구하고 있구나. 진짜 사랑을 만나면 그 문제가 해결될 거야."[91]

## 다중지능을 발견하라

이러한 중독에서 벗어나려면 디지털 문화에서 벗어날 수 있는 시간과 기회를 늘려야 한다. 학생들과 청년들을 디지털 세상에 가두어 두지 않고, 현실세계와 자연을 자주 만나도록 해야 한다. 하워드 가드너는 하버드대학교 교육심리학과, 보스턴의과대학의 신경학 교수이다. 그는 다중지능이론(Multiple Intelligence)의 창시자이다. 그는 사람마다 여덟 가지의 다중 재능이 있는데, 이를 발견하고 개발하기 위해서는 아날로그와 자연을 만나는 것이 반드시 필요하다고 강조한다.

① **언어지능:** 아이들의 재잘거림에 응답해 주며 책 읽는 습관을 키운다.
② **논리수학지능:** 아이와 함께 숫자와 논리에 관련된 놀이로 흥미와

---

91. 김상철 외, 『중독 A to Z』 (Next세대, 2019), p. 53.

관심을 높인다.

③ **음악지능:** 디지털 기계음을 차단하고, 사람의 노래, 악기음, 자연의 소리를 듣는다.

④ **공간지능:** 퍼즐과 레고놀이, 종이와 벽돌로 조형물 만들기를 함께한다.

⑤ **신체운동지능:** 놀이터와 운동장에서 뛰놀고, 스포츠 같은 활동 동아리를 한다.

⑥ **인간친화지능:** 항상 부모의 충분한 사랑을 표현하고, 다양한 만남을 가진다.

⑦ **자기성찰지능:** 홀로 독서하고, 산책이나 묵상을 하며, 일기를 쓰는 시간을 가진다.

⑧ **자연친화지능:** 산, 들, 계곡, 바다에서 자연을 체감하는 시간을 가진다.[92]

## 망고의 추억

"망고 타임!"

이 한마디는 깊은 잠에 빠진 나를 벌떡 일어서게 만든 강력한 구호였다. 호주 시드니의 신선한 삼림의 공기를 마시면서 베어 먹는 망고는 전날의 피로를 씻어 버리기에 충분했다. 이 망고는 내가 호주에서 체류하는 동안 숙소를 제공해 주신 오철성 집사님과 채소 시장에 가서 구입한 것이었다. 달콤하다는 말로는 결코 표현하기 힘든 망고를 먹으

---

92. 이정주, 『스마트폰 중독 이기는 아날로그 교육』 (중앙위즈, 2014), pp. 107-127.

면서 시작하는 아침은 호주에서의 20일을 천국과 같은 기쁨으로 가득 채워 주었다. 호주에서의 모든 일정을 마치고 귀국하게 되면서, 더 망고를 먹지 못한다는 사실이 너무나 아쉽게 느껴졌다. 나는 호주에서 출발하는 저녁 비행기를 타고서 다음 날 아침 한국에 도착하였다. 공항에 내리면서 온몸에는 금단 증세가 나타나기 시작하였다. 그것은 온몸에 빨리 망고를 투입하라는 신호였다. 다른 무엇이라도 속을 채우려고 편의점에 들른 순간 놀라운 일을 목격하였다. 편의점에 '망고주스'가 출시되어 진열되어 있었던 것이다. 너무도 반가워서 값을 치르고 망고주스를 단숨에 들이켰다. 그러나 망고주스를 들이켜는 순간, 그것을 목구멍으로 넘길 수 없었다. 당황하여 망고주스의 영양성분 함량표를 확인하고는 그 이유를 알게 되었다. 그 망고주스는 망고 원액을 주스로 만든 것이 아니라 '망고향 함유 5%'였기 때문이다. 다른 이들은 망고주스를 맛있게 먹고 있었지만, 그 망고주스를 도무지 마실 수가 없었다. 생생한 망고의 참맛을 알고 있기 때문이었다.

진짜를 먹어 본 사람은 가짜에 만족하지 않는다. 진짜 기쁨을 체험한 사람은 가짜 기쁨에 흔들리지 않는다. 하나님의 영광을 진심으로 체험한 사람은 이 세상이 주는 그 어떤 것에 만족하지 않는다. 사람들이 술과 담배에서 벗어나지 못하는 것은 참된 기쁨을 알지 못하기 때문이다. 하나님의 은혜를 깊이 체험하면 세상이 줄 수 없는 참된 평안을 얻게 된다. 그 기쁨을 체험한 사람은 그 어떤 대가를 지불하고서라도 다시 누리기를 원한다. 중독은 결국 하나님을 잃어버린 영혼들의 결말을 보여 주는 것이다. 그러므로 진정한 만족이신 하나님과 연결되는 것, 그것이 중독을 이기는 진정한, 유일한 해답이다.

# 6) 에너자이저

## 오징어 게임 vs 페이스북

한국 콘텐츠의 신기원을 이룩한 〈오징어 게임〉은 엄청난 성과를 기록했다. 블룸버그 통신은 2021년 10월 넷플릭스의 내부 문건을 입수해 〈오징어 게임〉이 9억 달러, 한화로 약 1조 2400억 원 이상의 수익을 올렸다고 보도했다. 이에 〈기묘한 이야기〉와 〈더 크라운〉 등의 회당 투자비가 각각 800만 달러, 1,000만 달러인 점을 감안하면 수익성 측면에서 매우 효율적이라는 평가가 나오기도 했다. 넷플릭스 공식 집계에 따르면 〈오징어 게임〉은 공개 후 28일 동안 누적 시청 시간 16억 5,045만 시간을 기록하며 넷플릭스 역사상 최고치를 기록했다. 이는 연 단위로 환산하면 18만 8,000년에 달한다. 이는 넷플릭스의 최고 히트 작품인 〈기묘한 이야기〉 시즌 4의 13억 5,209만 시간과도 약 3만 시간 이상 차이 나는 수준이다. 94개국에서 53일간 1위를 하여 최장 기록을 가지고 있다. 골든글러브·SAG·CCA에 이어 에미상에서 아시아 최초의 감독상과 연기상을 쟁취하며 전 세계의 상을 쓸어 담았다.

〈오징어 게임〉이 이렇게 신드롬을 넘어서는 흥행을 기록한 것에는, 시청 이후에도 시청자들을 〈오징어 게임〉 속으로 들어오게 하였던 것이 주효했다. 〈오징어 게임〉이 전 세계 사람들에게 인기를 얻어 가는 과정에서, 이 드라마에 나오는 다양한 게임을 직접 체험할 수 있는 부스를 설치하여 큰 인기를 끌었다. 넷플릭스의 회장도 오징어 게임 참가자들의 옷을 입고 이 프로그램에 참여하였다. 〈오징어 게임〉을 흉내 내어 게임들을 진행하는 퍼포먼스도 있었다. 이러한 놀이 활동을 직접 체험하면서 더욱 큰 인기를 얻게 되었다. 하나의 콘텐츠가 폭발적인 이슈가 되려면 그 콘텐츠를 무한 반복 재생산하는 놀이에 기초해야 한다. 소비자들이 자발적이고 적극적인 의지로 참여할 때에 비로소 효과를 볼 수 있다.

페이스북이 메타버스에서 주도권을 잡기 위하여 엄청난 투자를 하였다. 회사의 이름을 페이스북에서 '메타'로 바꾸고 막대한 재정을 쏟아부었다. 그럼에도 메타는 고전을 면치 못하고 있다. 메타버스는 게임을 바탕으로 사용자가 주도할 때에 경쟁력을 갖출 수 있다. 메타는 아직 그 기반을 마련하지 못했기 때문이다.

## 호모 루덴스(놀이하는 인간)

네덜란드의 역사학자 요한 하위징아는 사람을 '호모 루덴스'(놀이를 하는 존재)로 정의했다. 인간의 본원적인 특성은 사유나 노동이 아니라 놀이라는 것이다.[93] 인간은 특정한 정보를 주입받는 것보다, 놀이를 통하여 더 많은 정보와 지식을 체득하게 되었다. 유희와 놀이를 바탕으로 문화와 역사를 빚어 왔다.[94] 놀이와 교육이 결합할 때에 더욱 효과적이고 교육적인 효과를 거둘 수 있다. 프랑스의 최고 지성 작가인 미셸 투르니에는 유명한 유머를 던졌다. "일은 인간의 본성에 맞지 않는다. 하면 피곤해지는 게 그

---

93. 허두영, 『요즘 것들』 (사이다, 2018), p. 191.
94. 이민영, 『젊은 꼰대가 온다』 (크레타, 2022), p. 233.

증거다." 사람은 놀이를 할 때 활력이 생기고 에너지를 얻는다. 핀란드 교
육혁명의 기초는 놀이에 있다.

## 게임으로 만나는 메타버스

고신대학교에서 '메타버스 수업'을 진행하면서, 성새롬 강사님을 초청
하여 '산업현장에서 활용되는 메타버스'에 대한 실습을 진행하였다. 학생
들이 직접 아바타를 만드는 시간을 가지고, 현대자동차를 메타버스 공간
에서 방문하였다. 현대자동차에서 아이오닉 전기 자동차를 출시하면서
메타버스에서 홍보를 적극적으로 하였기 때문이다. 학생들은 직접 자동
차 전시장에 가지 않더라도 메타버스 공간에서 신차를 만날 수 있었다.
아바타로 접속한 고객은 자신이 원하는 색깔의 자동차에 탑승하고, 주행
할 공간도 자신이 선택하여 직접 체험을 하였다. 이론 수업을 듣던 학생
들은 상당히 소극적이었지만, 직접 참여할 때에는 학습 효과가 급속히 상
승하는 것을 경험하였다. 스마트폰을 들고 강사님의 제안대로 각자의 아
바타를 만들 때는 자기 자신을 꾸며 가는 기쁨이 터져 나옴을 느낄 수 있
었다. 강사님이 미션을 부여하고, 우승자에게는 치킨을 쏘겠다는 말에 학

생들은 전투적인 자세로 임하면서 강의실에 엄청난 에너지가 넘쳐흘렀다. 이처럼 미래세대는 이론과 정보를 단지 듣고 보는 것이 아니라, 본인이 직접 움직이고 활동할 때에 더욱 강력한 동기 부여를 얻는다. 놀이를 통한 움직이는 활동이 미래세대에게는 더욱 적합하다.

## 게임으로 친밀해지는 컴퓨터

디지털의 1변곡점에서 컴퓨터가 신속하게 보급되고, 컴퓨터를 익숙하게 다룰 수 있게 하는 데에 컴퓨터 게임이 아주 중요한 역할을 하였다. 나는 컴퓨터를 처음 배울 때 컴퓨터 학원에 다녔다. 학원에서는 컴퓨터를 처음 배우는 사람은 컴퓨터와 친해지는 것이 중요하다면서 컴퓨터 게임을 권유하였다. '벽돌 깨기' '테트리스' '페르시아의 왕자' '지뢰 찾기' 같은 초창기 컴퓨터 게임을 하면서 입문한 사람들은 컴퓨터를 통한 디지털 세상의 문턱이 낮다고 느꼈다. 그 당시 내가 가장 좋아했던 게임은 모터사이클 경주 게임이었다. 그 게임은 방향키만 누르기만 하는 아주 단순한 게임이었지만 중독성이 아주 강하였다. 나는 학원의 허락을 받고서는 플로피 디스크에 게임을 담아서 집에 가져갔다. 배운 대로 복사된 게임을 집에 있는 컴퓨터에 저장하였다. 놀랍게도 배운 대로 명령어를 입력하니 작동이 되었다. 기계와는 그렇게 친하지 않았던 나는 그 광경이 너무도 신기하여 뿌듯함을 느끼면서 게임에 열중했다. 그렇게 게임을 하면서 컴퓨터와 더욱 가까워지게 되었다.

## NIE 수업으로 진행하는 성경 수업

내가 교목으로 사역한 고등학교는 남고, 중학교는 남녀공학이었다. 그 당시 고등학교는 약 13% 정도, 중학교는 17% 정도의 학생들이 교회를 다니는 상황이었다. 그러한 이유로 매주 한 번씩 진행되는 성경 수업과 채플은 만만치 않은 상황이었다. 여러 번의 시행착오 끝에 일방적이고 주입식 위주의 수동적 수업 대신 학생들이 적극적·능동적으로 참여하는 방식을 고안하고 시도했다.

신문을 활용한 NIE 수업은, 남녀 중학생, 고등학생을 막론하고 학생들이 즐겁게 참여하는 프로그램이었다. 먼저 '다윗과 골리앗' 스토리를 설명한다. 그리고 이 스토리를 영화로 만든다고 했을 때 영화의 포스터를 제작하는 것을 모둠별로 진행한다. 당시는 한 반의 학생들의 숫자가 40여 명이었다. 4명씩 10개 조를 나누고, 모둠별로 영화 포스터를 만들게 하는데, 가장 좋은 포스터를 만드는 조에게는 매점 상품권으로 시상했다. 이것이 동기 부여가 되어 학생들은 수업에 즐겁게 참여한다. 입시 위주의 교육 방식에 익숙해진 학생들은 마치 사막에서 오아시스를 만난 듯한 행복한 시간이었다고 이야기했다.

여중 학생들의 NIE      남중 학생들의 NIE      남고 학생들의 NIE

이 수업을 진행하기 위해 필요한 물품들은 사전에 준비를 하고, 잘 만드는 조에게는 특별한 상품을 걸고 진행한다. 이러한 수업 진행방식은 성경에 관심 없는 일반 학생들도 활기차게 집중하여 참여하게 한다. 학생들에게 준비물을 가져오라고 해도 준비하지 않는 학생들이 많기에 미리 준비해야 했다. 몇 주간 동안 학교의 여러 사무실에서 읽고 남은 신문들을 수집했다. 그리고 각 조 숫자만큼의 가위, 칼, 풀, 작업용지를 미리 구입하여 준비했다. 영화 포스터 샘플을 보여 주기 위해 주변 시내의 극장들을 돌면서 다양한 영화 소개 전단지도 확보했다. 이러한 준비물들을 백팩에 담아서 준비하면, 학생들은 자기들을 위한 성의에 깊이 감사하며 수업에 더욱 집중해서 참여하게 된다. 그렇다. 진심이 사람을 바꾼다. 수업에 대한 진지한 열정과 준비하지 못한 학생들을 배려하는 마음이 비기독교인 학생들의 마음도 열게 된다. 영화 포스터를 만들기 위하여 다윗과 골리앗의 스토리를 계속 언급하면서 작업을 해야 했다. 이로 인하여 학생들에게는 성경의 사건을 더욱 깊이 이해하는 계기가 되었다. 저마다 특이한 관점에서 만들어진 포스터들은 교목실에 부착하여, 별점 투표를 통해 가장 많은 별점을 받은 조에게는 별도의 시상을 하였다.

많은 교회의 프로그램이 수동적이며 정적이다. 그로 인하여 남학생들이 위축되는 경우가 많다. 교회에 오는 남학생들은 조용히 있어야 하고, 얌전히 예배를 드리도록 강요받기 일쑤이다. 매너리즘에 익숙해져서 이전의 방식대로 구태의연하게 준비하면 심각한 데미지를 입게 된다. 학생들이 수동적으로 참여하는 프로그램이 아니라, 적극적인 활동이 가능한 프로그램들을 준비하는 것이 필요하다.

# 기 독취추

## 진짜 1인 1주문

'사과 주스, 딸기 주스, 딸기 스무
디, 블루베리 스무디, 복숭아 아이스
티, 키위 주스, 아메리카노, 카페라
테, 초코라테, 카라멜마키아토….'

내가 섬기는 교회의 중고등부 학
생들과 미팅을 하면서, 각자 마실 음
료수를 주문하라고 하였다. 학생들

| | |
|---|---|
| 사과 | 1 |
| 딸기 | 1 |
| 초코 쿠키 | 1 |
| 딸기 스무디 | 1 |
| 블루베리 스무디 | 1 |
| 복숭아 아이스티 | 1 |
| 키위쥬스 | 1 |
| 아메리카노 HOT | 1 |
| 카페라떼 HOT | 1 |
| 초코라떼 HOT | 1 |
| 카라멜 마끼아또 HOT | 1 |
| 아메리카노 ICE | 1 |
| 시나몬 초코 | 1 |
| 통 망고 | 2 |

이 저마다 주문한 메모지를 보고는 깜짝 놀랐다. 학생들이 각기 다른 음
료수를 주문했기 때문이었다. 아날로그 세대들은 이런 경우에 메뉴를 통
일한다. 식당이나 카페에서 자기 메뉴를 고집하지 않는다. 괜히 번거롭기
도 하고, 같은 메뉴를 주문하면 빨리 나올 것이라는 생각 때문이다. 같은
메뉴를 주문하지 않고 자기만 특별한 메뉴를 주문하면, 다른 이들로부터
불편한 시선을 받게 된다. 하지만 미래세대들은 자기의 취향을 감추지 않
고, 다른 이들의 취향에 자기를 맞추려고도 하지 않는다. 자기의 의사를
확고하게 주장한다.

미래세대는 음식을 먹는 취향에 탕수육에 소스를 부어 먹는지 혹은 찍
어 먹는지(부먹vs찍먹) 분명하게 자기의 의사를 표명한다. 입안에 화한 느
낌이 강하게 남는 민트 맛을 즐기는 민초단(민트초코단)과 민트초코는 '치약
맛'이라며 치약 맛 음식을 왜 먹는지 이해하지 못하는 반민초단이 있다.

그러나 식품업계는 이러한 민초단 고객들을 잡는 데에 진심을 보인다. 단순한 제품 출시를 넘어 민트초코를 사랑하는 민초단 고객을 충성심 높은 팬층으로 확보하기에 앞장서는 브랜드도 있다. 그리고 "혹시 민초단인가요?"와 같은 물음이 하나의 밈으로 사용되어 같은 민초단끼리 소속감을 느끼기도 한다.

## 평균의 실종시대

아날로그 시대에서는 '평균'이라는 개념이 있었지만 코로나 팬데믹 이후에 평균이라는 개념이 급속히 사라지고 있다. 아날로그 시대에는 평균점수, 평균나이, 평균학력, 평균재산, 평균소득, 평균체중이 묵시적으로 존재했다. 그런데 디지털 문화로 급속히 전환되는 시대에는 '국룰'(일반적으로 받아들여지는 인지) 대신에 각 개인의 개성을 추구하는 나노사회로 전환된다.[95] 산업화가 절정을 이루던 1980년에 출간된 엘빈 토플러의 『제3의 물결』에서는 산업화의 특징을 '조직화, 표준화, 전문화, 분업화, 중앙집권화'로 규정하였다. 이를 위해서 정해진 시간에 공장에 나와서 각자의 역할을 충실히 수행하여 제품을 생산하였다. 그런데 정보화 사회가 되면 지식근로자들이 자기 집에서 컴퓨터와 통신장비를 활용하여 새로운 네트워크를 만들 수 있다고 예견하였다.[96] 그의 탁월한 예견은 21세기 들어서면서 조금씩 등장하다가 코로나 팬데믹으로 인한 사회적 거리두기로 말미암아

---

95. 김난도 외, 『트렌드 코리아 2023』 (미래의창, 2022), p. 144.
96. 김용섭, 『언컨택트』 (퍼블리온, 2020), p. 103.

이제는 보편화가 되었다. 비단 기업만이 아니라 교육과 종교 활동 역시 비대면으로 진행되면서, 스스로 실내에 머무는 문화는 일상이 되었다.

아날로그 세대는 이러한 언택트 문화에 어려움을 겪었지만, 미래세대는 오히려 환영하였다. 아날로그 세대는 교회에 출석하여 예배드려야 예배를 드린 느낌을 받고, 직장에 출근을 하고 서로가 모여서 일하는 것이 효과적이라고 생각한다. 하지만 언택트 시대, 미래세대에게 익숙한 재택근무가 오히려 생산성을 높인다는 결과를 얻기도 했다.

## 교회교육의 적용

### 그들이 먼저 말하게 하라

내가 섬기는 교회의 경찬이는 아주 개성이 강한 아이였다. 어릴 때부터 고등학교 3학년이 되는 지금까지 자신만의 독특한 성벽을 쌓고 있어서 다른 이들은 접근조차 어려웠다. 그런 경찬이가 중고등부 모임을 위하여 이동하는데, 나에게 다가와서는 폭풍 말 잔치를 쏟아 내었다.

"전에 추천해 드린 '격기 3반' 보셨어요?"

"아… 내가 좀 바빠서. 아직…."

"그럼, 이 부분이 제일 임팩트 있는 부분인데요. 라운드94, 제로섬 2회 차인데요."

"오… 이거 임팩트 있는데? 집회설교 할 때 인용해야겠다."

"오, 그 정도인가요?"

"주인공이 흑화를 하게 되는데… 근데 이 작가는요, 완전 헬창인데요.

그림을 그리는 것보다 쇠질에 더 진심이에요. 독자들이 쇠질할 시간에 그림 그리라 아우성이에요."

"아, '외모지상주의' 넷플릭스에서 볼 수 있어요."

"그건 나도 잠시 봤어. 애니로 나오더만."

"근데 원작에 비하면 분위기가 좀 그렇더라고요."

평소에는 묵언 수행을 하는 것 같던 경찬이가 이렇게 와글와글 쏟아 내는 것을 듣기만 해도 참 행복했다. 한 달 전에 경찬이를 따로 만났는데, 내가 경찬이의 집으로 차를 타고 가서 '모셔' 와서는 식사와 과일 빙수를 같이 먹으면서 경찬이의 관심사를 공략해 이슈가 될 만한 것들을 집중적으로 던졌다. 잠깐 시간이 지나고 경찬이가 말을 하는데, 댐이 터지듯이 온갖 종류의 말이 쏟아져 나왔다. 자기가 관심을 가지는 웹툰, 영화, 디자인, 아이돌, 음악, 노래, 배우에 대해서 폭포처럼 말을 쏟아 놓았다. 이전에 <어벤져스: 엔드게임>이 개봉했을 때 유튜브에서 보았던 어벤져스의 비하인드 스토리를 말해 주었는데, 눈을 반짝이며 집중하고 여러 가지 질문을 해서 내가 답을 해 주었던 때가 떠올랐다. 부모님에게도 입을 닫고 있던 아이여서 그 만남 이후에도 같은 분위기로 일관했지만 내가 말을 걸면 답을 하고, 이날은 내게 달라붙어서 온갖 자질구레한 이야기들을 쏟아 내었다.

정말 계속적으로 경험하게 되는 것은 '교육은 집어넣는 것이 아니라, 꺼내는 것'이라는 것이다. 특정한 메시지를 집어넣는 것도 필요하지만 먼저 아이들이 말하게 하는 것, 그것이 정말 중요하다. 미래세대는 각자 독특한 취향들을 가진다. 그들의 취향을 알아주고, 그것에 대해 묻고 지지하고 응원해 줄 때, 미래세대의 마음을 얻을 수 있다. 그러면 진정한 교육이 시작된다. 그들의 취향을 묵살하고 나의 생각을 강요할 때, 더 이상 연결고리를 얻기 힘들다. 때로는 번거롭기도 하고 납득하기도 어렵지만, 그 결과는 놀라운 결실로 나타나기에 진심으로 한 사람 한 사람의 취향을 존중하는 것이 필요하다.

## 8) 프로불편러

### 췌장암을 정복하라

10대 소년 잭 안드라카는 오직 인터넷만을 활용하여 췌장암 조기진단 키트를 발명했다.[97] 잭 안드라카는 13살 때 삼촌처럼 지냈던 이웃 사람이 췌장암으로 사망하자, 상실감에 빠져 인터넷에서 췌장암에 대해 조사하다가 한 가지 놀라운 사실을 알게 된다. 췌장암 환자의 85% 이상이 말기 상태에서 발견된다는 것이다. 그들 중 생존할 확률은 불과 2% 정도이다. 애플을 창시한 스티브 잡스도 결국 췌장암의 후유증으로 사망하였다. 췌장암을 진단하는 방법은 무려 60년이나 된 오래된 방법이며, 검사 비용도 800달러나 되었다. 게다가 이 검사는 췌장암 종류의 30% 이상을 감지하지 못해서 정확도도 떨어졌다. 이러한 상황을 깨달은 소년 잭은 더 좋은

---

97. 임지은, 『내 아이의 첫 미래 교육』 (미디어숲, 2021), p. 62.

진단 센서를 만드는 방법을 스스로 찾기로 했다. 한국과는 비교할 수 없는 느린 속도의 인터넷으로 검색하면서 췌장암 진단키트를 만드는 작업을 계속했다.

고등학교 생물 수업시간에 이와 관련된 논문을 몰래 읽으며 한쪽 귀로는 생물 교사의 항체에 대한 설명을 듣고 있었다. 그 순간 갑자기 잭의 머릿속에서 두 가지 개념이 합쳐져 해법의 아이디어가 떠올랐다. 잭은 아이디어를 실현하기 위해 또다시 인터넷을 이용했다. 근처의 대학에서 췌장암과 관련된 연구를 하는 200명의 교수에 메일을 보냈지만, 199통의 거절 메일을 받았다. 좌절하기 직전, 존스홉킨스대학교의 아니르반 마이트라 교수는 그를 자신의 연구실로 초청하였다. 몇 주 나오고 말 것이란 예상과 달리 잭은 7개월을 연구에 매진했다. 그리고 결국 정확도 100%의 검사 방법을 발명했다. 이 키트는 당뇨병 테스트지에 기반을 두었고, 혈액과 소변으로 간단히 췌장암 초기 진단이 가능한 센서다. 기존 방식보다 168배나 더 빠르고, 26,000배나 더 저렴하고, 400배 더 민감하다. 췌장암뿐만 아니라 폐암과 난소암도 진단할 수 있고, 심장병, 말라리아, AIDS 등의 질병에도 활용할 수 있다. 이로 인하여 15세이던 2012년에 세계 최대 청소년 과학 경진대회인 인텔 ISEF에서 대상을 수상했다. 어린 나이라 양복이 없어서 아버지의 양복을 입고 시상식에 갔던 잭은 이후 스탠퍼드대학교로 진학했고, 암세포만 죽이는 나노봇, 진단센서 프린터를 연구하고 있다. 옆집 아저씨의 죽음을 그저 슬퍼하고 지나갈 수 있었지만, 이를 불편하게 느낀 한 소년의 집념이 수많은 생명을 살리는 계기가 되었다.

## 바람을 다스리는 소년, 캄쾀바

말라위의 오지에서 태어난 윌리엄 캄쾀바는 어려운 환경에서 태어났다. 일 년에 9만 원인 학비가 없어 학교에 다닐 수 없었던 그는 공부가 너무 하고 싶어 학교 주변을 기웃거리며 '어깨너머' 공부를 했다. '도강'을 하던 그는 결국 감독관에게 붙잡혀 고향으로 쫓겨났다. 당시 말라위는 7년 동안 가뭄으로 수천 명이 사망하고 있는 최악의 건조 지역이었다. 그의 고향인 마시타라에 있는 적토는 바짝 말라서 사실상 농사로 얻는 수입은 거의 없었다. 주민들은 하루에 한 끼로 연명하고 있었다. 그는 어려움 속에서도 독학을 했다. 동네에 있는 조그만 도서관에서 책을 빌려 읽으며 학업을 이어 나갔다.

14살이 되던 2002년 그는 자신의 인생을 송두리째 바꿔 놓은 책 한 권을 만났다. 『에너지 이용』(Using Energy)이라는 초등학교 5학년 수준의 이 책을 통해 풍력발전의 원리를 공부했고, 마침내 2006년 말라위 최초의 풍차를 만들었다. 고무나무를 얼기설기 이어서 탑을 쌓고, 양철조각을 주워 날개를 달았다. 모터는 자전거 부품을 이용해 만들었다. 풍력발전기 제작에 필요한 모든 부품이 손쉽게 구할 수 있는 재활용품이었다. 말이 풍차지 모양새로 본다면 조악하기 그지없었다. 그러나 이 풍차는 아프리카 오지의 밤을 밝혔고, 땅속에서 물을 퍼 올렸다.

그는 자서전 격인 『바람을 길들인 풍차소년』에서 "풍차를 만들고 있다는 말에 모두가 웃었다. 사람들은 내가 미쳤다고 생각했다"라고 말하며 "사람들이 잘못 생각하고 있다는 것을 증명하기 위해 풍차를 성공시키고 싶었다"라고 한다. 그가 만든 풍차가 공급해 주는 전기는 마을 주민들의 생활양식을 바꿔 놓았다. 퍼 올린 물로 이모작을 했고 채소를 길렀다. 그 수입으로 주민들의 삶이 풍족해져 갔다. 그뿐만 아니라 라디오를 통해 뉴스를 듣고 음악을 즐길 수 있게 됐다. 그는 "발전기는 에너지만 준 것이 아니라 그 자체가 '자유'를 의미했다"라고 말한다. 풍력발전기가 입소문을 타면서 '제대로 교육을 받은 어른'들이 견학을 왔다. 풍력발전기는 이웃 동네와 이웃 나라로 퍼져 나갔다. 14살의 천재 소년이 만든 풍차는 짧은 시간에 기아와 빈곤, 질병에 시달리는 말라위 오지 주민들의 삶을 송두리째 바꿔 놓았다. 이 소식이 퍼지면서 'TED 컨퍼런스'에도 참석하고, 미국에 초청을 받아 거대한 풍차를 견학하면서 커다란 비전을 발견했다. 이후 남아프리카 요하네스버그에 있는 '아프리카 지도자 아카데미'에서 공부했다.

## 교회교육의 적용

### 나의 불편이 사명이다

사명은 크고 웅장하고 가슴을 뛰게 하는 것일 수 있다. 기도 가운데 하나님께서 거룩한 감동을 주시고 내가 살아갈 거룩한 사명으로 나를 이끄시기도 한다. 하지만 또 다른 사명의 모습도 있다. 바로 '나의 상처'와 '나의 아픔'을 통하여 부르시기도 하기 때문이다. 자신이 처한 어려운 환경과 상황으로 인해 좌절하고 절망하는 것이 아니라 이를 체험해야 하는 이들의 아픔을 알고, 이 문제를 해결하기를 소망할 때에 삶의 방향이 달라진다. 교회학교에서는 모든 것이 잘된다는 낙관적인 태

도만을 주는 것이 아니다. 모두가 존경할 정도의 큰 꿈을 갖게 하는 것
도 필요하지만 각자가 가진 불편함들, 바뀌어야 할 부분들을 함께 풀
어 내며, 이를 해결하기 위한 해법들을 함께 나누는 시간도 필요하다.
미래세대가 가진 고민과 어려움들을 취합하고, 그 분야의 전문가들을
초청하여 대안들을 함께 나누는 시간을 가지거나, 관련된 시설로 견학
을 가는 것도 미래세대에게는 엄청난 동기 부여의 기회가 될 수 있다.
아날로그 세대는 정보를 얻으려면 많은 시간이 걸렸고, 특별한 자격을
갖추어야 얻을 수 있었다. 하지만 모든 지식이 디지털로 연결되는 미
래세대에게는 본인의 의지에 따라서 얼마든지 새로운 정보를 얻고 새
로운 기술을 습득할 수 있다. 나이와 관계없이, 학업의 성취도와 관계
없이 각자의 고민들을 함께 해결할 수 있는 기회를 만들어 주는 것 또
한 정말 필요하다.

# PART 2
## 미래세대 이해: 2인칭

—

특정한 세대의 의식은 그들이 사용하던 커뮤니케이션 방식에 의하여 큰 영향을 받는다. 1970년대까지는 각 가정에 전화기가 보급되지 않았다. 그렇기에 타지로 나간 자녀가 전화기가 없는 자기 집에 연락하려면, 전화기가 있는 이웃 가정에 전화하여 소식을 전해야 했다. 1980년대에 이르러 각 가정에 전화기가 보급되기 시작했지만, 이는 온 가족의 공용 전화기였다. 가족 중의 한 사람이 전화기를 독점하면 다른 가족들은 전화기를 사용할 수 없었다.

학생들이 친구 집에 전화할 때는 예절이 필요했다. 자기 자신을 먼저 소개하고, 친구와 통화할 수 있는가를 허락받고 전화를 할 수 있었다. 대체로 각 가정의 전화기는 거실의 한가운데 있었기에 내밀한 통화를 하기는 불가능했다(이 시기에는 공중전화기로 전화하고, 잔액이 남으면 다음 사람을 위하여 수화기를 전화기 위에 올려놓는 것이 암묵적인 국룰이었다). 이 당시에 청소년들을 섬겼던 나는 교회에 새로운 학생이 왔을 때, 불신 가정의 학생들에게 전화하는 것이 여간 어려운 것이 아니었다. 1990년대 초반에 삐삐가 도입되면서 개인 대 개인의 연락이 가능해졌다. 청소년들한테까지 보급이 된 삐삐는 전화번호만 입력할 수 있었다. 그러니 삐삐의 용도는 전화해 달라고 하는 것이었다. 하지만 청소년들과 청년들은 음성 메시지함을 통하여 짧은 메시지를 남기면서 의사소통을 하기도 했다. 또 전화번호를 입력하는 기능을 활용하여 서로만 알 수 있는 암호로 의사소통하던 세대들은 숫자로 의사소통을 하였다.

'01455'　　　　　 – 빵 하나 사 오세요.
'102 102 3515'　 – 열렬히(열열이) 사모하나요?
'1472'　　　　　 – 일이 잘되고 있다(일사천리).

1990년대 중반 PCS(personal communication services)가 사용되면서 개인과 개인

의 통신은 훨씬 자유로워졌다. 특히 문자 메시지를 전하는 것이 가능해지면서, 청소년들과 청년들은 전화 통화보다는 문자 메시지를 활용하여 의사소통하는 것으로 급속히 전환되기 시작하였다. 이러한 전환기에서 기성세대들은 전화 통화를 우선시하였고, 청소년들과 청년들은 문자 메시지를 선호하면서 기성세대와 신세대의 간격이 점점 커졌다. 2007년에 스마트폰이 등장하면서 통신은 혁신을 넘어 혁명적인 변화가 이루어졌다. 페이스북과 카카오톡으로 대표되는 SNS가 활성화되면서 전화 통화 사용은 급감하게 되었다. 이러한 현상은 장년층과 노년층에도 이어지면서 디지털 문화는 신세대들의 전유물이라는 공식이 깨지게 되었다. 생물학적 나이로 인해 세대 간의 간극이 고착되는 것이 아니라, 디지털 문화를 얼마나 소화하는가에 따라 나뉘기 때문이다.

2010년에 등장한 줌과 화상 통화를 통해 화상회의, 화상교육, 화상집회가 가능해졌다. 이는 비대면 시대의 본격적인 도래를 의미하였다. 시대마다 이전과는 다른 문화를 경험하면서 의식 구조가 완전히 달라진다. 한 가정에 전화가 하나뿐이었을 때에는 그에 따른 에티켓이 존재했다. 이제 줌을 통하여 온라인 화상강의가 일상화되면 이에 따른 기준이 필요해질 것이다. 새로운 문화들을 지속적으로 접하면 새로운 세대로 분화된다. 이로 인하여 미래세대가 타인을 대하는 방식은 이전의 아날로그 세대와 완전히 달라졌다.

# 1
# 모국어, 외국어, 외계어

**스불재를 아시나요?**

"기도 없이 저지르게 된다면, 그것은 스스로 실패를 불러오는 것입니다. 그것을 요즘 세대들은 '스불재'라고 합니다. '스불재'는 '스스로 불러온 재앙'이라는 뜻입니다. 기도 없이 무엇을 계획한다면 그것은 실패를 계획하는, '스불재'입니다."

"목사님, 오늘 설교 정말 좋았고요, 특히 '스불재'가 은혜 되었어요."

행복나눔교회에서 주일 오전설교를 하고 난 이후에, 한 성도님이 문자를 보내왔다. 행복나눔교회에서는 일반 성도들뿐만 아니라 학생들과 청년들도 함께한다. 그렇기에 그들이 이해할 수 있는 언어로 한 번씩 정리해 주면 보다 효과적으로 전달할 수 있다. 『말의 트렌드』의 저자인 정유라는 "언어에도 유통기한이 있다"라고 주장한다.[98] 새로운 언어는 그 당시의 모든 상황이 축약되어서 나타나는 것이다. 신조어를 익히는 것은 새로운 시대를 이겨 내는 가장 강력한 방법이다.

## 잘못된 소통이 부른 대참사

한 배달 애플리케이션 게시판에 닭강정을 주문한 고객이 다음과 같은 후기를 남겼다.

"졸맛탱 오졌다리 오졌다 한 입 먹구 지려버림."

자신이 주로 사용하는 최신 신조어로 작성한 것이다. 이 후기를 남긴 고객은 무엇을 말하려고 한 것일까? 신조어가 난무하는 이 글은 닭강정이 정말 맛있다고 강조에 강조를 더한 것이다. 별점도 5개 만점을 준 만큼 완벽한 맛이라는 의미였다. 한 입만 먹어도 완전히 감동할 만큼 훌륭한 맛이라는 극도의 칭찬이었다.

고객이 올린 칭찬의 글을 읽고 사장님이 댓글을 달았다.

"죄송합니다. 어떠한 상황인지 모르겠지만, 요즘은 날씨가 추워서 배달이 지체되거나 배달 거리가 멀 경우 너무 식을 수 있습니다. 바로 튀긴 것이라서 양념 발린 튀김에 물기가 있을 수 있습니다. 지금과 같이 배달이 운행을 하지 않을 수도 있습니다. 대설주의보랍니다. 감기 조심하시고요."

이 댓글의 의미는 또 무엇일까? 사장님은 고객이 올린 글이 무슨 뜻인지 전혀 알지 못한다는 것을 알 수 있다. 신조어를 몰랐기 때문에, 자기의

---

98. 정유라, 『말의 트렌드』(인플루엔셜, 2022), p. 12.

느낌으로는 부정적인 의사를 올렸다고 판단했다. 그래서 사장님은 사과를 하면서 양해를 구한다는 말을 올렸다. 요즘 세대들이 말하는 신조어를 한 번만 확인하고 배워서 그에 맞는 답변을 했다면 더욱 좋은 효과를 거둘 수 있었을 것이다.

이번에는 감자탕 가게에 고객이 후기를 남겼고, 사장님이 그 후기에 댓글을 달았다. 그런데 1월 17일에 작성된 후기에 사장님은 1월 31일에 답을 했다. 이미 14일이 지났기에 스피드를 중시하는 새로운 세대들은 사장님의 댓글을 확인하지 않았을 것이다. 어쨌든 사장님은 "맛있게 먹었다"라는 고객의 말에 "맛있게 드셨다니 기분이 짱나네요"라고 대답했다. 신세대에게 맞춰 그들이 사용하는 신조어 '짱'이라는 단어를 활용하여 표현하려고 한 것인데, '짱'은 '최고'라는 단어로도 쓰이지만 '짜증난다'라는 의미로도 활용된다. 좋은 의도로 기분 좋게 반응하려는 것이 도리어 역효과를 가져오는 결과로 이어졌다.

새로운 세대들의 언어는 현재의 디지털 세대들에게만 해당되는 것이 아니다. 새로운 세대들은 기존의 질서에 대해 반감을 가지고 있고, 자기들만 알아들을 수 있는 은어를 사용하려고 하기 때문이다. 1970년대와 1980년대에도 은어들은 당시 새로운 세대들에 의해 많이 사용되었다.

- **옥떨메**: '옥상에서 떨어진 메주'로, 외모가 상당히 안 좋은 사람을 일컫는 말이다.
- **라보때**: '라면으로 보통 때운다'의 줄임말로, 라면으로 식사하는 경우가 많을 만큼 여유가 안 된다는 의미다.

- **특공대**: '특별히 공부를 못하는 머리'의 줄임말로, 공부를 못하는 이들을 뜻한다.
- **아더메치**: '아니꼽고, 더럽고, 메스껍고, 치사하다'의 줄임말이다.
- **얼큰이**: '얼굴이 큰 아이'라는 의미다.
- **귀빈**: '귀찮은 빈대'라는 뜻으로, 자꾸만 달라붙어서 돈을 축내는 사람을 뜻한다.

당시 신세대들이 이런 단어들을 사용하고 다니면, 기성세대는 그 뜻을 잘 알지 못했다. 이러한 모습을 보고 신세대들은 묘한 쾌감을 느끼며, 자기들만의 언어를 계속 생산해 냈다. 하지만 당시는 소통 방식이 아날로그여서 은어와 유행어가 만들어지고 전파되는 것이 단시간에 이루어지지 않았다. 하지만 디지털 시대에는 신조어와 유행어가 급속하게 만들어지고 퍼지게 된다. 이러한 신조어는 대체로 몇 가지 특징을 가지고 만들어진다. 청소년들과 청년들을 대상으로 사역하면서 청소년들이 즐겨 사용하는 신조어들은 다음의 장르들로 구분된다는 것을 알 수 있었다.

## 신조어 탄생 원리들

신조어를 만드는 다양한 방식이 있는데, 이를 이해하면 신조어들을 파악할 수 있다.

### ① 줄이기 — 단어들을 줄여서 만든다.

- **생선**: '생일 선물'을 뜻한다.

- **비담**: '비주얼 담당'을 뜻한다.

② **합성어(하이브리드)** — 서로 다른 두 단어를 활용하여 새로운 의미를 만든다.

- **치믈리에[99]**: '치킨 + 소믈리에'로, 치킨의 맛을 감별하는 특별한 능력을 가진 사람을 의미한다.

- **팩트폭력**: 사실을 의미하는 '팩트'와 정곡을 찌른다는 의미의 '폭력'이 결합되어 사실로 상대에게 타격을 준다는 의미다.

- **호캉스**: '호텔 + 바캉스'로, 호텔에서 바캉스를 즐긴다는 의미다.

③ **접두사** — 특정한 접두사가 사용되면서 더 깊은 의미를 전달한다.

- **개재미있다**: '개'는 'very'라는 의미다.

- **핵재미있다**: '핵'은 '압도적'이라는 의미다.

- **갓재미있다**: '갓'은 'God'이라는 최고의 의미다.

④ **초성어** — 단어의 첫 음을 따서 이를 사용하는 경우가 있다.

- **ㅇㅇ**: '응응'을 줄여서 쓴 말로 오케이라는 뜻으로 활용하는데, 주로 카카오톡이나 문자에서 사용된다.

⑤ **비틀기** — 일반적으로 사용되는 용어를 조금 다른 의미로 활용하는 경우가 있다.

- **스세권**: '스타벅스 접근이 가능한 곳'이라는 의미로, 역에 가까운 거리에 있다는 '역세권'을 활용한 것이다.

- **멍청비용**: '기회비용'을 활용한 것으로, 자기의 부주의로 비용을 더욱 많이 지불한 경우에 사용된다.

---

99. 정유라, 『말의 트렌드』(인플루엔셜, 2022), p. 44.

- **고스팅**: 유령 'ghost'와 'ing'를 결합해 연락을 받지 않고 잠수한 경우를 의미한다.

⑥ 무의미한 단어들의 결합 — 기성세대들에게는 난해한 의미로 사용된다.

- **어쩔티비**: 난처한 상황에서 자기를 방어하기 위하여, 상대방의 말문을 막기 위해 사용된다.

⑦ 문화 활용한 단어 — 현대에서 많이 경험하는 문화들을 활용한다.

- **나 2,000원 더 비싸짐**: 뼈가 없는 순살 치킨은 대체로 뼈 있는 메뉴보다 2,000원 더 비싼 것에서 유래된 것으로, 뼈 있는 말을 들으면서 자기 뼈가 사라져 버렸다는 표현으로 사용된다.

⑧ 외국어 변형 — 외국어를 한국 정서에 맞추어 재해석하여 사용한다.

- **TMI**: 'Too Much Information'으로, 과다 정보를 의미한다.
- **낫닝겐**: 영어의 부정어 'not'과 일본어의 '사람'을 의미하는 '닝겐'을 조합하여 '사람이 아니다'라는 의미로 사용된다.
- **정말 잘생겨서 낫닝겐**: 사람의 미모를 초월한 극도의 아름다움을 의미한다.
- **너무 몰인정한 것이 낫닝겐**: 최악의 인성 파괴자를 의미한다.

⑨ 유래어 — 어떤 계기가 되어 새로운 단어가 폭넓게 사용된다.

- **리즈 시절**: 외모, 인기, 실력 따위가 절정에 올라 가장 좋은 시기, 즉 전성기나 황금기를 뜻하는 말로 쓰인다. 이는 잉글랜드의 리즈 유나이티드라는 축구팀에서 유래됐다. '리즈 시절'의 주인공은 뛰어난 축구 실력, 수려한 외모로 많은 사랑을 받았던 리즈 유나이티드의 앨런 스미스이다. 2004년 맨체스터 유나이티드로 이적한 앨런 스미스에

대해 기자가 박지성 선수에게 질문하자 이렇게 답변했다. "리즈 시절에는 공을 좀 찼죠." 이것이 유래가 되어 '전성기'를 의미하게 되었다. 처음에는 축구를 좋아하는 사람들 사이에서 회자되다가 많은 사람이 사용하게 되었다.

⑩ 의태어 — 2012년에 개봉한 영화 <러브픽션>에서 남자 주인공인 하정우가 여자 주인공인 공효진에게 "사랑해"라고 고백한다. 공효진은 하정우에게 그런 식상한 표현 말고 새로운 표현을 해 달라고 했다. 한참을 고민하던 하정우의 눈에 방울토마토가 들어왔다. 이를 본 하정우는 미소를 지으며 공효진에게 고백했다. "나는 너를 방울방울해." 이 장면이 히트를 치면서 여기에서 파생된 다양한 의태어가 등장했다.

- **가을가을해**: 가을의 정취가 물씬 풍긴다.
- **아기아기해**: 아기 같은 느낌이 난다.

이러한 경우들 말고도 다양한 원리로 많은 신조어가 만들어지고 사용된다. 신조어는 당시 사회 구성원들의 공감대에서 나오는 특정 표현들이 사용된다. 그러므로 당시 상황에 가장 적절하게 표현된 신조어는 의사를 정확하게 전달할 수 있는 장점이 있다.

## 신조어를 장착하지만 조심하라

미래세대들이 주로 활용하는 신조어들을 사용하면 여러 장점이 있다. 첫째, 의사소통 측면이다. 신세대들의 언어를 알면 특정한 단어 속에 담긴 미래세대들을 이해할 수 있다. 둘째, 메시지 전달 측면이다. 학생들에게 메시지를 보낼 때 그들이 알아들을 수 있는 용어를 활용하면 더욱 효과적으로 전달할 수 있다. 외국인을 만날 때 그들의 언어로 인사하면 깊은 친근감을 줄 수 있는 것처럼 말이다.

하지만 남용하지 않도록 해야 한다. 지나치게 신조어를 남발하면 권위를 잃을 수 있음을 주의해야 한다.

# 2

# 온라인으로 충분합니다

## 놀이의 방식이 달라졌다

한 초등학생이 친구들을 집으로 데려오자, 부모님이 엄청 반갑게 맞아주었다. 요즘의 초등학생들은 친구를 집으로 데려와서는 함께 노는 일이 거의 없기 때문이다. 어머니는 자기의 아이가 대인 관계가 좋은 것이 고마워서 간식을 잔뜩 준비하여 아들 방 앞에 섰다. 그런데 방 안에서는 아이들의 소리가 들리지 않았다. 이상히 여긴 엄마는 한참 있다가 노크를 했는데 반응이 없어서 살그머니 문을 열었다. 방 안에서는 친구들과 아이가 저마다 한 자리를 차지하고서는 스마트폰으로 열심히 게임을 하고 있었다. 엄마가 간식을 준비해 왔다는 소리에 감사하다고 말하고는 다시 스마트폰 속으로 시선을 집중시켰다. 아이의 방문을 닫고 나온 어머니는 한참 방 안의 동정을 살폈지만 별다른 반응이 나오지 않았다. 몇 시간이 지나서, 친구들은 아이와 함께 나와서는 환하게 웃으면서 "잘 놀다가 갑니다. 간식 감사합니다"라고 인사를 하고서는 돌아갔다.

과학과 기술의 발달은 우리가 서로와 관계 맺는 방식을 변화시킨다.[100] 초연결사회는 인터넷과 모바일 기기들의 발달로 사람과 사물 등 모든 것이 네트워크로 연결되어 있다. 사람과 직접적인 대면 없이도 생활에 아무 지장이 없고, 타인과 교통하며 하며 살아간다.[101] 코로나 팬데믹 이후로 많은 사람이 사람들과의 접촉은 위험하다고 느꼈다. 그럼에도 사람은 사회적인 존재이기에 교통하려고 한다. 그렇기 때문에 미래세대들은 굳이 대면하지 않더라도 새로운 대인 관계를 형성한다.

## 페친이 가져다주신 '공룡알'

지난 9월에 광주에서 이틀간 집회를 하면서, 첫날 집회를 마치고 페이스북에 감사의 포스팅을 했다. 그리고 시간이 촉박하여 광주의 '궁전제과'에서 판매하는 '공룡알'을 이번에도 못 먹는 것을 안타깝게 여기며 글을 올렸다. '공룡알'은 마치 공룡의 알을 닮은 비주얼의 빵이다. 광주에 가면 늘 먹어 봐야지 했지만 결국 먹지 못했던 아쉬움이 있었다. 둘째 날 집회를 은혜 중에 마치고 나오는데, 초면인 한 선생님이 작은 봉지를 내밀었다. "목사님, 저는 목사님의 페친입니다. 공룡알을 못 드셨다 해서, 집회 오는 길에 사왔습니다." 그분은 오프라인에서 전혀 만나지 못했던 분이었다. 그

---

100. 토니 라인키, 『스마트폰, 일상이 예배가 되다』, 오현미 역, (CH북스, 2020), p. 41.
101. 김용섭, 『언컨택트』 (퍼블리온, 2020), p. 82.

런데 페이스북에서 공룡알을 못 먹었다는 포스팅을 보시고는, 나의 숙원 사업을 이루어 주셨다. 온라인의 교류가 실제의 대인 관계를 초월하는 영향력을 직접 경험하였다. '팔로워, 팔로잉, 맞팔, 구독자, 인친, 트친, 랜선 조카, 랜선이모'라는 개념이 미래세대들에게는 자연스러운 일이다.[102]

## 카카오톡으로 수업합니다

나는 고신대학교에서 메타버스 수업을 진행하면서 학생들과 소통을 할 때는 온라인으로 했다. 그런데 수업을 진행하면서 몇 차례 질문하여도 학생들이 답변을 잘 하지 않았다. 그래서 내 카카오톡 아이디를 알려 주고, 질문한 뒤 답변을 온라인으로 받았다. 놀랍게도 학생들이 아주 즐겁게 카카오톡 답장을 보내왔다. 계속 들어오는 답장으로 학생들의 의견을 하나씩 공개하면서 아주 활기찬 수업을 하게 되었다. 지금의 대학생들은 온

라인으로 인터넷 강의를 들은 세대들이고, 대학 생활도 온라인으로 해 왔기에 온라인으로 의견을 표현하는 것이 더욱 익숙함을 실제로 경험

---

102. 정유라, 『말의 트렌드』 (인플루엔셜, 2022), p. 121.

하게 되었다. 이제 미래세대들은 온라인으로 활동하는 것을 더욱 수월하게 느낀다. 행복나눔교회 주일학교에서 메타버스를 활용하여 주일학교를 했을 때 아주 특별한 현상이 있었다. 온라인을 통하여 주일학교를 하면서 주은이라는 아주 소극적인 학생이 정말 활기차게 프로그램을 감당한 것이다. 오프라인에서는 아주 소극적이었던 아이가 온라인에서는 도리어 뜨거운 열정으로 잘 적응했다.

아날로그 세대가 시험공부를 할 때는 혼자 했지만, 미래세대는 함께 공부하며 거기에 온라인을 활용한다. 디지털 문화에 익숙한 미래세대들은 각자의 공간에서 서로 공부하는 것을 독려하기 위하여 줌으로 연결하여 함께 공부하는 것이다. 줌으로 연결하여 서로 공부하는 모습을 보여 주고, 공부하는 시간과 쉬는 시간을 정해서 잠시 환기시키는 시간도 가진다. 미래세대들은 백색소음을 배경으로 여러 학생과 함께 공부할 때에 오히려 능률이 오른다고 한다. 한 대학생이 밤을 새워서 자신이 공부하는 장면을 실시간으로 유튜브에 올리면, 이를 같이 시청하면서 공부할 의욕을 불태우고는 한다. 아날로그 세대들은 시험공부를 할 때는 독서실에 가서 공부하는 것이 익숙했다. 내가 교목으로 사역할 때, 공부를 열심히 하는 학생들은 밤을 새워야 하면 자신에게 2시간 단위로 문자를 보내 달라고 요청했다. 잠을 깨기 위한 요청이었는데, 그렇게 문자 메시지를 보내면 활력을 얻었다며 감사를 표했다.

## 문자 메시지를 배워 봅시다

내가 교목으로 사역할 때 한 달에 한 번 학부모 기도회를 했다. 학생들을 위하여 함께 기도하고 난 이후에는 학부모들에게 '문자 메시지 보내기'를 강의했다.

"자녀들에게 문자 보낼 때는 전달할 내용 뒤에 반드시 '^^, ㅋㅋ, ㅎㅎ'를 붙이세요."

"굳이 왜 그런 신호를 붙여야 하나요? 장난치는 것 같은데⋯."

"이해가 안 되면 그냥 외우세요. '^^, ㅋㅋ, ㅎㅎ' 이 표식을 하지 않고 문자 보내면 자녀들은 학부모님들 기분이 언짢다고 느끼게 됩니다."

"아니, 왜요?"

"이해가 안 되면, 그냥 외우세요."

"왜 그렇게 생각할까. 이상하네."

2000년대 초반에는 학생들이 부모님에게 문자를 보내면, 부모님들은 전화를 했다. 학생들은 문자 메시지로 의사소통하는 것이 익숙하고, 부모님들은 전화하는 것이 몸에 익었기 때문이다. 이러한 현상은 그들이 청소년, 청년 시절에 경험한 소통 방식의 문화적 차이에 따른 것이다.

## 아날로그 교사, 디지털 학생

교회에서 교육을 담당하는 교사들은 대체로 아직 아날로그에 익숙한 세대들이다. 사람들은 어린 시절과 청소년 시기에 경험한 문화가 하나의 기준이 된다. 1970년대 이전만 하더라도, 어린 시절에 교육을 받았던 방식대로 후세대들에게 교육을 하는 것이 가능했다. 하지만 과학과 기술의 급속한 발달로 인하여 이제는 전혀 다른 상황이 되었다. 교육은 일단 피교육자 중심으로 진행되어야 효과적이다. 그러므로 메타버스로 대표되는 미래세대에게 일상이 된 문화를 이해하는 것은 정말 중요한 요소이다.

아날로그 세대 중에서 교사로 섬긴 이들은, 학생들이 살아가는 삶의 현장에서 만나려고 했다. 교회에서만 학생들을 만나는 것은 학생들의 신앙을 교회 안에서만의 것으로 가두는 위험성이 있었다. 그렇기에 학생들이 살아가는 삶의 현장에 교사들이 찾아가고 만나는 자체가, 학생들의 신앙과 삶을 연계시키고 신앙의 균형을 잡아 주는 특별한 섬김이 된다. 교회와 일상이 연결되는 것이 중요한 것처럼, 오프라인과 온라인의 연결은 아무리 강조해도 지나치지 않는다. 때로는 아날로그 세대가 미래세대의 소통 방식이 이해되지 않을 때가 있지만, 결국 그들의 소통 방식으로 소통해야 한다. 그것이 말씀이 육신으로 오시고, 인간들의 언어로 하나님 나라를 알려 주신 예수 그리스도의 성육신 정신을 따르는 것이다.

말씀이 육신이 되어 우리 가운데 거하시매(요 1:14).

태초부터 있는 생명의 말씀에 관하여는 우리가 들은 바요 눈으로 본 바요 자세히 보고 우리의 손으로 만진 바라(요일 1:1).

# 3

# 사이코패스 vs 소시오패스

## 조별 과제 대참사

대학교 수업에서 조별 발표는 항상 뜨거운 감자이다. 학생들의 단합을 위한 기회라고 하지만 다양한 문제가 발생하기 때문이다. 대구의 한 대학교 학생 A씨는 익명의 커뮤니티에 자신이 억울한 일을 겪었다고 사연을 올렸다.[103]

조별 과제 모임이 7시였는데 6시 30분쯤 투병 중이던 친구가 결국 고인이 됐다는 전화를 받았고, 급하게 차편을 끊어 친구의 장례식장에 달려갔다. 그러면서 그는 약속된 조별 과제 모임에 불참 사유도 알리지 않았다. 이후 A씨는 한 조원으로부터 "오늘 왜 안 오셨어요?"라는 메시지를

---

103. nate 뉴스, 2022.04.16., https://news.nate.com/view/20220416n04067/

받았다. 그는 "장례식에 온다고 급하게 차편 끊고 오느라 정신이 없었다. 내일 오후 1시 전까지 제 분량 다 채워서 드리겠다"라며 사과했다. 그러자 조원은 "그런 일이 있었다고 미리 말씀해 주시면 편하잖아요"라고 지적했다. 이에 A씨는 "갑자기 친구 장례식 오라고 연락받아서 급하게 달려갔다"라며 "제 잘못도 분명히 있지만 어떻게 장례식 갈 걸 미리 알고 말씀드리냐. 발표도 분명 5월 말로 알고 있다"라고 반박했다.

연락한 조원은 "저희가 약속한 시간이 있잖아요. 다들 기다리는데 메시지도 안 보셨다"라며 "친한 친구든 말든 간에 연락 한 번은 가능하셨잖아요"라고 따졌다. 그러자 불참한 학생은 "메시지 못 본 건 죄송하다. 근데 친한 친구 장례식이라서 이렇게 된 건데 어떻게 미리 말씀드리냐"라고 말했다. 결국 조원은 "(조별 과제) 하실 마음 없으신 것 같다. 본인 잘못도 모르시니 이름 빼겠다"라고 강수를 뒀다. 불참한 학생은 "그렇게 해라. 어이가 없다"라며 황당해했다. 그리고 자신은 문제가 없다고 생각한다며 억울함을 주장했다.

## 실패한 상담

교수에게 상담을 요청한 대학생이 약속한 시각, 교수 연구실에 도착했다. 담당 교수는 그 시간에 연구실에 없었고 5분 후에 도착했다. 하지만 학생은 이미 그곳을 떠난 상황이었고, 교수는 학생에게 연락을 취했다. 자신이 5분 늦은 것을 사과하고 상담하러 오기를 요청했지만 학생은 학교를 이미 나간 상태라서 돌아가기 어렵다고 말했다. 교수는 다시 한번 사과하면서 상담을 요청했지만, 학생은 요지부동이었다. "상담하기 위하여 1시간을 소모하며 왔고, 4분은 기다렸지만 5분은 기다릴 수 없다"라고 완강하게 말한 것이다. 이 대답에 교수는 상담 의사가 없는 것으로 알겠다는 통보 후 대화를 마무리했다.

## 출근 직전의 카카오톡

후배 사원이 선배 사원에게 출근 시간 직전에 카카오톡을 보내 왔다. 내용은 자신의 여자 친구가 몸이 아파서 병원에 데려다주느라 지각하게 됐다는 것이다. 선배는 여기에 굉장히 불쾌한 반응을 보였다. 이런 문제는 문자로 통보하는 것이 아니라, 전화로 사정을 설명해야 한다는 것이었다. 하지만 후배는 선배가 어떠한 상황인지 알지 못하기에 일단 지각하는 사유를 먼저 카카오톡으로 설명하는 게 옳다는 생각이었다. 또한 후배는 전화로 소통하는 것에 불편함을 느끼고 있었다. 문자 메시지와 카카오톡으로 의사소통을 해 왔기에 그 방식이 훨씬 편리했던 것이다.

미래세대들은 온라인과 비대면으로 의사소통하는 것이 익숙해서 '콜포비아'를 겪고 있다. 콜포비아는 전화로 음성통화를 할 때 두려움을 느낌을 의미한다.[104] 전화가 왔을 때 어떻게 소통해야 하는지를 몰라서 전화 받는 것을 주저한다는 것이다. 미래세대는 주로 비대면 SNS를 통하여 의사소통을 하기에, 직접적인 음성통화로는 어색함을 느낀다.

---

104. 김상균, 『메타버스』 (플랜비디자인, 2020), p.35.

## 공동체 훈련의 필요성

아날로그 세대는 언제나 타인을 의식하며 자라 왔다. 가정에서는 대식구가 함께 살기에 개인 방을 갖지도 못했고, 학창 시절에도 항상 단체 생활의 굴레 안에 있어야 했다. 그로 인해 다른 이들을 배려하며 살아가는 것이 당연했다. 하지만 미래세대는 항상 자기 자신이 대우받고 용납받는 분위기에서 성장하였기에 다른 이들을 의식하지 않는다. 교회학교에서는 '기독교 신앙'이란, 하나님과의 수직적인 관계와 성도 간의 수평적인 관계가 건강해야 완전한 십자가를 이룬다는 것을 가르쳐야 한다. 그러므로 지식 위주의 교육 외에 공동체 훈련으로 다른 이들을 섬기는 프로그램들을 많이 운영해야 한다. 감사한 일에 감사를 구체적으로 표현하는 방법들을 다양한 프로그램으로 익혀야 한다. 이것은 성공과 성취에 강조점을 두는 세속적인 교육법과 근본적으로 차이가 남을 선험적으로 체험하게 해야 한다.

오직 겸손한 마음으로 각각 자기보다 남을 낫게 여기고(빌 2:3).

이 말씀은 단지 암송이나 교회 안에서의 프로그램으로 남지 않고, 자신이 살아가는 생활 속에서 구체적으로 나타나도록 지속적으로 지도해야 한다.

# 4

# MBTI가
# 어떻게 되세요?

## MBTI로 직원을 뽑습니다

'저희는 MBTI를 보고 직원을 뽑아요. 외향형(E)이신 분 많은 지원 바랍니다. ENTJ, ESFJ는 지원 불가입니다.'

서울 마포구 한 카페가 최근 내건 아르바이트생 구인공고의 일부 문구다. 카페 주인 A씨는 "사람들이 많이 오가는 곳이다 보니 외향형 친구들이 일에 빨리 적응하더라"라며 "이왕이면 잘 맞는 사람끼리 모여 일하면 좋지 않겠냐"라고 말했다.

식품업체 '아워홈'은 2021년부터 공채 자기소개서에 '자신의 MBTI 유형을 소개하고, 이를 기반으로 자신의 장단점을 사례를 들어 소개하라'라는 문항을 넣기 시작했다. 전선업체 'LS전선'은 2020년부터 자기소개서

에 MBTI를 입력하도록 했다.[105]

## MBTI가 당신을 알려 준다

디지털 문화로 대인 관계를 누리는 미래세대는 온라인에서 만나는 이들을 좀 더 잘 이해하기 위하여 MBTI를 적극적으로 활용하고 있다. MBTI에 기반을 둔 공유 및 소통 활동은 페이스북 그룹, 카카오톡 오픈 채팅 등에서 쉽게 찾아볼 수 있다. MBTI가 대중적으로 폭발하게 된 계기는, 2020년 6월 13일에 방영된 MBC 예능 프로그램 〈놀면 뭐하니〉 46화였다. 당시 유재석, 이효리, 비가 함께 댄스그룹 '싹쓰리'를 결성하고 활동 중이었는데, 멤버들의 MBTI 유형이 공개되었다. 유재석은 호기심 많은 예술가인 ISFP, 이효리는 재기발랄한 활동가 ENFP, 비는 자유로운 영혼의 연예인 ESFP였다. 이 방송 이후 MBTI에 관한 관심이 폭증하면서 다양한 콘텐츠가 나타나게 되었다.

카카오톡으로 고백받았을 때 답장 유형별 반응

인간관계에서 현타 오는 유형별 반응

애인에게 "죽으라면 죽을게…"라는 말을 들었을 때 유형별 반응

손절하고 싶을 때 유형별 반응

우리 친구로 지내자 할 때 유형별 반응

---

105. 경향신문, 2022.01.07., https://www.khan.co.kr/national/national-general/article/202201272102005/

이렇게 다양한 상황에서 MBTI 유형별로 어떤 반응을 보이는가에 대한 콘텐츠를 제공하는 유튜브 채널이 인기를 끌고 있다. 'OTR' '이십세들' '에익쿠' 등이 대표적인 MBTI 관련 콘텐츠 채널이다. 이들의 콘텐츠는 'MBTI 유형별 여름나기' 'MBTI 16유형별 아침 인사' 등 모두가 공감할 수 있거나 쉽게 이입할 수 있는 일상의 주제부터 보다 심각한 주제들을 다루기도 한다. 이러한 콘텐츠에 시청자들도 댓글로 적극적인 반응을 보인다.

"인프피(INFP)는 자기 자신에게 화가 나 있어." "인프제(INFJ): 선 넘으면 끝장."[106]

## 혈액형의 추억

이전에는 혈액형별로 유형을 나누어 정체성을 확인하면서 자기를 이해하려고 했다. 처음 만나는 어색한 자리에서도 혈액형별 유형에 관해 이야기하면서 대화를 열어 가기도 했다. 각각의 혈액형을 기반으로 유형을 나눈 것은 오스트리아의 병리학자 카를 란트슈타이너가 수혈을 위해 ABO식 혈액형을 발견한 것에서 시작되었다. 그는 1930년 이 연구로 노벨상을 수상했다. 독일의 내과의사 둥게른과 폴란드의 생물학자 힐슈펠트는 이를 우생학적으로 적용하여 피의 형질에 따라 인간의 기질이 결정된다고 주장하였다. 또 1970년대 일본 방송 프로듀서인 노미 마사히코가 쓴 혈액형 성격설에 관한 책이 인기를 끌며 새로운 혈액형 성격론이 떠올랐

---

106. 이노션 인사이트그룹, 『친절한 트렌드 뒷담화 2022』 (싱긋, 2021), p. 40.

236 _ 미래세대 프로파일링

다. 하지만 이는 유사과학이라는 비판이 거세졌고, 이로 인해 영향력이 줄어들었다.

MBTI는 마이어스(Myers)와 브릭스(Briggs)가 정신분석학자인 융의 심리 유형론을 토대로 만든 성격 유형 검사 도구다. 국내에는 서강대학교 김정택 교수와 부산대학교 심혜숙 교수를 통해 1990년대에 도입되었다. 나는 2002년 MBTI 지도자 과정을 수료하고, 교목으로 섬기던 학교에서 학생들의 MBTI 유형을 나누어 진로지도에 사용하였다.

아날로그 세대들은 오프라인 공간에서 대면 활동을 주로 하였다. 여러 활동을 같이 경험하면서 상대방에 대해 이해를 할 수 있었다. 다양한 경험치가 쌓여 상대에 대한 이해를 바탕으로 대인 관계를 이어 갔다. 하지만 코로나 팬데믹 이후에는 여러 종류의 만남이 온라인으로 이어지게 되었다. 여기에 MBTI 유형은 서로를 알아 가는 시간을 절약하면서, 같은 유형이나 자신이 선호하는 유형들과 긴밀한 관계를 맺을 기회를 주었다.

## 나는 네가 친구인 줄 알았는데

2017년에 방송된 드라마 〈청춘시대〉의 등장인물 예은은 행복한 대학 생활을 보내다가 심각한 스토킹을 당한다. 오랫동안 혹독한 고통을 주었던 스토킹의 범인은 입학할 때부터 절친이었던 유경이었다. 자기보다 훨씬 불행하던 예은이 점차 회복되고 연애도 하며 주변의 사람들에게 인정받는 것을 보고 유경은 질투하게 된다. 유경의 아버지가 사망하고, 자신은 취업도 되지 않는 상황이 계속되자 예은을 공격하는 것으로 그 스트레스를 풀게 되었다. 둘의 우정은 신입생 오리엔테이션 모임에서 같은 자리에 앉았던 것을 계기로 시작되었다. 생각이 비슷한 것도 아니며, 취미도 같지 않고, 성장 배경도 달랐다. 그런데 우연히 같은 자리에 앉았고, 고등학교 졸업을 하자마자 같이 파마를 했다는 유사성으로 시작하여 대학 기간 내내 우정을 쌓아 갔다. 하지만 그 우정도 결국은 무너지고 불행한 결말을 맞게 되었다.

이처럼 오프라인에서 오랜 시간 우정을 쌓은 친구들도 갈등을 빚다가 불행한 결과로 이어질 수 있다. 서로 취향은 다르지만 같이 지내 온 시간의 두께와 추억으로 인하여 교우 관계를 억지로 유지하다 비극으로 끝나기도 한다. 그러한 이유로 MBTI 같은 성격 유형의 확실한 공통분모를 계기로 온라인에서 만나면 더욱 안정적인 대인 관계가 가능하다고 생각하는 경향이 커지고 있다.

## MBTI는 치트키가 아니다

사회적으로 명성이 있는 사람도 MBTI의 성향에 맞춰 판단하고 결정하기도 한다. MBTI가 자신을 이해하고 타인을 이해하는 데 여러모로 도움을 줄 수는 있지만, 결코 만능이 아님을 기억해야 한다. 하나님의 형상으로 지음을 받은 사람은 16가지 유형으로 나누어 설명할 만큼 단순한 존재가 아니다.

BTS의 '소우주'라는 노래에 다음과 같은 가사가 있다.

'한 사람에 하나의 역사, 한 사람에 하나의 별, 70억 개의 빛으로 빛나는 70억 가지의 world.'

우리 한 사람 한 사람이 16가지의 카테고리 중의 하나가 아니라, 각자 다르게 빛나는 별이라는 것이다. 무엇인가 되지 않아도, 무엇을 이루지 않아도 완벽하게 빛나는 존재인 것이다.

MBTI 검사는 항목에 스스로 답변을 하기 때문에 공정성과 정확도를 신뢰하기 어렵다. 대부분의 사람은 MBTI에서 구분하는 양면 중에서 한 방향으로만 치우치지 않고 두 가지 특성을 모두 가진 경우가 많다. 그렇기 때문에 이분법적으로 구분하는 것은 검사법 자체가 모순을 가지고 있음을 의미한다. 또한 상황과 조건에 따라서 이전과는 다른 결정을 할 수 있다. 이를 신봉하면 그리스 신화에 나오는 '프로크루스테스의 침대'에서 보여 주는 오류를 범할 수밖에 없다. 프로크루스테스는 집에 손님이 오면 자신이 만든 침대에 눕히고 침대보다 키가 크면 머리나 다리를 자르고, 작으면 몸을 늘려 죽였다. MBTI에 과몰입하면, 선입견을 가지고 다른 이들을 평가하게 되고 그 사람이 가지고 있는 잠재력을 놓치게 된다.

사람들을 특정한 유형으로 분류하는 것은 다양한 방식으로 존재해 왔다. '의학의 아버지'로 추앙받는 고대 그리스 의학자 히포크라테스는 인체를 하나의 작은 우주로 여겼다. 히포크라테스는 사람들의 특징을 조사하면서 당시 유행하던 우주의 4원소설(불, 공기, 물, 땅)처럼 인간의 몸도 네 가지의 다른 액체인 황담즙, 혈액, 흑담즙, 점액으로 이루어져 있다고 보았다. 그래서 이 네 가지의 균형 있는 배합 상태에 따라 신체와 정신의 건강이 결정되는 것으로 여겼다. 이를 기초로 사람들의 유형을 '담즙질, 우울질, 점액질, 다혈질'로 구분했다. 담즙질은 불안정하고 현실적이며, 다혈질은 감정적이고 열정적이며, 우울질은 슬픔에 잠기고 내성적이고, 점액질은 낙천적이고 우유부단하다고 규정한다. 이러한 구분법은 오랫동안 영향을 미쳤지만, 지금은 거의 사용하지 않는다.

우리나라에서는 사상 의학에 근거하여 인체 내부 장기의 기능에 따라, 태양인, 태음인, 소양인, 소음인으로 구분한다. 이를 바탕으로 한약을 제조할 때 각 체질에 따라 다르게 복용해야 할 것을 제안한다. 이 밖에도 별자리나 사주팔자로 사람의 특성을 말하기도 한다.

최근 기업들이 신입사원 채용 시 블라인드 테스트를 사용하는 경우가 늘어나고 있다. 특히 외국계 기업은 취업 지원자들의 국적, 학력, 성별, 나이로 인한 선입관을 최소화하기 위하여, 실무 능력만을 측정하여 채용을 결정한다.

MBTI 유형은 처음 만나는 이들의 성향을 어느 정도 이해할 수 있고, 성향에 따라서 그들을 존중하는 데 굉장히 유용하다. 하지만 스스로를 MBTI의 기준으로 한정해서는 안 된다. '의외의 재능 발견'이라는 용어처럼, 자기의 유형에서 불가능한 일들이 의외의 경우에서 터져 나올 수 있기 때문이다. 그러므로 MBTI 유형에 갇히지 않도록 유의해야 한다.

## 교회교육의 적용

### 교회는 온라인 커뮤니티가 아닌 공동체다

교회는 예수 그리스도를 중심으로 하는 은혜의 공동체다. 나와 성격이 비슷한 사람들이 모이는 온라인 커뮤니티가 아니다. 온라인 커뮤니티에서는 같은 성향을 가진 사람들이 모여, 자신들의 성향을 굳건하게 한다. 그러나 교회의 소그룹 모임은 내가 편한 사람들과 공동체를 이루어 누리는 취미클럽이 아니다. 교회는 서로 결이 다르고 상이한 이들이 서로의 다름에서 아름다움을 경험하고, 서로의 다른 요소를 통해 복된 공동체를 만들어야 할 거룩한 사명을 가지고 있다. 성향이나 취향이 다르지만, 그 다른 점들이 모여 하나의 작품을 이루어 가는 것이 교회다. 노래를 부를 때 모두 같은 멜로디를 부르는 것보다 테너, 베이스, 소프라노, 알토로 파트를 나누어 화음을 이루면 노래는 훨씬 깊어지고 감동은 커진다. 교회는 서로 이질적인 존재들이 그리스도를 머릿돌로 하여 함께 지어져 가는 건물임을 기억해야 한다.

너희도 성령 안에서 하나님이 거하실 처소가 되기 위하여 그리스도 예수 안에서 함께 지어져 가느니라(엡 2:22).

교회교육을 진행하는 과정에서 MBTI는 다양한 장점을 발휘할 수 있다. 교사들과 학생들이 서로를 잘 이해하며 서로 긴밀한 교제를 나누게 할 수 있다. 그로 인하여 오해를 줄일 수 있고 같은 유형 간의 긴밀한 교제를 유도할 수 있다. 또한, 각자의 성향에 더욱 적합한 사역을 맡기는 데에도 아주 요긴하게 사용될 수 있다. 하지만 MBTI로 미처 측정하지 못하는 또 다른 깊은 요소들이 각 개인에게 있음을 염두에 두고 지도해야 할 것이다.

# 5

# 썸, 삼퀸다

**내 거인 듯 내 거 아닌**

"내 거인 듯 내 거 아닌 내 거 같은 너."

이것은 2014년에 발매된 '썸'이라는 노래 가사다. 이 노래는 남녀 간의 교제가 이전과는 다른 개념으로 진행되고 있음을 보여 준다. 미혼 남녀가 서로에게 호감을 느끼고 서로 교제를 시작하는데, 서로에게 묶이는 관계가 아닌 느슨한 관계로 만남을 이어 간다는 것이다. 이것을 '썸타는' 것으로 규정한 세태를 반영한 노래였다. 썸은 이제 우리의 일상에서 하나의 독립된 단어이자 관계로 인정받고 있다. '구썸남', '현썸녀'처럼 관계에 시제를 포함한 언어로 발전하기에 이르렀다.[107] 두 사람이 진지하게 교제하

---

107. 정유라, 『말의 트렌드』 (인플루엔셜, 2022), p. 123.

는 것을 '사귄다'고 한다. 하지만 서로에게 속박되지 않고, 헤어질 때의 아픔을 겪지 않으려는 경향이 새로운 형태로 나타났다. 진지한 관계인 '사귀는 단계'의 '사'를 숫자 '4'와 연결시켜서, 이보다 낮은 숫자인 3을 활용하여 '삼귀다'라고 정의한다.

## 사랑은 PC 통신을 타고

아날로그 시대 남녀가 사귈 때는 거의 오프라인에서의 만남이 전부였다. 그러나 온라인 문화가 오프라인을 점점 대체하면서 사람들의 대인 관계에서도 큰 변화가 일어났다. 1997년도

<접속>(1997) 스틸컷

에 개봉한 영화 〈접속〉은, 현실에서는 전혀 모르는 두 남녀가 PC 통신을 통하여 만나고 사귀는 과정을 그리고 있다. 현실에서 같은 극장에서 영화를 보았고, 레코드 가게의 계단에서 마주치기도 했지만 서로에게는 낯선 존재였다. 하지만 PC 통신을 통하여 두 사람은 점차 호감을 갖게 된다. 현실에서는 각자 가진 고민들을 털어놓을 상대가 없었다. 하지만 온라인 상에서는 서로를 알지 못하기에, 오히려 오프라인의 그 누구보다도 자기의 속마음을 이야기할 수 있었다. 영화는 온라인에서만 만나던 두 사람이 오프라인에서 만나는 장면으로 끝이 난다.

## 메타버스 안에서의 사랑

메타버스가 본격화되면서, 미래세대는 메타버스 플랫폼에서 만나는 것을 실제로 만나는 것보다 더욱 편안하게 느끼게 되었다. 오프라인에서 만나려면 상대방에게 호감을 주기 위하여 의상, 헤어스타일과 액세서리 등 만나기 전에 많은 투자를 해야 한다. 약속 장소로 가야 하는 수고를 해야 하고, 만나면 데이트 비용이 상당히 소요된다. 그러니 상대방이 마음에 들지 않거나 상대방이 나를 싫어하면 큰 낭패였다. 그리고 보여지는 자신의 모습이 마음에 들지 않으면 만남에 두려움을 가지게 되었다. 유선의 시대를 지나 무선의 시대로, 메타버스와 NFT의 시대로 넘어온 오늘날, 우리가 만나는 다양한 관계에는 제약과 한계가 없다.[108] 메타버스 플랫폼에서는 얼마든지 자기가 원하는 스타일로 자신의 아바타를 만들 수 있다. 현재 자신의 모습과는 달리, 이상적인 모습을 아바타에 반영하여 메타버스 안에서 활동할 수 있다. 국적, 나이, 학력, 성별, 몸매를 자기가 원하는 대로 만들어서 시간과 공간을 초월한 만남을 가질 수 있게 된다. 오프라인에서 만나면 다양한 요소가 선입관을 갖게 하지만, 메타버스에서는 실제 인물이 누구인지 알 수 없는 상황에서 만날 수 있다. 이로 인하여 오히려 선입관 없이 상대를 제대로 판단하지 못하기도 한다. 그리고 이러한 만남은 부담감 없이 관계를 쉽게 끊는 일들이 종종 발생하게 한다.

---

108. 정유라, 『말의 트렌드』(인플루엔셜, 2022), p. 124.

## SNS 감옥 탈주

페이스북은 미래세대들이 본격적으로 사용하는 SNS로 선풍적인 인기를 끌었다. 페이스북의 시가총액은 급증하였으며, 페이스북에 쌓이는 데이터들은 어마어마하게 증폭되었다. 그런데 주로 미래세대들이 사용하던 페이스북에 부모 세대가 유입되기 시작했다. 아날로그 세대가 디지털 기기를 사용하기 시작하면서부터이다. 부모들은 자녀가 페이스북에 올린 사진과 포스팅을 보고는 자신들의 생각을 여과 없이 댓글로 달기 시작했다.

"육아는 그렇게 하면 안 된다…."

"지난주에 몸 아프다고 하더니 펜션으로 놀러 갔구나."

"우리 목사님은 설교 준비, 전도는 하지 않고 맛집만 다니시네요."

이런 지적질에 상처를 입은 이들은 마치 감시를 받는 것만 같은 페이스북을 탈퇴하고 다른 계정을 만들거나 인스타그램으로 이동한다. 다른 사람들의 상황에 공감하거나 그들의 입장에서 살피지 않고, 자기의 기준에 따라 판단하고 결론 내리는 것을 미래세대는 정말 싫어한다. 때로는 말도 안 되는 판단으로 게시물에 정말 어이없는 댓글을 올려서 여러 사람의 뒷목을 잡게 한다. 이것은 나이 많은 사람들만 일으키는 문제가 아니라 젊은 사람들에게서도 일어난다.

# 5중 터치 동맹

느슨한 사귐은 교회 안에서도 이어진다. 아날로그 시대에서 교회의 중고등부와 청년회에는 긴밀한 유대관계가 있었다. 동급생 친구들과의 관계 외에 '교회 누나, 교회 오빠, 교회 형'으로 불리는 긴밀한 교제가 있었다. 주일에 정규모임 시간뿐만 아니라 평일에도 교회에서 모였으며, 방학 중에는 교회에서 문화행사들을 준비하면서 많은 시간을 공유했다. 새로이 교회에 등록한 친구도 이러한 모임에 쉽게 젖어 들어 긴밀한 시간을 보냈다. 한 사람이 한 공동체에 머물기 위해서는 다양한 연결고리가 필요하다.

주일학교에 한 학생이 전도되어서 교회에 왔다. 그 새신자는 점점 담당 교사와 친밀해지고, 담당 사역자를 신뢰하게 되었다. 전도해 온 친구 외에도 같은 공동체의 다른 학생과도 친밀하게 지냈다. 또 선후배와도 돈독한 관계가 형성되었다. 그런데 만약 이 새신자 학생이 자기를 전도한 친구와 문제가 생겼을 경우, 그 친구와만 친밀한 관계를 유지했다면 그 교회 공동체에서 사라지게 될 것이다. 그러나 다른 이들과의 관계가 견고하다면 계속 교회에 머물게 될 것이다. 이것을 '5중 터치'라고 한다. 다섯 가지 이상의 관계들로 서로 연결되면 그 공동체에 뿌리를 내리게 된다는 것이다. 메타버스를 중심으로 대인 관계가 느슨해지는 상황에서 교회와 교회학교에서는 이처럼 '5중 터치'의 원리로 서로가 연결되는 프로그램들을 진행해야 한다. 행복나눔교회에서는 각 연령별로 기관을 나누고, 무작위로 연령을 초월하여 마을조직을 가동하면서, 성도들이 서로가 긴밀하게 연결되도록 다양한 기회를 조성한다. 이러한 그물망 같은 관계들이 모여서 한 사람이 공동체 안에 세워지게 된다.

한 사람이면 패하겠거니와 두 사람이면 맞설 수 있나니 세 겹 줄은 쉽게 끊어지지 아니하느니라(전 4:12).

# 6

# 혐오의 시대

**기생수 주제에**

"닥쳐…. 기생수."

이 용어가 등장한 것은 넷플릭스를 통해 전 세계에 동시 공개된 〈지금 우리 학교는〉에서였다. 〈지금 우리 학교는〉, 즉 '지우학'은 한국의 고등학교에서 좀비 사태가 일어나면서 벌어진 에피소드를 다루고 있다. 이 드라마에서는 현재 한국의 고등학교 교실에서 일어나는 다양한 모습을 보여 주고 있다. 같은 나이, 같은 고등학교 교실에서 수업을 받는 학생들이지만 서로를 동일하게 대하지 않는다. 사람의 몸에 기생하는 '기생수'라는 괴물을 다룬 애니메이션에서 나오는 캐릭터이다. 그런데 여기에서 사용된 '기생수'는 '기초 생활 수급자'라는 용어로 쓰였다. 부유한 가정에서 살아가는 나연이는, 기초생활수급비를 받으며 근근이 살아가는 같은 반 경수를 '기생수'라고 부르며 인격적인 대우를 하지 않는다. 영어 자막에서는 '기초생활수급자=기생수'를 'welfie'라는 단어로 번역하였다. 'welfie'는 '운동 셀카'를 뜻하는 본래의 뜻과는 다르게 비속어가 되었다.

## 휴거와 엘사

'휴거'는 부활 승천하신 예수님이 재림하실 때에 성도들이 공중으로 들림받는 현상을 일컫는다. 하지만 한국의 초등학생들은 이 '휴거'라는 단어를 '휴먼시아에 사는 거지'로 사용한다. 임대아파트 브랜드가 '휴먼시아'이기에, 여기에 사는 같은 반 급우들을 비아냥거리면서 조롱하는 용어로 사용한다. 또 임대아파트를 주관하는 공기업 'LH'를 이용해서 '여기에 사는 사람'이라는 의미로 '엘사'라고 놀리기도 한다. 엘사는 애니메이션 〈겨울왕국〉의 캐릭터로 아이들에게 인기가 있지만, 오히려 아이들이 수치심을 느끼는 용어로 놀림의 도구가 되었다.

한 아파트 주민이 자신의 아파트 놀이터에 다른 아파트 초등학생 5명이 놀고 있는 것을 보고, 관리사무실로 끌고 가 폭언을 하며 정서적 학대를 가하는 일이 일어났다. 2021년 10월에 발생한 이 사건은 입주민 회장으로 알려진 주민이 아이들을 관리사무실로 끌고 가면서 욕설과 함께 "남의 놀이터에 오면 도둑이다. 너희는 커서 큰 도둑이 될 거다"라는 폭언을 했다. 학생 중 1명이 자필로 쓴 편지가 SNS를 통해 알려지면서 모두의 공분을 샀다. 입주민 회장은 "외부 아이들이 많이 와서 기물파손이 많아서 그랬다"라고 주장했지만, 이는 사실이 아닌 것으로 드러났다.[109] 해당 아이들의 부모들은 이에 분노하여 이 입주민 회장을 「아동복지법」상 정서적 학대 및 미성년자의 약취 유인죄 적용이 가능하다고 보고 2개 혐의를 적용해 경찰에 고소했다.

## 충들의 시대

- **급식충:** 학교에서 급식을 먹는 청소년들을 지칭(대학생은 '학식충')
- **설명충:** 자꾸만 설명을 하고 가르치려고 하는 이들을 지칭
- **진지충:** 유머 감각이 없고, 항상 진지한 태도를 보이는 이들을 지칭
- **지균충(기균충):** '지역균형' '기회균등' 선발로 대학에 진학한 학생들을 비하하는 표현
- **출근충:** 출근하기 힘든 날씨에 출근하는 자신을 비하하면서 사용하는 표현
- **따봉충:** 다른 이들의 SNS 게시물에 읽지도 않고 '좋아요'를 마구 누르는 이들을 지칭
- **부먹충:** 탕수육에 소스를 부어먹는 사람을, 찍어 먹는 사람들이 비하하는 용어(↔찍먹충)
- **맘충:** 공공장소에서 아이들이 뛰어다니거나 우는 것을 내버려 둬 불편을 주는 엄마들을 지칭

---

109. 「조선일보」, 2022.11.28., https://www.chosun.com/national/incident/2022/11/28/JJ7BBFEZOJEKVOGAO3YW5C4OOQ/?utm_source=daum&utm_medium=referral&utm_campaign=daum-news/

이처럼 자기와 생각이 다르고, 다른 환경에 살아가는 이들을 '~충'으로 지칭하며 심각한 공격을 한다. '~충'이라 하는 것은 대상이 되는 상대를 벌레로 규정하면서 욕하는 것을 의미한다. 결국 '~충'의 의미는 '~벌레'라는 의미와 동일하다. 이러한 표현들은 자신과 다른 환경의 사람들을 배제하고, 그들과 동일한 취급을 당하는 것을 극도로 혐오하기에 일어나는 일이다. 아날로그 세대에는 같은 교실에서 자신과는 완전히 다른 환경의 친구들과 교제하면서 삶에 대한 시각을 균형 있게 잡을 수 있었다. 영화 〈친구〉에서처럼 전교 1등을 다투는 모범생과 조폭의 아들, 철없이 까불거리는 학생, 장의사의 아들이 서로 친하게 지내는 일들이 많았다. 하지만 최근에는 교우 관계도 부모의 자동차 기준, 거주지 조건으로 나누어 기준에 부합한 아이들만 동일한 문화권으로 취급하여 제한하고 있다. 자기와 삶의 환경이 다른 사람들과 교류하지 않아 그들을 이해하지 못한다. 영화 〈기생충〉에서 부유하게 살아가는 박 사장의 둘째 다송이는 그 집의 지하에 사는 근세를 밤중에 만나게 된다. 다송이의 주변에는 언제나 부유한 이들이 있었기에, 초라한 몰골의 근세를 귀신으로 생각하고 놀라 기절한다. 시대가 갈수록 양극화되면서, 패딩조차 명품을 입는 계층과 평범한 계층으로 나누어지게 되었다. 명품 중에도 나름의 서열이 있어서 높은 서열의 명품을 착용하는 이는 그러지 못한 이들을 향하여 우월감을 드러낸다.

## 섬김의 리더십

초대교회는 다양한 계층이 함께 모여 공동체를 누렸다. 황제의 친척이 노예 출신 자녀들의 발을 씻어 주는 섬김의 공동체였다. 신분제가 엄격히 유지되는 로마제국 시대였지만, 그러한 신분적 제약과는 완전히 다른 공동체를 누렸다. 복음 안에서 진리를 깨닫게 되면, 사람은 지위 고하와 관계없이 모두가 하나님의 작품임을 알게 되고, 세상의 가치관과는 다르게 살기 시작한다. 복음이 없는 세상에서는 권력을 가진 이가 섬김을 강요하지만, 복음이 들어가면 섬김의 리더십으로 변하게 된다. 오늘날 한국 사회는 이념별 분단 외에 세대별, 젠더별 차이가 극심하게 대립하고 있다. 시대가 강요하는 그릇된 황금만능주의, 인간 중심의 가치관이 어린이들에게도 주입되고 있다. 나와는 생각이 다르고, 환경이 다르다고 하여서 완전히 이질적인 존재가 아님을 교회에서 체험하는 것이 필요하다. 이를 위하여 교육 프로그램에서 도움이 필요한 기관에 아웃리치를 하는 것이 필요하다. 다른 이들의 불행을 보면서 자신이 안도하는 것이 아니라, 자신에게 주어진 삶이 은혜임을 자각하고, 이것이 사명이라는 것을 깨닫는 것이 필요하다.

# 7

# 핵인싸 증후군

## 인증이 없으면 여행도 없다

2019년 일본에 대한 관광 불매가 시작되고, 곧이어 일본 여행이 거의 중단되었다. 단시간 이런 현상이 일어난 이유를 분석하면서, '인증샷'으로 설명하기도 했다. 해외여행을 나가면, 자신이 그곳에 왔음을 SNS에 올린다. 그 나라와 도시의 가장 유명한 랜드마크에서 인증사진을 찍어서 SNS에 올려야 여행이 비로소 완성된다. 하지만 일본 관광 불매 운동이 시작된 이후에 일본으로 여행을 간 청년들은 SNS에 여행 사진을 올릴 수 없게 되었다. 그렇다면 구태여 일본으로 여행을 갈 이유가 없게 된다. 이것이 일본 여행이 급속히 줄어든 이유가 되었다. SNS를 통하여 자기를 표현하는 것이 시대 흐름이 된 것이다. 때로는 남다른 장면을 연출하기 위하여 위험을 감수하는 경우도 있다. 이로 인하여 인명피해를 입기도 하지만, 그러한 행위를 멈추지 않는다. 남들이 시도하지 않는 위험을 감수해야 SNS 조회 수가 높아지기 때문이다.

## 인기 유튜버의 세 가지 유형

유튜버들은 시청자들에게 자신을 강하게 어필해야 구독자 수를 확보할 수 있기에 다양한 방법을 시도한다. 많은 인기를 끄는 유튜버의 유형은 크게 세 가지다. 『구독, 좋아요, 알림설정까지』라는 책에서는 이것을 '물질파, 육체파, 지성파'로 분류한다.[110] 『말의 트렌드』에서는 '소유형, 체험형, 행위형'으로 나누고 있다.[111]

먼저 물질파 유형은 자기의 소유를 과시하려는 경향이 있다. 새로운 제품이 나오면 그 누구보다 빨리 구입하여 언박싱을 하고, 사용법을 보여준다. 일반인들은 쉽게 접할 수 없는 명품을 구입하는 장면, 고가의 호텔 숙소를 사용하는 과정, 비행기의 가장 비싼 좌석으로 여행하는 과정을 보여 주면서 자기의 존재감을 드러내려고 한다.

육체파 유형은 자기의 아름다운 모습을 보여 주려고 하는 경우다. 운동하는 과정, 화장하는 법, 패션에 관한 콘텐츠를 제작하여 보여 준다. 댄스를 가르쳐 주거나, 다이어트하는 과정을 보여 준다. 스케이트보드나 서핑을 하는 요령을 보여 주는 영상도 있다.

지성파 유형은, 새로 나온 책이나 화제를 모으는 책을 설명해 주는 동

---

110. 정연욱, 『구독, 좋아요, 알림설정까지』(천년의상상, 2021), p. 10.
111. 정유라, 『말의 트렌드』(인플루엔셜, 2022), p. 103.

영상을 올리기도 한다. 철학이나 사상, 역사, 문화, 시사 상식과 같은 다양한 사상적 흐름을 보여 주는 콘텐츠를 만든다. 경제적인 흐름이나 이슈에 대하여 알기 쉽게 설명해 주고, 화제의 인물과 대담하는 프로그램을 통해서 지적인 도움을 주는 콘텐츠들이다. 과학 커뮤니케이터인 '궤도'는 '침착맨' 채널에 나와서 블랙홀에 대해서 설명을 했는데, 한 콘텐츠가 8시간 35분이 될 정도로 방대한 지식을 자랑한다.

『관심의 경제학』의 저자 토마스 데이븐 포트 교수는 '관심은 비행기 좌석이나 음식처럼 낭비되기 쉬운 재화'라며, '관심이 어느 한 곳에 주어지면, 다른 곳에는 주어질 수 없다'라고 했다.[112]

아날로그 시대에는 다른 사람의 눈에 띄는 것이 불편했지만, 이제는 남들의 시선에 들기 위하여 수많은 노력을 한다. 어떤 영역이든 뛰어난 인증은 그 자체로 콘텐츠가 된다. 그 성공 여부는 콘텐츠의 게시글에 달린 반응으로 나타난다. 인증은 자기들이 경험하고 행동하는 모든 것을 미화한다. 이를 시청하면서 미래세대는 자신들도 그러한 경험을 하려고 한다. 인증은 다른 이들에게 거룩한 동기 부여를 준다.

---

112. 김동욱, 『요즘 애들에게 팝니다』 (청림출판, 2020), p. 136.

## 거룩한 인증

행복나눔교회에서는 성경을 각 개인이 좀 더 잘 읽자는 '바이블 갓생' 프로젝트를 진행하고 있다. 매일 읽을 성경의 진도표를 나누어 주고, 가족들과 개인이 성경을 읽은 과정을 체크하도록 도표를 제작하여 성도님들에게 제공하는 프로그램이다. 이 칸을 차례로 작성하면 별도의 시상품을 드린다고 광고하고 캠페인을 벌였다. 이 프로그램에 77세의 김쌍철 장로님이 가장 열심히 호응을 해 주신다.

연장자이신 장로님이 교회 밴드에 인증샷을 올리실 때 모든 성도님이 도전을 받고 장로님께 존경의 마음을 표시하면서 교회는 또 다른 힘을 얻는다. 이에 도전을 받은 구송이 집사님, 김선애 집사님도 동참하면서 성경 읽기의 붐을 이루어 간다. 자신의 성경 읽기 과정을 다른 이들에게 알리는 이 캠페인을 통하여 서로가 서로에게 소중한 동기 부여가 된다.

진주 시외의 외율교회를 섬기는 염충현 목사님은 주일학교 학생이 7명이지만, 그들과 함께 행복한 교육 목회를 하고 계신다. 교회에서 진행하는 프로그램 중에 '1일 1감사'가 있다. 교사들과 학생들이 매일매일 감사의 내용을 담아서 서로 교통하는 프로그램이다. 매일 일어나는 일들 중에서 감사한 내용을 인증하고 함께 나누는 것이다. 그 내용들은 특별한 것이 아닌 일상이다.

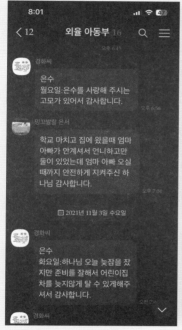
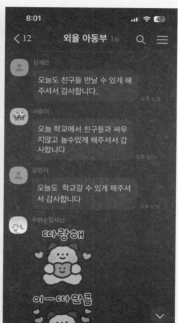

"부모님이 안전하게 돌아오시길 기도했는데, 하나님께서 안전하게 지켜 주셨다"라고 감사 제목을 나눈다. 또 "늦잠 잤는데, 어린이집 차를 놓치지 않아서 감사합니다"라는 감사 제목도 있다.

이러한 사소한 내용을 올리면 교사와 학생들이 서로 감사하며 축복해 준다. 이로 인하여 일상에서 감사함을 함께 나눌 수 있게 된다. 학생들이 수학여행을 가면, 가장 멋진 사진을 올려 달라고 하여 인증사진을 공유하며 함께 기뻐한다. 이렇게 학생들과 교사들이 일상을 나누면서 진정한 가족 공동체를 누린다. 이러한 인증을 통해 서로가 하나 됨을 기억하며 교회에 깊이 뿌리내리게 된다.

# 8
# '노꼰'과 '영꼰' 사이

## 꼰대의 법칙

WHO?        "내가 누군지 알아?"

WHAT?       "네가 뭘 안다고?"

WHERE?      "어딜 감히?"

WHEN?       "나 때는 말이야."

HOW?        "어떻게 나한테?"

WHY?        "내가 그걸 왜?"

이것은 '꼰대의 징후를 알아내는 육하원칙'이다. 이러한 말을 주로 하는 이들을 꼰대라고 한다. 2019년 9월에 영국의 국영방송 BBC에서 오늘의 단어로 '꼰대'(khondae)가 소개되었다. 여기에서 꼰대를 이렇게 설명했다. "An older person who believes they are always right and you are always wrong"(자신은 늘 맞고, 다른 사람은 늘 틀리다고 하는 나이가 많은 사람).

요즘은 '나이가 많은 사람'의 범주를 넘은 '젊은 꼰대'가 떠오르고 있다. 직장인 10명 중 7명이 회사에 젊은 꼰대가 있다고 대답했는데, 최악의 젊은 꼰대 순위는 다음과 같다.

**1위** 자신의 경험이 전부인 양 충고하며 가르치는 유형(24.4%)

**2위** 자유롭게 의견을 말하라고는 하지만 결국 본인의 답을 강요하는 유형 (18.6%)

**3위** 윗사람이 시키면 무조건 해야 한다는 상명하복을 강요하는 유형(14.3%)

**4위** 개인사보다 회사 일을 우선시하도록 강요하며 사생활을 희생시키는 유형(8.3%)

**5위** "나 때는"으로 시작해 자신의 경험담을 늘어놓는 유형(7.9%)

**6위** 나이로 무시하는 유형(7.7%)

새로운 세대들을 자기들의 시선으로 분석하고, 자기가 경험하면서 얻은 가치관으로 해답을 강요하는 이들을 '꼰대'라고 부른다. 자기의 경험과 가치관을 절대적으로 생각하여 다른 이들의 삶에 간섭하는 이들을 의미하는 것이다. 그들은 특정 분야의 지식을 아주 조금만 알아도 그 분야의 모든 것을 아는 것 같이 생각한다. 또한 젊은이들의 문화를 잘 몰라도 자기가 겪은 경험과 지식으로 모든 것을 다 아는 듯이 참견을 하고 간섭을 하려고 한다.

## 존경받는 노인 vs 피하고 싶은 꼰대

농업시대에는 나이가 많은 이들이 절대적으로 신뢰를 받았다. 오랫동안 농사를 지으면서 체득한 수많은 경험을 가진 기성세대들은, 오랜 경험에서 나오는 지식이 많았다. 새로운 세대들은 그런 기성세대들을 통해 농사를 지을 때 겪게 되는 여러 현상을 풀어 가는 실제적인 도움을 얻게 되었다. 그로 인하여 젊은 세대들은 기성세대들에 대하여 존경심을 가지고 그들의 충고와 조언을 기꺼이 받아들였다. 하지만 문화와 문명이 급속도로 변모하면서 과거의 기술과 경험은 의미를 잃어버렸다. 오랫동안 유지되던 농업 중심의 시대에서 산업 혁명을 거쳐 정보화 혁명이 도래하면서, 과거의 경험과 기술은 그 효력을 거의 상실하게 되었다. 하지만 변화를 인지하지 못한 기성세대가 새로운 미래세대에게 참견하며 강요하는 것은 심각한 갈등을 일으키게 되었다.

이러한 현상은 교회나 기독교 공동체에서도 일어나고 있다. 아니 오히려 교회와 교회적 배경을 가진 곳에서는 기성세대와 새로운 미래세대 간에 더욱 첨예한 갈등이 발생한다. 이러한 꼰대 문화를 개선하기 위해 필요한 방법을, 이민영의『젊은 꼰대가 온다』에서는 다양하게 설명한다. 기성세대가 무조건 옳다고 여기는 언어 습관과 감정 습관을 바꾸어야 하며, 동일한 경험을 공유하는 것이 필요하다. 자신에게 익숙한 경험을 강요하지 않고, 기꺼이 새로운 문화를 수용할 때에 특정의 문화 속에서만 체험되는 공감이 이루어진다. 또한 기성세대는 자신에게 익숙한 사회 안에만 머물지 말고, 새롭게 달라진 사회의 일원이 되는 재사회화의 노력이 필수적이다. 기성세대만이 아니라 새로운 세대가 꼰대로 흑화되는 이유는, 자신이 성공을 이룬 방식 때문이다. 자기가 이룬 성공의 방정식만이 유일한 기준임을 확신할 때에 다른 방식은 수용하지 못한다.

## '영꼰'의 출현

"목사님, 요즘 1학년들 때문에 힘드시죠? 쟤네들이랑 같은 교복을 입고 있다는 게 창피해요."

"목사님, 3학년 할매들 때문에 속상하시죠? 저 언니들이 빨리 졸업할 날만 기다려요."

2002년 월드컵이 한창일 때 내가 교목으로 근무하던 교목실에 학생들은 자기 집처럼 드나들었다. 교목실에 들어오면 사탕을 하나씩 먹는 국룰을 세웠다. 그 사탕을 먹는 맛으로 교목실에 찾아오고는 하였다. 점심시간에는 학년이 다른 학생들이 서로 모이다 보니, 다양한 해프닝이 일어났다. 중학교 3학년 학생들은 중학교 1학년 학생을 도저히 이해 못 하겠다고 하면서, 자기들 때에는 저렇게 하지 않았다고 했다.

'꼰대'의 특징이 주로 나이가 많은 이들에게서 나타나지만 최근에는 나이가 젊지만 이러한 사고에 사로잡히는 경우들이 많다. 즉, 자신은 기성의 꼰대들과는 다르다고 하면서 정작 자신이 꼰대 증세를 보이는 이들이 52.1%다.[113] 이러한 세대들을 젊은 꼰대인 '영꼰'이라고 한다.

---

113. 이민영, 『젊은 꼰대가 온다』 (크레타, 2022), pp. 16-18.

## 그때는 맞지만 지금은 틀리다

그 당시의 시대 상황에서는 가장 적절한 해법이었겠지만, 지금은 수용하기 어려운 요소들이 많다. 내가 중학교 3학년이었던 1979년 부산에서는 가정 환경이 어려우면서도 학업 성적이 뛰어난 여중생들에게는 학교에서 이렇게 진로 진도를 했다. "일단 부산진여상에 진학해서, 주산과 부기를 열심히 하면 은행에 취업할 수 있다." 당시에는 여상을 다니던 학생이 은행에 취업하는 것이 안정적인 직업을 갖는 것으로 여겨졌다. 그로 인하여 여상으로 진학하는 학생들이 많았는데, 그중에서 부산진여상은 가장 높은 경쟁률을 자랑했다. 그 당시의 부산진여상의 학생들은 자신들의 교복에 굉장한 자부심을 느끼고 있었다. 하지만 지금은 이러한 진로지도를 하지 않는다. 그렇기에 교회 구성원 각자의 경험들을 고집하지 않고 수용성 높게 받아들여져야 한다.

"이렇게 해야만 성탄절 맛이 제대로 나지."

"자고로 수련회에는 이 프로그램이 반드시 들어가야 하지."

이러한 마음을 내려 두고, 새로운 포도주는 새로운 부대에 담는 지혜를 가지고 접근해야 한다. 이를 위해 가장 필요한 마음 자세는 나의 의견이 최선이 아닐 수도 있다는 것이다. 시대의 흐름과 변화를 존중하고 타인의 의견을 수용하는 것이 무엇보다 중요한 시기이다. 교회교육의 프로그램이나 여러 행사를 기획·진행하면서 나에게 익숙한 것들을 내려 두고, 새로운 트렌드를 수용하는 것이 정말 필요한 시대이다.

아무 일에든지 다툼이나 허영으로 하지 말고 오직 겸손한 마음으로 각각

자기보다 남을 낫게 여기고(빌 2:3).

## 티칭에서 코칭으로

최근 TV 교양 프로그램의 특성은 '멘토'의 시대가 가고, 자신과 비슷한 일상을 사는 사람들의 생생한 조언과 이야기에 훨씬 더 큰 동기 부여를 얻게 된다[114]는 것이다. 1819년 인류 역사상 최초의 의무교육제도가 프로이센에서 설립·운영되면서 현대 공교육이 확립되었다. 당시의 교육 시스템은 지금 대다수의 국가에 그대로 남아 있다. 교실에 칠판이 있고 1명의 교사가 다수의 학생을 바라보며 지식을 일방적으로 주입하는 구조이다. 이는 산업화 시대에 필요한 기술 노동자를 효과적으로 양성하는 데 효과적인 시스템이다.[115] 산업혁명과는 비교할 수 없는 디지털 혁명이 일어나고, 메타버스 시대가 도래한 지금에는 과거의 유산 같은 학교 시스템도 달라져야 한다. 이처럼 모든 패러다임이 급속히 달라지는 상황에서 교육은 지식을 전달하는 암기 위주의 티칭이 아니라, 배우는 이의 개성을 살펴 주는 코칭으로 바뀌어야 한다.[116] 또한 자기 자신의 가치관을 고집하고 다른 이들에게 강제하는 삶의 방식들을 내려 두고, 타인을 존중하는 교육이 기획·진행되어야 한다. 이로 인하여 자기중심의 사고방식과 생활패턴에서 타인을 의식하고, 배려해야 한다.

---

114. 대학내일20대연구소, 『Z세대 트렌드 2023』(위즈덤하우스, 2022), p. 224.
115. 김상균, 『게임 인류』(몽스북 2021), p. 168.
116. 폴 김, 함돈균, 『교육의 미래, 티칭이 아니라 코칭이다』(세종서적, 2017), p. 7.

## 교육은 집어넣는 것이 아니라, 끄집어내는 것이다

교육은 집어넣는 것이 아니라, 끄집어내는 것이다. 교육이란 정보들을 집어넣는 것이 아니라, 학생들 내부의 잠재력과 가능성을 일깨워 주는 것이다. 예수님의 가르침도 일방적인 주입이 아니라 동기 부여를 주된 가르침의 방법으로 사용하셨다. 고기를 잡는 일이 삶의 유일한 기술이 었던 베드로를 사람을 낚는 어부로 부르셨다. 자기애가 심하던 요한을 사랑의 사도로 바꾸셨다. 교회교육은 성경의 메시지를 무조건적으로 주입시키는 것이 아니라, 하나님께서 저마다에게 주신 은사와 재능들을 일깨워 주고 불을 붙여 주는 것이다.

그러므로 내가 나의 안수함으로 네 속에 있는 하나님의 은사를 다시 불일듯 하게 하기 위하여 너로 생각하게 하노니(딤후 1:6).

# PART 3
## 미래세대 이해: 3인칭

2019년에 완공된 브라질 '벨로 몬테 댐'은 길이 6km로, 중국 싼샤댐과 브라질-파라과이 국경의 이타이푸댐에 이어 세계에서 세 번째로 큰 규모를 자랑한다. 댐의 건설은 급격한 산업화로 인하여 전기 수요가 폭증하여 가장 합리적인 방안이라고 하여 강행한 것이다. 브라질 정부에서는 벨로 몬테 댐과 같은 수력 발전소를 수십 개 더 세울 계획이다. 벨로 몬테 댐은 아마존의 지류인 싱구강의 생태계를 회복 불능의 상태로 만들었다. 그 결과로 싱구강을 삶의 터전으로 삼던 사람들의 삶이 송두리째 무너졌다. 강가의 어부를 일컫는 '히베린요'는 이전에는 2kg이 넘는 물고기를 잡아 생계를 이어 갔지만, 이제는 잡을 물고기가 없어 도시 빈민으로 전락하거나 정부의 지원금을 받아 겨우 생계를 연명하고 있다. 벨로 몬테 댐이 건설되기 이전에는 '물고기를 잡는 능력'이 히베린요 사회에서 최고의 능력이었다. 하지만 벨로 몬테 댐의 건설로 물고기가 사라지면서, 이 능력은 더 이상 의미가 없게 되었다.

나심 니콜라스 탈레브가 『블랙스완』에서 주장한 것처럼, 하나의 특이한 사건이 발생하면 모든 것이 달라진다. 새로운 문화와 문명의 탄생은 사회를 변화시키며, 새로운 경쟁력을 요구하게 된다. 엘빈 토플러가 말하였듯이, 1의 물결인 '농업시대'에는 성실함, 강한 노동력이 중요한 능력이었다. 2의 물결인 '산업화시대'에는 특별한 기술력이 중요한 능력이 되었다. 3의 물결인 '정보화시대'에는 남다른 창의력이 중요한 능력이 되었다. 이와 같이 시대가 변하고 달라지면, 요청되는 능력은 달라질 수밖에 없다. 기술과 문명이 변화되면 사람들의 의식 구조와 세상을 바라보는 관점이 변화되기 마련이다.

메타버스로 대표되는 미래가 급속히 다가오면서 세상을 바라보는 관점과 그 시대에 필요한 직업은 이전 세대와는 완전히 다를 수밖에 없다. 새롭게 달라지는 시대에 요청되는 가치관의 재정립은 필요 불가결한 요소이다. 이미 미래를 살아가는 미래세대들을 올바르게 지도하고 섬기려면 미래 시대의 가치관을 올바르게 이해하고, 이에 대한 성경적 세계관을 제시할 수 있어야 한다. 또한 새로운 시대에 적합한 직업과 기술을 이해하고 이를 위한 재능을 발견하여 표현할 기회를 제공해야 한다.

# 1
# 롤 모델 탐구생활

## 네 가지를 가졌는가?

세계적인 명문 하버드대학교에는 총장 이름을 딴 도서관이 있다. 그 총장은 1953년부터 1971년까지 18년간 하버드의 개혁을 이끈 하버드대학교 총장 나단 푸시(Nathan Pusey)다. 그는 젊은이들에게 요청되는 것이 다음의 네 가지라고 하였다.

첫째, 구성원들이 따르고 존경할 만한 지도자가 있는가?

둘째, 변하지 않는 이념이 있는가?

셋째, 구성원들이 함께 목청껏 부를 노래가 있는가?

넷째, 함께 흔들 깃발이 있는가?

미래세대들은 항상 새로운 꿈을 꾼다. 미래세대는 자신의 연령에 관계없이 하나님께서 나의 삶을 사용하실 비전을 경험하고, 자기 욕망을 포기하고, 삶을 맡긴다.

> 하나님이 말씀하시기를 말세에 내가 내 영을 모든 육체에 부어 주리니 너
> 희의 자녀들은 예언할 것이요 너희의 젊은이들은 환상을 보고 너희의 늙은
> 이들은 꿈을 꾸리라(행 2:17).

청소년 시기에는 자기의 미래를 결정할 방향을 찾는 시기이기에 이러
한 덕목들이 반드시 필요하다. 청소년들은 그 안에 공백을 허용하지 않기
에 뜨거운 갈망으로 자기의 삶을 송두리째 투여할 대상과 영역을 끊임없
이 찾고 있다. 청소년들의 정서에 맞추게 되면 쉽게 하나의 유행을 타게
되는 효과들이 나타난다. 그러므로 청소년들의 성향에 맞춘 새로운 문화
의 흐름을 제공하는 것은 엄청난 변혁을 가져올 수 있다.

## 윌리엄 윌버포스의 길

윌리엄 윌버포스는 25살에 예수님을 영접하게 되었고, 처음에는 목회
자가 되기를 원했다. 하지만 이에 대한 상담을 받기 위해 찾아간 존 뉴턴
목사님은 그에게 정치계에서 하나님의 영광을 돌리도록 권면했다. "당신
의 목회지는 교회가 아니라 영국의회요."

존 뉴턴은 찬송 '나 같은 죄인 살리신'(Amazing Grace)을 작사하였는데, 그
는 전직 노예 사냥꾼으로 살다가 하나님의 부르심을 받았다. 영국에서 노
예무역 제도가 엄청난 돈을 벌어다 주지만 하나님 앞에서 얼마나 심각한
범죄인가를 잘 알고 있었기 때문이었다. 이 조언을 듣고 윌버포스는 자기

의 살아갈 방향을 목회에서 정치로 바꾸고, 하원의원이 되었다. 윌버포스는 영국이 노예무역으로 막대한 이익을 취하는 것이 하나님 앞에 죄임을 지적하며, 이 문제를 해결하기 위하여 자기의 삶을 바쳤다. 그는 노예제도가 없어지도록 목숨을 건 투쟁을 하였다. 당시 기득권 세력들은 노예무역으로 막대한 부를 챙겼기에 엄청난 반대와 위협을 가했지만 윌버포스는 멈추지 않고 계속 투쟁했다.

<어메이징 그레이스>(2008) 스틸컷

윌버포스가 노예 폐지 운동을 벌인 지 18년 후인 48세 때 영국의회에서는 노예무역 폐지를 결정했다. 32년 후인 62세 때는 영국에서 노예제도가 폐지된다. 42년 후인 72세 되던 해, 영국 전역에 노예해방법이 통과되면서 완전한 노예해방이 이뤄졌다. 윌버포스는 그 사명을 이룬 후 2개월 만에 하나님의 부르심을 받고 이 세상을 떠났다. 그리고 30년 후인 1863년 1월 1일에 미국에서 노예해방이 이루어진다.

이와 같이 하나님의 은혜를 소망하는 사람은 자기의 미래를 열어 갈 롤 모델이 필요하다. 미래세대는 여러 상황을 통하여 자기의 삶을 드릴 롤 모델을 찾으려고 한다.

교회에 주어진 또 하나의 중요한 사명은 미래세대들이 삶의 롤 모델을 경험할 수 있도록 기회를 제공하는 것이다. 다양한 영역에서 그리스도 인으로 살아가며 거룩한 영향을 주는 삶의 모델들이 필요하다. 나는 청소년들이 다양한 영역에서 활동하는 그리스도인들을 만나도록 한다.

### 스펙은 낮아도 사업을 경영하는, 정성득 장로

거창에서 '두인중공업'을 운영하시는 정성득 장로는 김해의 실업계 고등학교에 재학하던 시절에 큰 부상을 당해 진로가 불투명했다. 하지만 병원에서 예수님을 만나고 군대에서 신앙생활을 하면서 새로운 길이 열렸다. 군 복무 시절에 취업된 회사에서 성실한 근무 태도로 신뢰를 받았다. 하나님께서 주신 꿈을 품고 중장비 분야의 사업을 시작하면서, 놀라운 결실들을 맺어 가고 있다. 330만 제곱미터(10만 평)의 힐링 타운을 일구어 가는 사역까지 진행하고 있다. 자신의 학력과는 상관없이 일하시는 하나님의 영광을 증거하면서, 비록 세상이 요구하는 스펙은 없어도 하나님께서는 다른 방면으로 일하실 수 있다는 구체적인 사례들을 삶에서 보여 주고 있다.

## 학력은 없어도 하나님을 노래하는, 하은지 작곡가

작곡가 하은지 자매는 양주의 한 기독교 대안학교에서 3년 동안 철저한 신앙 교육을 받은 후 일반 고등학교로 진학했다. 그러나 곧 모든 것이 등급 및 대학 입시로 귀결되는 시스템에 회의감을 느끼게 되면서 기도와 고민을 거듭하다, 부모님께 약 10장가량의 꿈 계획서를 제출하고 학교를 박차고 나온다. 이후 매일 새벽 예배에 참석하여 비전의 모양을 다듬어 갔고, 거리 공연, 앨범 발매, 단독 콘서트, 강연 및 방송 출연을 비롯한 다양한 대외적 활동을 통해 꾸준한 발자취를 남겨 왔다. 정규적인 작곡 교육 한 번 없이 총 5장의 정규 앨범과 20여 장의 싱글 앨범을 발표했으며, 20대에 3권의 책을 출간하고자 했던 소원을 최근 신앙 에세이 『혼자 외롭지 않기를』을 발간하면서 이루어 내고 있다. 피아노 연주 음악(세미클래식) 분야에서 활동 중이며, 하나님께서 주신 음악적 재능으로 사람을 위로하고 섬기고자 하는 소망을 지속해 나가고 있다. (하은지 유튜브: https://www.youtube.com/@haeunjee.composer)

## 수어로 농아를 섬기는, 채주연 자매

채주연 자매는 수어라는 영역에서 아름다운 사역의 모델을 만들어 가고 있다. 2018년 러시아 월드컵에서 농인들을 위한 단체 응원전을 홍보하는 광고에 출연한 것을 필두로 다양한 사역을

진행하고 있다. 최근에는 영화 <정직한 후보2>에 수어 통역사 역할로 출연했다. 또한 자신이 청소년 시기에 겪은 일들을 나누면서 학생들에게 자기의 삶이 힘들어도 복음의 역사를 믿으라고 도전하고, 수어로 사역하는 새로운 영역을 개척하면서 많은 도전을 주고 있다. 유튜브에서도 다양한 음악을 수어로 전달하면서 시각 장애우들에게 새로운 문화 경험을 제공하면서 복음을 전하는 특별한 사역을 하고 있다. (채주연 유튜브: https://youtube.com/@user-di9ir1ip2b)

## 노래하는 파일럿으로 복음을 전하는, 김신 집사

파일럿인 김신 집사님은 '노래하는 비행사'로 청소년들과 청년들에게 새로운 비전을 소개한다. 파일럿은 학생들에게 생소한 직업이기에 제복을 입고 등장만 해도 관심도가 급상승한다. 자신이 파일럿임을 소개하고, 자신이 비행하는 과정을 동영상으로 보여 준다. 비행기 이륙에서 착륙까지의 과정을 담은 특별한 영상들에 맞춰 찬양을 하면서 인생이라는 하나의 여행을 시작하는 학생들에게 거룩한 도전을 준다. 비행의 원리를 복음과 함께 연결한 강의는 복음의 능력을 보다 선명히 전해 준다. 이를 통하여 파일럿이라는 직업도 하나님의 영광을 위하여 사용될 수 있음을 증거하는 삶을 살아가고 있다.

## 카페로 복음을 전하는, 이종한 대표

부산 영도에서 '더카페'를 운영하는 이종한 대표는, 커피를 매개로 삶

의 현장에서 복음의 향기를 전하고 있다. 대학 전공은 '정보통신공학'이지만, 전공과는 전혀 관계없는 카페를 운영하고 있다. 카페를 경영하는 목적을 안정적인 매출을 내는 매장 운영이 아니라, 문화 공간 사역으로 삼고 있다. 부산대교 영도 시작점에 있는 그의 '더카페'에서는 청년부 공동체 연말 파티 및 송년의 밤으로 카페 공간을 대여하며, 찬양 유튜브 영상 촬영 및 콘텐츠를 제작하는 공간으로 활용하고 있다. 일반 카페에서는 꺼리는 노약자, 차상위 계층, 장애우가 편하게 차 한 잔을 마실 수 있도록 공간과 편의를 제공하고 있다. 그는 일반 청년들이 추구하는 높은 연봉과 여유로운 삶을 목적으로 삼지 않고 자신의 하루가 하나님의 영광을 어떻게 드러낼 것인가를 고민하면서 살고 있다.

## 프로야구 선수와의 미팅

1997년에 거제도에서 단독 목회를 할 때, 문화에서 소외된 지역의 학생들에게 다양한 경험을 통해 자존감을 높여 주고, 미래의 비전을 갖추도록 하고 싶었다. 감사하게도 당시에 프로야구 선수로 주가를 올리던 박정태 선수와 연결되어, 교회로 초청했다. 프로야구 선수, 그것도 인기 절정의 선수가 온다고 하니 아이들은 반신반의하였다. 그리고 당일 정말 박정태 선수가 교회를 방문하자, 평소에 수줍던 아이들이 열광적으로 반응했다. 박정태 선수는 자기의 어린 시절을 이야기하고, 아이들을 격려하면서 함께 러닝과 캐치볼도 하며, 같이 시간을 보냈다. 이 프로그램은 마을 주민들에게 알려졌는데, 자기 자녀들의 꿈을 키워 주도록 교회에서 주도적으로 하는 것임을 알게 되면서 교회를 더욱 신뢰해 주었다.

교회는 미래세대들에게 다양한 믿음의 영웅을 만나게 해 주어야 한다. 믿음의 영웅이라고 해서 반드시 성공하고 지명도가 있는 사람들이어야 할 이유는 없다. 현재 자신의 자리에서 최선을 다하는 믿음의 선배들은 이미 훌륭한 교과서가 된다.

# 2

# 우리는 자랑스러운 아미

**아미가 만든 기적**

'평화는 우리가 반드시 말해야 하는 언어이다.'

'우리가 전쟁을 끝내지 않으면 전쟁이 우리를 끝낼 것이다.'

우리에게는 생소한 국가인 아르메니아의 소녀들이 휴전을 호소하는 글을 적어 온라인에 게시했다. 아제르바이잔과 아르메니아는 영토와 종교, 자원을 이유로 계속 갈등을 빚어 왔는데, 아르메니아의 소녀들이 최근 SNS를 통해 한글로 구호를 적어 시위를 한 것이다.

'우리는 평화를 원한다.'

'전쟁을 멈춰라.'

'역사가 되풀이되도록 놔두지 말라.'

'신경 써 주세요.'

이들은 세계 공용어로 여겨지는 영어가 아닌 한글로 글을 작성해 SNS에 올려 화제를 불러일으켰다. 이는 국제 문제에 적극적으로 대응해 온 BTS의 팬 '아미'들을 겨냥하기 위함이었다. 이 때문에 SNS에서는 아르메니아 소녀들뿐만 아니라, 세계 각국 누리꾼들이 BTS 해시태그와 함께 다양한 메시지를 올리고 있었다. 그리고 마침내 아제르바이잔과 아르메니아는 미국의 중재로 휴전에 합의했다. 이러한 일들이 가능한 것은 전 세계가 메타버스와 온라인을 통하여 실시간으로 연결되기 때문이다. BTS는 코로나 팬데믹으로 공연을 전혀 할 수 없을 때 신곡 'Dynamite'를 발표했는데, 메타버스의 '포트나이트'라는 플랫폼을 통하여 처음으로 뮤직비디오를 공개하였다. 전 세계에 흩어진 수많은 아미는 동 시간대에 BTS의 신곡을 공유하면서 강력한 연대감을 형성할 수 있게 되었다.

2021년 11월에 미국 LA에서 열린 BTS 공연에 전 세계의 수많은 아미가 집결했다. 국적과 인종을 초월한 팬덤에 아주 특이한 아미가 등장했다. 89세의 아미라고 자처하는 할머니가 나타난 것이다. 보편적인 아미들의 나이를 완전히 초월한 이 할머니 아미의 등장은 오히려 수많은 미래 세대들에게 환호를 불러일으켰다. 공연을 보러 온 전 세계 아미들이 환호하며 함께 같은 일원으로 대하는 특별한 장면을 연출하기도 했다.

## 오징어 게임의 전설

넷플릭스 시리즈 〈오징어 게임〉이 미국 방송계 최고 권위를 자랑하는 에미상 시상식에서 6관왕을 달성하며 새 역사를 썼다. 1949년 처음 개최된 후 줄곧 영어권 수상작만 나온 에미상에서 〈오징어 게임〉은 비영어권 작품 최초로 작품상을 비롯해 13개 부문에 후보로 올라 감독상과 연기상을 받는 등 기염을 토했다. 넷플릭스 공식 집계에 따르면 〈오징어 게임〉은 공개 후 28일 동안 누적 시청 시간 16억 5,045만 시간을 기록하며 넷플릭스 역대 최고 기록을 경신했다. 연 단위로 환산하면 무려 18만 8천 년에 달한다. 이 시청 시간은 역대 다른 히트작이 넘볼 수 없는 수준이었다. 〈오징어 게임〉이 순식간에 전 세계에 확산될 수 있었던 것은 메타버스의 가상현실을 활용하여 OTT로 전 세계에 동시 개봉이 가능했기 때문이다.

　이전에도 한국의 콘텐츠가 큰 인기를 끈 적이 있다. 한국에서 인기리에 방영되었던 드라마 〈겨울연가〉는 이집트, 말레이시아, 일본에서 엄청난 열풍을 일으켰다. 또한 2007년 이란에서 방영된 〈대장금〉의 인기는 상상을 초월했다. 6개월 평균 시청률이 90%에 이르렀을 정도였다. 실제로 〈대장금〉이 방영되는 날 밤에는 거의 모든 식당과 카페, 그리고 번화가 가전제품 전시관 앞은 온통 〈대장금〉을 보려는 사람들로 북적이는 것 같았다. 하지만 이러한 열풍은 한국에서 방영이 끝나고 한참 지나서였다. 이는 그 나라의 언어로 번역해야 하는 과정이 필요했기 때문이다. 하지만 넷플릭스는 전 세계에 공급망을 구축하고, 각국의 언어로 번역을 하여 전 세계에서 동 시간대에 개봉을 한다. 그로 인하여 한국의 콘텐츠가 전 세계에 확산될 수 있었던 것이다. 이로 인하여 선교지의 주민들이 선교사님들에게 몰려와서 한글을 가르쳐 달라고 하는 현상이 일어나고 있다.

# 온라인 글로벌 캠프

코로나 팬데믹은 많은 사역을 멈추게 했다. '온라인 글로벌 미션'은 코로나로 인해 중단된 선교사역을 가능하게 하자는 의도로 시작되었다. 메타버스를 통하여 선교지와 실시간으로 연합집회를 할 수 있다. 코로나 팬데믹으로 인해 갈 수가 없는 필리핀 지역의 학생들과 일반인들, 그리고 국내의 교회와 학생들과 연계하여 이전에는 불가능했던 집회를 가졌다. 필리핀 지역이 인터넷 속도가 느려서 염려했는데, 정말 강력한 집회로 이어졌다. 이전의 선교집회는 시간과 기회가 되는 특정한 이들만 가능했지만 이제는 온라인으로 실시간 선교현장을 경험하며 함께 예배를 드리게 되니, 정말 특별한 기회가 되었다. 필리핀 사역자들이 독자적으로 프로그램을 진행하면서 도리어 리더십이 굉장히 강해졌다. 선교지에 가기 어려운 학생들과 성도들이 필리핀의 현재 상황을 함께 나누면서, 신앙의 관점 자체가 달라졌다.

## 교회의 세 가지 사명: 시대적·지역적·은사적

일산에 있는 한 교회가 '정책당회'를 하기 전 2번의 강의를 요청했었다. 이 강의를 하면서 교회의 사명에 관해 설명했다. 교회와 교회학교에는 세 가지 사명이 있다.

먼저는 교회와 교회학교가 존재하는 시대 상황에서 해야 할 사명이다. 일제 강점기에 한국교회는 민족의식을 고취시키며, 독립 의지를 강화시키는 사명을 감당했다. 1990년대까지 교회는 공교육이 감당하지 못하는 탁아사역을 선교원이라는 프로그램으로 감당했다.

두 번째는 지역적 사명이다. 교회가 위치한 지역에서 감당해야 할 역할들이 있다. 교회는 지역적 공동체로서의 사명이 있다. 다른 지역에서는 할 수 없고, 해당 지역에서만 감당해야 할 사명이 있는 것이다.

세 번째는 은사적 사명이다. 하나님께서 다른 교회와는 다르게 그 교회에만 특수하게 허락하신 은사들이 있다. 그 은사를 인지하고 충실하게 감당하는 것이 필요하다. 거제도에서 사역할 때, 내가 섬기는 교회가 그 지역에서 존재하는 이유를 살피면서 시대적·지역적·은사적 사명을 감당하려고 하였다. 지역교회 중에서 독자적으로 교회학교 운영이 어려운 곳들을 위한 연합주일학교와, 독자적으로 청년회 활동을 하기 어려운 교회들이 하나의 네트워크로 연결되어 온라인으로라도 연결되는 것이 필요하다. 선교지에서는 다양한 K-문화를 활용하면 선교의 패러다임이 달라질 수 있다.

# 3

# 게임체인저스
## (GAMECHANGERS)

## 아스퍼거 증후군 아이가 만든 변화

2018년, 「TIME」지의 올해의 인물로 선정된 스웨덴의 그레타 툰베리는 11세가 되던 2014년에 자폐증의 일종인 아스퍼거 증후군 진단을 받았다. 그녀는 8세 때 지구의 기후가 변하고 있음을 알게 된 후 환경운동에 관심을 가졌다. 지구 온난화에 대한 인간의 무대응에 경악하면서 심한 우울증으로 두 달 사이에 10kg이 빠졌다. 환경운동에 점차 관심을 기울이던 그레타 툰베리가 15세이던 2018년 8월은 스웨덴 역사상 232년 만에 가장 더운 해였다. 툰베리는 매주 금요일 등교를 거부하며 8시간 동안 스웨덴 의회의사당 앞에서 1인 시위를 벌였다. 툰베리의 1인 시위에 대해 사람들이 관심을 보였고, 서서히 동참하였다.

그레타의 시위는 '미래를 위한 금요일'이라는 캠페인으로 발전하여 유럽

전역으로 확산되었다. 그레타는 환경운동가로 명성을 얻게 되면서, 16세의 나이에 뉴욕에서의 UN 회의에 참석하게 되었다. 비행기로 8시간이면 도착할 거리였지만, 그레타는 이산화탄소 배출량이 많은 비행기 대신 친환경 요트로 대서양을 가로질러 4,800km의 항해를 시작하여 15일 만에 도착했다.

장애를 가진 그레타가 이처럼 세계적인 영향을 끼치는 데 결정적인 역할을 한 것은 SNS였다. 그녀는 15세에 자기의 의사를 1인 시위로 표시하였고, 시위의 현장을 SNS에 지속적으로 올렸다. SNS를 통하여 퍼진 소식은 언론에까지 소개되어 대중의 관심과 참여가 급속히 증가하였다. 이에 학교 파업에 참여하는 사람이 크게 늘어나는 등 커다란 변화가 일어나게 되었다.

## 게임체인저

'어떤 일에서 결과나 흐름의 판도를 뒤바꿔 놓을 만한 중요한 역할을 한 인물이나 사건'을 '게임체인저'라고 부른다. 또한 전쟁을 끝내는 결정적인 무기가 '게임체인저'다. 지루한 공방전의 트로이전쟁을 끝낸 것은 목마였다. 거북선은 임진왜란으로 패망 직전까지 몰렸던 조선을 구하였다. 원자 폭탄은 제2차 세계대전에서 일제의 끈질긴 저항을 끝내는 게임체인저였다. 오랜 전쟁, 불리했던 전쟁에서 승리를 결정짓는 무기가 '게임체인저'다. 전쟁에서 패배 직전까지 밀렸다고 해도 게임체인저를 개발하고 사용하면 역전할 수 있다. 게임체인저는 비단 전쟁에서만 사용되는 것이 아니다. 바퀴, 문자, 인쇄술, 증기 기관차, 자동차, 컴퓨터, 인터넷의 발명은 기존의 문명을 송두리째 바꾸고 새로운 문명의 문을 연 게임체인저다. 아날로그 시대에는 사회적인 인지도가 있어야지만 영향력이 있었다. 하지만 디지털 기술과 메타버스 문화가 본격적으로 발달하면서, 나이나 사회적 지위와 관계없이 누구든지 커다란 위력을 발휘할 수 있게 되었다. 새로 개업한 카페로 안내해 주는 스마트폰의 GPS 애플리케이션 하나만 보더라도, 아폴로 11호에 탑재되어 우주선을 지구에서 달로 안내한 30kg 항법 컴퓨터에 비해 정보처리가 30,000배가 빠르다.[117] 디지털 문화의 급속한 발달로 인류의 지식 습득 속도는 엄청나게 빨라졌다. 개인의 지식 수준이 높아지기도 했지만, 지식과 정보들이 신속하게 확산되면서 보다 효과적인 진전이 일어나고 있다. 그러므로 한 개인이 소원하는 시대와 사회, 지역에 대한 특별한 시도와 도전은 커다란 영향력을 발휘할 수 있게 되었다. 이전에는 그저 희망사항으로 그칠 수 있지만, 미래세대들은 적극적으로 사회와 시대를 바꿀 수 있다.

## 손바닥에서 완성된 혁명

중동지역에서 일어난 '재스민 혁명'으로 불리는 2011년의 튀니지 혁명은, 이집트에서 30년간 독재로 통치하였던 무바라크를 퇴진시켰다. 이러한 기세는 리비아에게도 흘러가서, 1969년 쿠데타로 집권한 후 2011년 축출될 때까지 무려 42년간 리비아를 철권통치한 카다피를 축출했다. 이는 이웃 중동 나라들을 강타해 모로코, 요르단, 이란, 알제리 등으로 확산

---

117. 토니 라인키, 『스마트폰, 일상이 예배가 되다』, 오현미 역, (CH북스, 2020), p. 45.

되었다. 이러한 엄청난 역사적 사건이 가능했던 것은 스마트폰 때문이었다고 많은 학자가 의견을 모은다. 스마트폰이 보급되면서 시위에 대한 과정이 SNS를 통해 빛의 속도로 사람들에게 퍼졌으며, 이는 엄청난 혁명으로 이어졌다.

## 내가 바꾸는 세상

아날로그 시대에서 애플리케이션을 만드는 프로그램은 상당히 숙련된 기술자들이 오랫동안 개발해야 가능한 것이었다. 또한 이러한 기술을 만든다고 하더라도 이를 배포하는 것에는 상당한 기간이 필요하였다. 하지만 디지털이 고도로 발달한 메타버스 시대에는 그 누구라도 애플리케이션을 만들 수 있고, 개발된 애플리케이션을 순식간에 전 세계인들과 공유할 수 있다. 그래서 손바닥 안에 있는 스마트폰만으로도 놀라운 역사적 전환이 일어날 수 있게 된 것이다. 아날로그 시대에는 하나의 콘텐츠가 거대한 이슈로 성장하기 위해서는 엄청난 재정과 물량이 필요했고, 많은 시간이 필요했다. 그러나 디지털 문화와 메타버스의 발달은 아주 작은 이슈도 순식간에 퍼져 나갈 수 있다. '릴스' '틱톡' '숏폼'과 같은 플랫폼에 올라오는 콘텐츠 중에서 조회 수가 많은 것은 일상적이면서도 독특한 내용들이다.

# 4

# 모티베이터
## (MOTIVATOR)

## 춤추게 하는 사람, 춤추는 사람

아이스 버킷 챌린지는 사회운동으로, 근위축성측색경화증(루게릭병)에 관한 관심을 환기하고 기부를 활성화하기 위해 머리에 얼음물을 뒤집어쓰는 것이다. 2014년 여름에 시작된 이 운동은 소셜 미디어를 통해 급격히 퍼져 나가 하나의 유행이 되었다. 참가자는 우선 모든 과정을 동영상으로 촬영해야 한다. 먼저 이 도전을 이어서 할 세 명의 사람을 지목하고, 24시간 이내에 이 도전을 받아

얼음물을 뒤집어쓰든지 100달러를 미국 ALS협회(루게릭병협회)에 기부하든지 선택하도록 유도한다. 그 후 참가자가 얼음물을 뒤집어쓰는 간단한 방식이다. 그러나 얼음물을 뒤집어쓰는 것이 하나의 사회 유행으로 퍼져, 기부하면서도 얼음물을 뒤집어쓰는 사람들도 상당수였다.

이러한 프로젝트가 가능한 것은 자기의 작은 행동이 루게릭병을 앓는 환자들을 돕는다는 동기 부여가 되기 때문이었다. 이런 챌린지가 디지털과 메타버스 플랫폼을 통해 모두에게 알려지는 것이 또 하나의 동기 부여가 되었다. 이처럼 명분이 분명하면 미래세대는 즉각적으로 반응하게 된다.

교회교육의 적용

## 학생은 학생들이 챙긴다

나는 학생들을 지도하면서 학생들에게 명분을 주고, 동기 부여를 주면 아주 효과적으로 반응하는 것을 체험했다. 내가 마산에서 중고등부 학생들을 섬길 때 이전과는 다른 시스템을 통해 학생들에게 도전을 주었다. 당시 학생들의 모든 활동은 교사가 주도하여 조직하고 학생들은 그에 따라 움직이는 시스템이었다. 하지만 나는 학생들이 주도적으로 참가할 기회를 주고 싶어서 사역을 만들었는데 정말 감사하게도 학생들이 적극적으로 참여해 주었다.

### 주보 기자단

예배 순서와 다양한 정보를 담는 주보를 하나의 소식지로 만들었다.

여기에 들어가는 기사들을 학생들이 작성하도록 지원했고, 그 학생들이 '주보 기자단'이라는 이름으로 활동했다. 학생들과 교사들을 인터뷰하고, 학생들에게 도움이 되는 정보를 찾아 모아서 이를 기사화하고 복사해서 학생들에게 나누어 주는 일들까지 섬기도록 하였다. 학생들이 스스로 만든 주보이기에 자부심이 가득하였고, 다른 학생들도 친구가 만든 주보이기에 이전과는 달리 소중하게 여기게 되었다.

### 그람마선교회(주보 보내 주기)

중고등부에 처음으로 나오는 학생들에게, 환영과 감사의 편지를 보내는 팀을 구성하고 가동하였다. 당시 학생들에게 교사와 사역자가 환영의 편지를 보내면, 때로는 그 학생 가정에서 불편해하고 거부감이 발생하기도 했다. 이러한 상황이 발생하지 않도록 학생들이 학생들에게 편지를 보내도록 했다. 새 친구가 여학생이면 여학생이 편지를 쓰게 하면서 가급적 불필요한 오해를 줄이도록 하였다. 2주 연속으로 결석한 학생들은 교사들로부터 정보를 받아서 2주간의 주보와 함께 안부를 전하며, 다음 주에는 교회에서 보자는 내용의 편지를 보냈다. 결석한 학생들에게도 교회가 관심을 가지고 있다는 것을 확인한 친구들은 소속감과 동시에 결석한 어색함을 지우고 교회에 다시 올 수 있었다.

### 새벽에 보는 얼굴이 아름답다

울산에서 사역할 때 방학 중에 학생들의 신앙 성숙을 도모하고 싶었다. 그래서 학생들이 방학 중에 매일 새벽기도회를 가질 수 있도록 준비하였다. 캐치프레이즈를 '새벽에 보는 얼굴이 아름답다'로 선정하고, 학생들에게 도전을 했다. 그러자 학생들이 반응해 주었다. 방학이 끝나고 개학을 앞두고서는 새 학기를 새롭게 준비하는 마음을 갖자고, 철야기도회라는 조금 버거운 프로젝트를 진행했다. 밤샘을 하지만, 기도만으로 채우지 않고 학생들이 조별로 콩트 경진대회 같은 다양한 프로그램을 도입하여 참여할 수 있도록 진행하였다. 학생들은 신선한 충격을 받으며 이러한 프로그램에 적극적으로 동참하게 되었다.

# 5

# 또 하나의 가족

## 요즘 젊은 것들의 사표

2016년 SBS 스페셜에서는 〈요즘 젊은 것들의 사표〉라는 다큐멘터리가 방송되었다. 이 다큐멘터리에서는 직장 내에서의 세대 간 갈등을 다루었다. 베이비붐 세대의 관리직 임원들이 M세대와 Z세대의 사원들과 충돌하는 내용이다. 관리직 임원들은 그들이 신입사원 시절에 겪은 방식대로 새로운 세대들을 대하면서 갈등이 촉발된다. 이전 세대에게는 감동이 되었던 문화가 새로운 시대에는 부담이 되고 기피 대상이 된다. 그로 인하여 안정적인 직장을 선호하지 않게 된다. 신입사원에게 "임원이 될 가능성이 보인다"라고 하면 아날로그 세대들에게는 커다란 칭찬이었지만, 미래세대들은 '직장에 발을 묶는 것'으로 해석한다. 회사를 떠나는 것이 아날로그 세대들에게는 견디기 어려운 고통이었고, 형벌로 생각했다. 아날로그 세대들은 '직장을 하나의 가족'으로 생각하고, '평생직장'의 개념으로 직장 중심 생활을 해 나갔던 것이다. 하지만 1997년 IMF로 인하여 이러한 의식은 깨졌고, 이전의 그 어느 세대들보다 탁월한 기술과 지식을 자유자재로 활용하는 미래세대들은 직장을 구하는 데 큰 어려움이 없다. 오히려 현재 직장보다 더 좋은 조건으로 이직할 수 있다. 그렇기 때문에 미래세대들은 기존의 관념에서 완전히 자유로운 삶을 살아간다. 이것은 가족 제도에 대한 관념에서도 나타난다.

## 가족오락관 vs 나 혼자 산다

〈나 혼자 산다〉라는 예능 프로그램은 2013년도에 방송을 시작하여 인기 프로그램으로 자리를 잡았다. 이 프로그램은 1인 가구에서 생활하는 이들의 라이프 스타일을 보여 준다. 아날로그 세대에서는 〈가족오락관〉이라는 프로그램이 유행하였던 것과는 대조적인 현상이다. 1인 가구의 증가로 인하여 기업체에서도 그들을 타깃으로 하는 제품들을 기획·출시하고 있다. 2019년 현대자동차에서는 젊은 1인 가구를 타깃으로 나홀로 라이프 SUV 차량인 '베뉴'를 출시했다. 가성비보다는 가심비를 중요시하는 계층을 공략하는 자동차였다. 1인 가구를 위한 가전제품의 시장도 꾸준히 증가하여, 2014년에 7조 9,300억 원이었던 규모가 2025년에는 9조 6,200억 원 규모로 증가할 것이라 추정하고 있다.[118]

---

118. 이노션 인사이트그룹, 『친절한 트렌드 뒷담화 2022』 (싱긋, 2021), p. 120.

## 결혼 적령기 인플레

평균적인 결혼 적령기 기준의 루틴이 깨어지고 있다. 아날로그 세대들은 평균적으로 입학, 졸업, 취업, 결혼, 출산에 대한 보편적인 시기가 있었다. 내가 결혼했던 1988년 전후에는 "교회 교역자는 일찍 결혼하는 것이 덕스럽다"라는 암묵적인 룰이 있었다. 나는 25세에 결혼을 하였고, 나의 친구 사역자들도 대략 비슷한 시기에 결혼했다. 하지만 1992년 〈질투〉라는 MBC 드라마가 '트렌디 드라마'라는 장르의 문을 열면서, 결혼의 연령도 점차 늦어졌다. 20대 중후반이 결혼 적령기라는 개념도 급속도로 변모되면서 결혼 연령이 높아지게 되었다. 그 외에, 굳이 결혼을 해야 하는가에 대한 의식도 아날로그 세대들과는 완전히 달라졌다. 자신을 비혼주의자라고 소개하며, 친구들의 결혼 축의금을 자신의 비혼선언식 파티 때 부조로 회수하는 경우도 나타나고 있다. 미래세대들에게는 가족을 위한 희생보다는 자신의 삶을 더욱 우선시하는 개념으로 의식이 달라지고 있다.

## 셰어하우스 면접

2017년 JTBC에서 방영된 드라마 〈청춘시대〉는 특별한 가족 관계를 보여 준다. 가정환경, 외모, 성격, 연애 스타일까지 모두 다른 5명의 여성이 거실과 화장실은 공용으로 두고, 방은 각자의 공간으로 사용하는 셰어하우스에 살아간다. 한 명의 거주자가 나가면 다음 입주자를 선정하는데, 입주한 이들의 면접을 통과해야 입주할 수 있다. 단지 한 공간을 사용하는 것이 아니라, 하나의 가족과 같은 공간을 공유하는 새로운 스타일로 살아간다. 주거 형태가 아날로그 세대들에게는 낯설지만, 디지털 세대들에게는 거부감 없이 받아들여지고 있다. 사람은 개인적인 존재이기도 하지만, 관계적인 존재이다. 어린 시절에 핵가족에서 자라난 세대들은 함께 살아가는 공동체성에 대한 갈망이 있다. '또 하나의 가족'이라는 타이틀로 가전제품을 소개하는 광고는 가전제품을 하나의 가족으로 인지하게 했다. 이전에는 '애완동물'로 불렀지만, 지금은 '반려동물'이라는 새로운 호칭으로 가족의 일원으로서 대우한다. 이처럼 미래세대에게는 전통적이고 전형적인 가족의 개념도 완전히 달라진다.

## 그렇게 가족이 된다

고레에다 히로카즈 감독은 시대적 흐름을 자신이 만드는 영화에 지속적으로 반영한다. 2013년에 개봉한 영화 〈그렇게 아버지가 된다〉는 이전의 가치관으로는 쉽게 납득하기 힘든 상황의 두 가족이 확장된 가족의 개념으로 서로를 대하는 모습을 그렸다. 2018년 칸영화제 황금종려상을 받은 영화 〈어느 가족〉에서는 아무런 연결고리가 없는 아이들이 새롭게 가족을 만들어 가는 과정을 담고 있다. 2022년 칸영화제에서 송강호를 남우주연상 배우로 만들어 준 영화 〈브로커〉에서도 완전히 결이 다른 사람들이 모여 가족 같은 정서를 나누는 공동체를 묘사하고 있다. 이러한 가족 개념을 '유사가족'이라고 한다. 전통적인 가족의 가치관이 무너지고, 해체되면서도 가족에 대한 갈망이 이러한 현상을 만들고 있다.

교회는 새롭게 변화되는 시대에 기준을 제공할 수 있어야 한다. 교회는 기존의 패러다임을 벗어나는 새로운 형태가 도래할 때에 그저 방관해서는 안 된다. 새로운 변화에 적절한 가치관을 제시하고, 그에 맞는 복음적인 대안들을 시도해야 한다. 시도 과정에서 시행착오가 있을 수밖에 없지만, 더욱 효과적인 해법을 찾을 때까지 노력해야 한다. 이것이 문화변혁자로서 교회와 그리스도인의 거룩한 책임이다.

## 새로운 가족 공동체

김해 인제대학교 SFC(학생신앙운동)를 섬기는 백경태 간사와 김다훈 간사는 코로나 시국에 활동이 불가능한 캠퍼스 선교사역의 방향을 고민하였고, 방안을 찾던 중 '학사'에서 해법을 찾았다. 다른 지역에서 유학을 오는 학생들이 기거할 공간이 없는 현실적인 문제를 풀어 주기 위해 3개의 방이 있는 복층 집을 학사로 구하게 되었다. 이 공간을 제대로 운용하기 위해 필요한 가구와 용품을 구하려고 여러 달 동안 당근 거래를 20회 넘게 하고, 학생들도 강의가 비는 시간을 활용해 학사를 준비하는 데 힘을 보탰다. 이렇게 준비한 학사를 새로운 시대의 사역을 위한 기점으로 활용하도록 방향을 잡았다. 코로나로 인하여 동아리방이 폐쇄되어 갈 곳이 없던 학생들에게 학사는 제2의 동아리방이 되었다. 학사는 월요일 저녁기도회, 화요일 큰 모임, 목요일 작은 모임, 그리고 매일 진행되는 모닥불기도회를 진행하는 공간으로 사용되었다.

학사원들은 매주 학사 회의를 통해 교리를 배우거나 삶의 나눔, 책 모임 등을 통해 배움과 삶이 일치되는 생활을 함께 나누면서 영적 성숙을 이루게 되었다. 또한 학사 공간은 학사원들만의 전유물이 아니라 다른 학생들에게도 개방되었다. 학사는 자취방이 아니라 훈련의 장이며, SFC 모임의 장소를 제공한다는 자체 규칙에 따라 다소 불편할 수 있음에도 학사원들은 적극 협조하였다. 코로나가 약해졌지만 여전히 모이기 어려운 상황에서도 새벽까지 함께 모여 나눔을 할 수 있는 학사 공간에서, 교제와 양육과 훈련이 코로나 이전보다 더욱 강력하게 진행될 수 있었다. 이론과 말로서의 공동체가 아니라, 서로 양보하고 섬기면서 진정한 그리스도 안에서의 한 몸임을 직접 체험하게 되었다. 이를 통하여 교회는 결국 또 하나의 가족 공동체임을 이론이 아닌, 삶으로서 확인하게 되었다.

# 6

# DREAMS COME TRUE

## 파전에서 김사부로

'파트타임으로 일하는 전도사'의 고군분투기가 페이스북에 연재되었다. 주말에는 교회에서 전도사로 사역하지만 평일에는 치열한 삶의 현장에서 몰을 갈아 넣는 듯한 고된 노동을 하면서 묵상한 내용을 담은 김정주 전도사의 이야기다. 책상에서의 메마르고 날카로운 이론이 아니라 생생한 삶의 현장에서 느끼는 애환들은 많은 사람에게 깊은 공감을 불러

일으키며 도전을 주었다. 다양한 아르바이트를 하면서 직접 체험한 이야기들을 모은 책 『파전행전』(선율)이 출간되었을 때, 삶에 뿌리내린 영성이

어떤 것인지 체험하게 되었다. 행복나눔교회에서는 '작가 초청의 시간'에 김정주 작가를 모시고 북 토크 시간을 가졌는데 더욱 깊은 도전을 받았다. 이후에도 지속적으로 평일에는 아르바이트를 하고, 주일에는 교회에서 파트타임으로 전도사 사역을 하면서 SNS에 포스팅을 이어갔다. 그로 인해 또 다른 책들의 집필로 결실을 맺었다.

또한, 자신이 책을 출간하는 것으로 끝나지 않고 글을 쓰고자 하는 이들을 돕기 위한 프로젝트를 진행하였다. 코로나 팬데믹 기간에는 온라인으로만 참가자들을 모집하여 글쓰기 프로그램을 진행하였다. '쓰고 뱉다'라는 이름으로 진행되는 글쓰기 모임은 기본반 4주, 성숙반 5주, 숙성반 8주로 구성되어 있다. 매 기수는 7명에서 10명 정도 모이는데, 벌써 16기까지 진행되었다. 본인이 글을 쓰고 책을 출판하는 것을 넘어, 글을 쓰고 싶어 하는 이들을 돕고 있다.

아날로그 시대에 책을 출간한다는 것은 여간 어려운 일이 아니었다. 아주 특별한 업적을 남기는 경우에 그 과정을 책으로 옮기거나, 신춘문예에서 엄청난 경쟁을 뚫고 당선이 되어야 겨우 책을 쓸 기회가 주어졌지만, 이것도 출간을 보장해 주는 것은 아니었다. 하지만 메타버스 시대에는 라이프로깅인 SNS를 통하여 활발하게 포스팅을 할 수 있다. 이를 통하여 글쓰기 훈련이 되고, 다른 이들의 좋은 반응을 얻은 글들을 모아서 책을 출간할 기회가 주어졌다.

## 미래세대 문화 섬김 캠프 - 올인캠프(오륜교회)

오륜교회에서 진행하는 '올인캠프'에
서 2010년 설교로 섬긴 적이 있었다.
오륜교회에서는 어려운 상황을 겪는
교회의 중고등부 학생들을 초청하여
은혜로운 집회를 준비하였다. 설교를
하기 직전에 김은호 목사님과 잠시 환
담할 수 있는 시간이 있었는데, 올인
캠프의 목적과 진행 과정에 대해 말씀
해 주셨다. 오륜교회에서는 성도님들

을 대상으로 올인캠프의 티켓을 판매하고 그 수익금으로 집회에 참여
한 학생들을 집회 후에 섬길 재정을 마련하였다. 은혜 가운데 집회를
마무리하고 나면, 집회에 참석한 학생들이 롯데월드를 비롯한 다양한
문화를 체험하도록 배려했다. 어려운 상황의 학생들도 시대 문화에 소
외되지 않게 배려하고 섬기는 모습에 깊은 감동을 받았다. 교회가 그
리스도의 몸인 공교회성을 서로가 존중하며 이러한 사역을 감당하는
것은 정말 바람직한 일이다. 교회가 그 시대에 주어진 거룩한 사명에
대한 사명을 감당하면서, 한국교회가 건강하게 세워지는 데 큰 활력을
더할 수 있다.

## 거제 송진교회의 경주 콘도 탐방기

1996년부터 5년간 섬겼던 거제 송진교회의 아이들은 문화적인 불모
지에 있었다. 담임목회자로 부임한 나는 아이들에게 다양한 문화를 경

험하게 해 주고 싶었다. 여러 방안을 고민하던 중 경주의 콘도에서 학생들을 위한 일일 성경캠프를 진행하였다. 아이들에게 새로운 경험들을 시켜 주는 것이 아이들이 미래를 열어 가는 데에 큰 도움이 될 것이라는 판단 때문이었다. 이런 내용을 교회에 광고했더니, 감사하게도 여러 가정에서 협찬을 해 주어 재정이 충분히 채워졌다. 마치 수학여행 가는 기분으로 아이들이 교회로 모였다. 미리 준비한 간식을 나누면서 이동하는 중에 본 아이들의 얼굴은 이미 천국이었다. 경주에 도착하여 숙소로 들어가자, 콘도미니엄이 대부분 처음이었던 학생들은 너무 즐거워하면서 신나게 캠프에 참여하였다. 밤을 새워 게임하고 수다에 열중하던 아이들은 새로운 문물을 기쁨으로 누렸다. 교회 성도님들의 섬김으로 식사를 마친 학생들은 경주 놀이공원에서 정말 행복한 시간을 만끽했다.

## 한 번의 추억이 한 아이를 꿈꾸게 한다

그로부터 12년이 지난 후에, 교목으로 사역하면서 놀라운 경험을 했다. 부산의 대학교에서 집회할 때 쉬는 시간에 한 학생이 찾아왔다. "목사님, 저 유희예요." 내가 거제 송진교회를 섬길 때 유치부 아이가 이제는 대학생이 되어 나를 찾아온 것이다. 유희는 경주 콘도에서의 만남 이후에 호텔리어를 꿈꾸게 되었다고 했으며, 대학 전공도 그에 맞춰 진학하게 되었다고 말했다.

그 후 10년이 지나서 유희는 결국 호텔리어가 되었고, 고향인 거제도에 신축된 리조트에서 근무하게 되었다. 한 번의 추억은 한 아이를 꿈꾸게 한다. 어릴 때 만난 새로운 경험은 앞으로 살아갈 날에 대한 새로운 그림을 그리게 한다. 그 꿈은 살아갈 이유를 주며, 살아갈 동력을 갖게 한다. 교회의 역할은 지금 당장 꿈꿀 수 없는 아이들에게 새로운 꿈을 꿀 수 있는 다양한 기회를 제공하는 것이다. 가정형편이 어려워 문화의 소외지대에 갇힌 아이들이 새로운 꿈을 꿀 수 있는 시간을 조성해 주는 것이 참으로 중요한 것이다.

너희의 자녀들은 예언할 것이요 너희의 젊은이들은 환상을 보고(행 2:17).

# 7

# 종교로부터의 탈출
## (Exodus from the Church)

### 신은 아마도 없을까?

'신은 아마도 없을 것이다. 이제 걱정을 멈추고 인생을 즐겨라.'

2007년 12월, 영국 버스 광고판에 등장한 문구다. 무신론자들의 모임인 '영국 인본주의자 협회'가 영국 전역을 운행하는 버스 중 800대에 이런 광고판을 설치했다. 이를 주도한 이는 리처드 도킨스인데, 그는 영국 옥스퍼드대학교에서 석좌교수로 재직하면서 진화론을 대중에게 전하는 전투적 진화론자다. 기독교를 정면으로 공격하는 책『만들어진 신』을 2006년 출간했다. 이 책은 진화론 진영에 닥친 여러 위기를 구원하는 엄청난 영향력을 발휘했다. 그는 "종교는 사람들을 언제든지 살인 무기로 만들 수 있는 바이러스의 일종이다"라며 종교에 대하여 극단적인 호전성을 드러낸다. 그는 기독교에 대한 적대적 시각을 알리기 위하여 이 홍보 방식을 사용하였고, 이러한 시도는 국내에도 도입되었다.

"나는 자신의 창조물을 심판한다는 신을 상상할 수 없다."

알베르트 아인슈타인 박사의 말을 인용한 광고를 2010년 한국 반기련
(반기독교시민운동연합)이 서울 시내와 경기도 광명시를 오가는 4개 노선 8대
버스에 1개월간 계약하여 내걸었다. 리처드 도킨스의 반기독교 광고 이
후 이는 스페인과 이탈리아로 번졌고, 우리나라에도 상륙한 것이다. 결국
기독교계의 반발로 4일 만에 중단되었지만, 기독교에 대한 부정적인 시
선이 젊은 세대들을 중심으로 퍼져 가고 있다.

## 페스트 이후의 탈종교화

탈종교화 현상이 세계적으로 급속히 일어나게 된 특별한 시점은 유럽
에서 페스트(흑사병)가 들끓기 시작한 이후였다. 1347년 남부 유럽에서 시
작된 흑사병은 순식간에 유럽 전체와 러시아, 아프리카에까지 엄청난 피
해를 입혔다. 흑사병은 중세 유럽에서 7,500만~2억 명의 목숨을 앗아 간
최악의 전염병으로, 당시 유럽은 이 전염병 때문에 인구의 1/3이 줄었다.
유럽이 흑사병 이전 인구를 회복하는 데는 200년이란 시간이 필요했고,
급격한 변화의 소용돌이에 휩싸였다. 가장 큰 직격탄을 맞은 곳은 종교계
였다. 흑사병 이전 유럽에서는 왕보다 교황이 더 큰 권력을 가지고 있었
다. 하지만 흑사병이 창궐할 시기에 강력한 힘을 가졌던 중세교회는 영향
력을 잃기 시작했다. 가족과 주변의 사람들이 너무 무기력하게 죽어 가는
상황에서, 종교는 전혀 힘을 쓰지 못하고 점차 권위를 잃어 갔다. 이러한
종교에 대한 신뢰가 흔들리고 불신이 쌓이면서 1517년 종교개혁의 주요

원인이 되었다.[119]

## 코로나가 만든 탈종교화

코로나 팬데믹 이후 교회당이 폐쇄되고, 교회교육이 중단되면서 거의 3년에 가까운 기간 동안 미래세대들이 교회당에 출석하지 않게 되었다. 이로 인하여 평소 교회 출석에 망설이던 세대와 학생들이 교회로 돌아오지 못하게 되었다. 또한 불신 가정은 물론, 교회 성도들의 가정에서조차 학원, 쇼핑몰에는 학생들이 출입하게 하면서도 교회당으로는 출석하지 못하게 하는 일들이 일어났다.[120]

2021년 아크연구소에서는 신학 교수들과 청년들이, 젊은 세대가 교회를 떠나는 현상에 관하여 연구하였다. 교회를 떠나는 이유를 살펴보니 목회자에 실망하거나 헌신을 강요하는 것, 그리고 공동체 관계에 문제가 발생하거나 개인 신앙의 문제 발생, 교회 문화 등의 요인이 나타났다.[121]

한국갤럽의 조사에 따르면, 한국의 종교인 비율은 2004년 45%였지만, 2014년 31%로 감소했고 다시 22%로 떨어지면서 감소세가 가팔라지고 있음을 보여 주고 있다. 이러한 추세는 점차 커지면서 미래세대들의 비종교화가 탈종교화로까지 이어지고 있다. 그러면 종교의 영향력이 줄고 있다고 느끼는 이 시대에 종교가 사회에 도움을 준다는 인식은 얼마나 될

---

119. 유종민, 『코로나 키즈가 온다』 (타래, 2020), p. 23.
120. 이현철 외, 『위드코로나 시대 다음세대 신앙리포트』 (SFC, 2022), p. 202.
121. 지용근 외, 『한국 교회 트렌드 2023』 (규장, 2022), p. 177.

까? 2014년에는 '종교가 사회에 도움을 준다'라는 응답이 63%나 되었지만 2021년에는 38%로 25%나 크게 낮아졌다. 미래세대들이 교회를 떠나지 않도록 하는 다양한 방법 중에서 가장 중요한 요소는 교회의 필요성을 느끼게 해 주는 것이다. 교회에 대한 필요성을 온전히 경험하게 해 주면서 교회에 머물 수 있도록 하는 것이 필요하다.

## 교회교육의 적용

### 교회가 존재하는 이유

1980년대만 하여도 교회가 세상을 앞섰다. 교회에서 여름성경학교를 하면 평소에 교회를 다니지 않던 아이들도 교회에 와서 여름성경학교 프로그램에 참여하였다. 여름성경학교에서는 다양한 프로그램을 통해 다양한 영역에서 큰 충족감을 주었고, 이는 복음화에 크게 이바지하였다. 대학생들도 교회에 교사로 활동하고, 학원 선교 사역에도 열정적이었다. 1990년대 후반부터 교육 공학이 중심이 되면서 공교육이 급속도로 발달하고, 다양한 문화 콘텐츠가 폭발적으로 쏟아져 주일학교 학생들의 숫자가 급감하기 시작하였다. 대학생들도 1997년 IMF 이후 취업 시장이 어려워지면서 개인 스펙을 준비하고, 고시를 준비하는 과정에서 교회를 떠나는 경우가 많아졌다. 특히 코로나 팬데믹 상황이 3년간 지속되면서 그동안 억지로라도 교회를 다니던 청년들과 학생들은 교회를 떠나게 되었다.

### 시골 마을에 세워진 위성 안테나

방학이 되면 학생들은 EBS 교육 방송을 시청하면서 과제물을 해야 했다. 당시 교회가 위치한 지역은 유선이 연결되지 않아서, 아이들은 방학에도 다른 마을의 친구들 집에 가야 했다. 일주일에 두세 번을 친구 집으로 가야 하는 것이 부담스럽기도 했고, 친구 집에 가면 하루를 낭비하기도 했다. 이 문제를 어떻게 해결해 줄까 고민하면서 방법을 찾아보다가 결국 1997년도에 '위성 방송'이 가능하다는 것을 알게 되었다. 그런데 이 방송이 나오게 하려면 '위성 안테나'가 설치되어야 했다. 위성 방송용 안테나 설치에는 상당한 비용이 필요했지만 당시 교회에는 그만한 재정이 없었다. 마을에서는 그 누구도 이 문제에 관심을 두지 않았다. 하지만 나는 아이들이 너무 힘든 상황을 외면할 수 없어서 결국 방법을 찾아냈다.

나는 교회 재정부에 요청하여 퇴직금 통장을 해지해 달라고 했다. 재정부에서는 좀 주저하였으나 강력하게 요청해서 퇴직금 통장을 해지하여, 위성 방송용 안테나를 구입하고 설치했다. 당시에 가장 큰 화면의 TV를 교회 교육관에 설치하였다. 게다가 교회의 난방 시설이 재래식이어서 불편이 많았는데, 이를 개선하기 위하여 난방기까지 설치하였다. 그로 인해 학생들이 다른 지역에 가지 않고 교회에 와서 EBS를 시청하면서 방학숙제를 하게 되었다. 또한 사모가 학생들에게 과제 이후에는 피아노 레슨을 시켜 주었다. 이를 통해 교회 다니지 않던 아이들도 자연스럽게 주일학교에 출석하게 되었다.

이러한 활동으로 인하여 교회에 대한 마을 주민의 시선은 완전히 우호적으로 바뀌었다. 여름이나 겨울에는 다른 외부에서 송진교회로 수련회를 많이 왔다. 교회당이 마을 언덕 위에 있어서, 수련회를 온 팀들이 밤늦게 집회를 하면 조용한 마을에 소음문제가 발생했다. 하지만 평소에 교회가 마을과 자녀들에게 행한 사역들이 있었고, 집회를 온 청년들이 마을에 봉사활동을 했으며 마을 학생들을 위하여 다양한 프로그램을 진행하였기에 도리어 간식거리를 지원해 주셨다. 교회가 존재할 이유를 스스로 증명할 때에 교회의 영향력은 강해진다. 교회가 이벤트나 홍보가 아니라 그 지역에서 필요한 일들을 찾아내고, 실천할 때 교회에 대한 부정적인 의식들은 사라지고 교회의 위상이 세워진다.

지난 팬데믹 기간에 나는 몇 교회에서 지역민들을 대상으로 메타버스에 관한 심포지엄을 진행하였다. 나의 지위를 목사가 아닌, 고신대학교 겸임교수로 소개하면서 일반인들도 메타버스에 대한 이해를 높이고 메타버스 시대의 자녀들을 어떻게 이해하며, 그들의 진로를 지도할 것인가를 시리즈로 강의했다. 교회가 현시대 상황에 가장 적절한 교양 강좌를 하면서, 전도 초청 행사를 하는 것에는 약간 거부 반응이 있던 분들도 교양과 자녀지도에 관한 부분에는 관심을 가지고 참가했다. 행사 중에는 불신자들도 거부감을 느끼지 않는 강의를 준비하여, 참가한 분들이 교회가 지역에 아주 좋은 일들을 한다는 후기를 남기고, 나중에는 교회에 등록하는 계기가 되었다고 한다. 이처럼 교회는 항상 이 시대에 교회가 존재할 바로 그 이유를 내부 중심적으로 판단하지 않고, 외부의 시각으로 파악하고 이를 앞서 준비하는 것이 필요하다.

# 8

# '메타버스'를 향한
# '테라포밍'

　'테라포밍'은 사람이 생존할 수 없는 다른 행성을 사람이 살 수 있도록
만드는 것이다. 메타버스 공간이 처음에는 어색하고 비현실적이었고, 단
지 게임 정도의 기능만 감당했다. 하지만 기술이 발달하고 점차 현실감이
강해지면서 실감나는 플랫폼에서의 프로그램들이 가능해졌다. 현실을 모
방한 증강현실의 세계, 서로의 삶을 기록으로 모방하는 라이프로깅의 세
계, 현실의 구조물과 관계를 모방하는 거울 세계를 망라하는 메타버스의
세상이 갈수록 발달하면서 일반인들도 메타버스 공간에서 머무는 시간이
점점 증가하고 있다.[122] 메타버스를 구현하는 기술의 발달로 현실과 거의
동일한 메타버스 환경에서 업무를 처리하고 콘서트에 참석하며, 경제 활

---

122. 김상균, 『메타버스』(플랜비디자인, 2020), p. 324.

동을 원활히 할 수 있게 되면서 테라포밍 현상은 더욱 늘어난다. 현실에서는 만나기 어렵고 경험하기 어려운 활동들도 손쉽게 해결할 수 있게 되었다. 신앙생활도 메타버스를 통하여 누리면서 메타버스 안에 머무는 시간들이 점차 늘어나게 된다.

## 가상 공간 히키코모리

2021년 3월 「경향신문」에서 보도된 것처럼, 메타버스 플랫폼을 사용하는 이용자가 플랫폼 안에서 머무는 시간이 점차 늘어나고 있다. 심지어 나이가 많은 사람 중에서도 메타버스에 대하여 처음에는 배타적인 자세를 취하다가, 그 편리성을 경험하면서 메타버스 안에서 콘텐츠 소비자가 아니라 콘텐츠의 생산자로 전환하는 경우까지 나타나게 되었다. 메타버스가 더욱 현실 같은 경험을 제공하면서, 현실과 메타버스의 시공간이 함께 결합하게 되는 경향으로 발전해 가고 있다.

## 일상으로의 복귀

영화 〈레디 플레이어 원〉에서 주인공 퍼시벌은 이스터에그 3개를 차지하면서 메타버스 플랫폼인 '오아시스'를 운영하는 권리를 얻게 된다. 퍼시벌은 그 권리로 일주일에 2일은 오아시스를 폐쇄하기로 한다. 오아시스라는 플랫폼 안에서는 자신이 원하는 모든 것을 누릴 수 있지만, 현실은 냉혹하고 삭막하다. 하지만 주인공은 현실이 비루하다고 해도 현실에서의 시간을 갖도록 폐쇄한 것이다.

남녀노소를 막론하고 메타버스 공간을 찾는 것은 현실로부터 탈출하기 위함이다. 메타버스 중독을 극복하기 위해서는 현실 세계로부터 도망갈 필요가 없도록 하는 것이다.[123] 현실에서의 시간과 공간을 충분히 누리게 하는 것이 절대적으로 필요하다. 각 가정과 교회에서 인격 대 인격으로 만나고 연결되는 프로그램이 필요하다. 또한 메타버스에 은사가 있는 학생들이 자기의 재능을 잘 발휘하도록 동기 부여를 제공하면서 온라인과 오프라인이 균형 있게 가도록 해야 한다.

## 교회교육의 적용

### 나이키의 상대는 닌텐도다[124]

1985년 마이클 조던이 NBA에 입단하면서 사상 처음으로, 나이키에서 제공한 전용화를 신기 시작한 나이키는 폭발적인 성장세와 함께 세계 1위의 스포츠용품 업체로 자리매김하게 되었다. 승승장구하던 나이키는 1994년부터 1998년까지 5년 연속 세 배 이상의 경이적 성장률을 기록해 오다 성장률 둔화의 기미가 보이기 시작하자 경영 혁신에 돌입했다.

123. 루시 조 팰러디노, 『스마트폰을 이기는 아이』, 이재석 역, (마음친구, 2018), p. 177.
124. 정재윤, 『나이키의 상대는 닌텐도다』 (마젤란, 2006), p. 19.

이 시기에 나이키는 소니, 닌텐도, 애플 등을 새로운 경쟁 상대로 규정했다. '나이키의 경쟁사'라고 하면 동종 업종의 리복, 퓨마, 아디다스라고 보통 생각할 수 있지만, 나이키는 근본적으로 생각의 전환을 했다. 나이키는 왜 닌텐도 같은 게임 업체를 경쟁 상대로 생각했을까? 그 이유는 나이키의 주 고객층이 바로 청소년들이라는 사실 때문이다. 청소년들이 집안에서 닌텐도 게임에 몰두하게 되면, 야외에서 운동하는 시간이 줄어들게 된다. 이는 곧 운동화를 신을 시간이 줄어든다는 의미이기에, 매출에 직격탄을 입힌다는 결론을 얻게 되었다. 그래서 나이키는 집안에서 닌텐도 같은 게임을 하는 것보다 야외에서 운동하는 것이 더욱 멋지다고 홍보의 방향을 바꾸었고, 그로 인하여 더욱 큰 수익을 얻게 되었다.

## 안에 갇히면 몸을 잃어버린다

미국의 교사 출신이자 교육운동가인 존 테일러 개토는 어른들이 아이들을 '안'에 가둔 탓에 '몸'을 잃어버렸다고 개탄하였다.[125] 스마트폰 안에 갇혀 사는 아이들은 자기의 몸을 쓰지 않으면서 몸이 점점 퇴화하기 시작한다. 스마트폰을 대표로 하는 디지털 문화 속에 아이들이 갇히면 점차 몸을 사용하는 기회를 잃어버리게 된다. 디지털 문화가 본격적으로 퍼지기 이전인 1996년에는 부모들이 자녀가 밖에서 노는 것을 싫어했다. 밖에서 놀기보다는 방 안에서 공부를 하기 원했다. 하지만 그로부터 30년이 지나서는 아이들이 디지털 안에 갇히지 말고, 야

---

125. 김대진, 『청소년 스마트폰 디톡스』 (생각속의집, 2020), p. 256.

외에서 활동하도록 밖으로 끌어내리려고 한다. 2019년 말부터 시작된 코로나 팬데믹으로 인해 더욱 실내 문화가 고정되면서 야외 활동의 중요성이 커지고 있다.

## 위험이 아이를 키운다

놀이운동가이자 놀이터 디자이너 편해문 씨는 위험이 아이들 성장에 중요한 요소라며 이렇게 말한다.

"아이로부터 위험을 숨겨 위험과 만날 수 없게 하는 것이 가장 큰 위험이라고 생각한다. 위험을 두려워하여 아이들로부터 놀이를 빼앗으면 아이는 한없이 무력해질 것이다."[126]

이는 아이들을 일부러 위험에 방치해야 한다는 말이 아니다. 아이들은 위험을 인지하고 위험을 극복하는 과정에서 성장한다. 나는 어린 시절에 자연 속에서 놀았다. 장난감과 놀이 기구가 많지 않았기 때문에 자연 속에 있는 것들을 활용하여 놀이를 즐겼다. 심심한 시간이었기에 두뇌를 활용하여 다양한 게임을 시도하였다. 주변에 많던 친구들과 함께 놀이 규칙을 만들고 새로운 놀이를 만들기도 하면서 사화의 큰 유일을 누리기도 하였다.

미래세대는 집안에서 디지털 기기를 통하여 다양한 즐거움을 누릴 수 있다. 이러한 즐거움에 점차 익숙해져서 스마트폰 같은 디지털 기기에 갇혀 버리면 그 아이의 몸과 정서는 함께 망가진다. 실내공간에서 몸을 쓰지 않으면 제대로 사용되지 않는 에너지가 비만, 우울, 불안, 무기

---

126. 김대진, 『청소년 스마트폰 디톡스』 (생각속의집, 2020), p. 258.

력, ADHD(주의력결핍 과다행동장애)로 나타나게 된다. 그러므로 교회학교에서는 학생들이 보다 역동적인 활동을 할 수 있도록 다양한 기획을 해야 한다. 한국교회 교회학교의 많은 프로그램이 수동적이고 통제적이다. 이러한 경향에서 벗어나 능동적이고 자연에서 누릴 수 있는 프로그램들을 기획하고 시행하는 것이 필요하다.

## 냇가에서의 수련회 추억

1995년 울산에서 청소년들을 지도할 때 수련회 프로그램을 이전과는 다르게 획기적으로 진행했다. 그동안 그 교회에서는 중고등부 수련회를 교회 내부에서 진행했지만, 1995년에는 경북 청도의 시골 교회에서 하기로 했다. 여러 사람이 우려했지만, 교사회에서 전적으로 신뢰해 주셔서 감행할 수 있었다. 여러 번의 현지답사를 하면서 시골 교회의 주변 환경을 충분히 활용하여 야외 프로그램을 많이 기획했다. 월요일에 수련회가 시작하는데 그 직전 주말에 태풍이 연달아 상륙한다는 기상예보에 엄청나게 긴장하면서 기도하였다. 놀랍게도 그 태풍들이 주일 밤에 진로를 바꾸면서 많은 비만 내리고 우리나라를 지나갔다. 화창한 날씨에 기쁨으로 수련회장에 도착하니, 교회 앞 냇가에 엄청난 물이 흐르고 있었다. 우리나라로 올라오던 태풍이 남기고 간 선물이었다. 아이들은 짐을 교회에 두고는 냇가로 가서 물놀이를 하면서 즐거운 수련회를 시작했다. 식사 시간에도 아이들은 냇가에 발을 담근 채 식사를 하고, 자진해서 설거지까지 했다. 야외에서 공동체 게임을 하면서 완전한 해방감을 누렸다. 밤중에는 밤하늘에 펼쳐지는 수많은 별을 보면서 황홀할 정도의 기쁨도 누렸다. 이 당시의 학생들이 자라나서 지금은 다양한 사역을 하고 있다. 그 제자들과 함께 만날 때는 이

구동성으로 그 수련회의 추억들을 말한다. 그렇다. 교회학교에서는 학생들에게 놀라운 경험들을 제공해야 한다.

# PART 4
# 미래세대를 위한 섬김

# 팝스타의 내한 공연사

1969년 10월 15일 클리프 리처드가 이 땅에 왔다. 3일 동안 서울시민회관과 이화여자대학교 강당에서 열린 공연은 전회 매진에 열광의 도가니였다. 관객들의 환호와 비명 때문에 정작 클리프 리처드의 노랫소리는 듣기 힘들었고 특히 'The Young Ones' 노래는 오히려 클리프 리처드가 관객들의 노래를 감상하게 될 정도였다. 10월 18일 이화여대 강당에서 열린 마지막 공연에는 정원 3천 명을 훨씬 초과하는 인파가 몰렸다. 공연장에 못 들어간 사람들도 공연장을 떠날 줄 모르고 밖에서 환호했다. 그 당시 한국은 굉장히 엄격한 경직된 사회 분위기였지만 관객들의 열정은 뜨겁게 타올랐다. 당시 사회에서는 상상할 수 없는 엄청난 반응이었다.

1980년에는 레이프 가렛이 내한공연을 했다. 그는 1977년 데뷔하여 'I Was Made For Dancing'이라는 노래로 폭발적인 인기를 끌며 전 세계 소녀 팬들을 열광시켰다. 숭의음악당에서 열린 레이프 가렛의 공연장에는 그의 이름을 연호하는 여학생들의 함성으로 가득했다. 공연이 시작되면서 그 열기는 폭발하였으며 관객이 실신하는 일들도 일어났다. 공연 중에 열광하던 여학생이 속옷을 투척할 정도로 열정적인 반응은 그 당시의 기성세대들에게 엄청난 충격을 안겨 주었다.

1992년 2월 16일 당대 최고의 인기 하이틴 그룹 '뉴키즈 온 더 블록'이 내한공연을 위하여 김포공항을 통해 입국하였다. 공항에 몰려든 1천여 명의 소녀팬은 '뉴 키즈 온 더 블록'이 입국장으로 들어서자 엄청난 환호를 보냈고, 수많은 인파에 부상자들이 속출하기도 했다. 2월 17일 올림픽공원 체조 경기장에서 열린 공연에 1만 5천 명의 팬이 열광하다가 최고의 히트곡인 'Step By Step'을 부르자 1천여 명의 열성 팬이 자리를 이탈하여 무대 앞쪽으로 몰렸다. 이 와중에 다수의 소녀가 인파에 밀려 깔렸고, 1명이 뇌사 상태에 빠졌다가 사망하고 23명의 부상자가 발생했다. 이로 인하여 한동안 외국 뮤지션의 내한공연이 금지되었다.

1969년에 클리프 리처드의 공연에 열광적인 환호를 보냈던 젊은 세대가 결혼하고 낳은 자녀들이 1992년의 뉴키즈 온 더 블록의 공연에 열광하는 신세대들이 되었다. 클리프 리처드의 세대들은 자기들이 환호하고 열정을 쏟는 것은 당연하게 받아들이고, 뉴 키즈 온 더 블록의 공연에 열광하는 새로운 세대들을 못마땅하게 여겼다. 클리프 리처드의 노래가 진짜 노래이지, 뉴키즈 온 더 블록은 노래가 아니라 그냥 퍼포먼스에 불과하다면서 냉랭하게 바라보았다.

정서적으로 민감한 청소년기에 어떤 문화를 경험하는가에 따라서 그 세대의 취향이 결정된다. 그 취향은 이전 세대와는 완전히 다른 것으로, 이는 정서적 차이로 이어지고 마침내 이전과는 다른 행동 양식으로 나타난다. 이를 이해하지 못할 때 세대 간의 갈등이 더욱 극렬하게 된다.

# 1
# 기성세대는 신세대를
# 탐탁지 않게 생각한다

**펠라기우스의 대학생 평가**

"요즘 대학생들은 강의에 출석만 하지, 강의에서 무언가를 배워 가고자하는 의지가 없다. 공부보다는 연애같이 무시해도 될 만한 것에 몰두하고자신이 모르는 것에 대해서 질문을 하지 않는다. 건전한 활동으로 자신의역량을 늘리기보다는 주말마다 친구들과 놀러 다니기 일쑤다. 그리고 받은 장학금을 올바르게 쓰는 것이 아니라 술집이나 파티, 놀이하는 데 써버리며 지식도, 도덕도, 돈도 없이 집으로 돌아간다. 요즘 대학생들은 정말 한숨만 나온다."

이는 현대에 일어난 일이 아니라, 1311년 여름, 중세 시대 사제인 '알바루스 펠라기우스'가 한 말이다. 기성세대가 신세대를 이해하지 못하는것은 동서고금을 막론하고 항상 있어 왔다. 신세대는 기성세대들을 납득하지 못하고 기성세대의 충고를 간섭으로 생각한다. 이러한 대립은 시대와 국가를 막론하고 발생하였다. 이러한 상황에서는 결국 기성세대가 새로운 세대들을 품어야 한다. 문명학자인 아놀드 토인비는 이렇게 설명한다.

"세대 간의 오해는 불가피하고 그것을 해소하는 것 또한 쉽지 않다. 그럼에도 불구하고 문제를 줄이려면 기성세대가 먼저 스스로 책망하고 반성해야 한다. 젊은 세대들은 죽을 때까지 젊은이의 정신을 지녀야 한다."[127]

## 헨젤과 그레텔 현대 버전

『헨젤과 그레텔』에서 마녀는 과자로 만든 집으로 아이들을 유인한다. 그런데 이를 패러디한 현대 버전 동화에서는 마녀가 다양한 과자로 집을 꾸미기는 했는데 아이들이 오지 않았다. 마녀는 그 이유를 도무지 알지 못하고 어리둥절해한다. "이 맛있는 걸 준비했는데, 왜 아이들이 안 올까?" 하지만 그 해답은 자신이 준비한 과자에 있다. 마녀는 자기의 어린 시절에 즐겨 먹던 과자들로 준비를 했던 것이다. 아이들은 옛날 과자에 흥미를 두지 않는다. 기성세대가 자기가 좋아하는 것으로만 준비한다면 새로운 세대들과 거리가 생길 수밖에 없다.

---

127. 허두영, 『요즘 것들』 (사이다, 2018), p. 102.

# 2

# 미래세대의 이해

미래세대들은 태어남과 동시에 디지털 환경 속에서 자랐다. 눈을 뜨자마자 아이패드를 만났다. 그렇기에 누가 가르쳐 주지 않아도 자연스럽게 애플리케이션을 설치하고 게임을 즐긴다. 자신이 보고 싶은 애니메이션을 즉시 볼 수 있고, 듣고 싶은 음악도 바로 뮤직비디오와 함께 시청할 수 있다. 글보다는 영상이 익숙하며, 아날로그보다는 디지털을 통한 소통이 편하다. 또한 디지털 생태계에서 학습하고 성장했기에 디지털이 수월하다. 외국에서 태어난 한국 아이가 나면서부터 외국에서 자랐기에 외국어로 소통하는 것이 더욱 수월한 것과 같은 것이다. 자연스럽게 스마트 기기를 사용하는 미래세대는 디지털 환경으로 서로 소통해야만 존재감을 확인한다. 책보다는 화면이 익숙하며 디지털 기술 습득에 특화되어 있다. 영상과 이미지를 텍스트보다 많이 선호한다. 이는 어린 세대들에게만 해당하는 것이 아니다. 2022년 10월 8일 토요일 오후 3시부터 거의 하루 동안 카카오톡이 불통되었다. 이로 인하여 카카오톡을 사용하여 약속을 정하고, 택시를 잡거나 사업을 진행하는 이들이 커다란 어려움을 겪었다. 연령을 초월하여 디지털 라이프가 정착되어 있던 것이다.

1970년대만 해도 TV가 각 가정에 설치되지 못했다. TV 프로그램도 오후 5시 30분에 시작했고, 어린이 프로그램은 90분 정도 진행되었다. 자신이 좋아하는 프로그램을 보려면 일주일을 기다려야 했다. 좋아하는 음악을 듣기 위해서는 라디오를 들어야 했는데, 자기가 원하는 음악을 만나는 것은 하늘의 별 따기였다. 그래서 그 노래를 반복해서 들으려면 라디오 방송에서 나올 때 카세트로 녹음해야 했다. 하지만 미래세대들은 자신이 궁금한 것은 즉시 검색 사이트와 유튜브를 통하여 검색할 수 있다. 만나고 싶은 사람은 화상 통화를 해서 실시간으로 만날 수 있다. 유명한 스타들의 콘서트도 현장에 가지 않고 온라인과 메타버스를 통해 즐길 수 있다. 한편, 아날로그 세대는 온라인 콘서트는 콘서트가 아니며, 온라인 예배는 예배가 아니라고 생각한다. 온라인 콘서트나 예배가 현장감을 느낄 수 없다고 여기는 것이다. 그러나 미래세대들은 자기가 좋아하는 가수들을 자세히 볼 수 있고 가정에서 편안히 공연을 즐길 수 있어서 좋다고 한다.

랜선 콘서트에 열광한 것은 나이가 어린 세대만이 아니었다. 2020년 봄부터 코로나 팬데믹으로 인하여 모든 행사와 공연이 이루어지지 않았다. 이로 인하여 심리적 이상 증세를 호소하는 사람들이 늘어나고, 경제적 타격으로 인하여 실의에 빠지는 사람들이 많아졌다. 이러한 이들을 위로하기 위하여 세계적인 예술가들이 자발적으로 무료 랜선 공연을 펼쳐 전 세계로 중계되었다. 맹인 가수로 유명한 안드레아 보첼리, 세계적인 피아니스트 조성진, 크로아티아 출신의 첼리스트 스테판 하우저는 온라인 무료 공연을 펼쳤다. 이 감미로운 공연을 통하여 수많은 사람이 깊은 위로를 받고 큰 힘을 얻었다. 원로 가수인 나훈아의 랜선 콘서트에도 나이를 초월하여 많은 사람이 응원을 보냈다.

펜실베이니아주 랭커스터에 있는 사이트앤사운드 극장에서는 40년 이상 2,200만 명이 넘는 사람들에게 성경을 기반으로 한 공연을 펼쳤다. 뮤지컬 〈JESUS〉는 2018년 초연해 2년 동안 진행되었다.

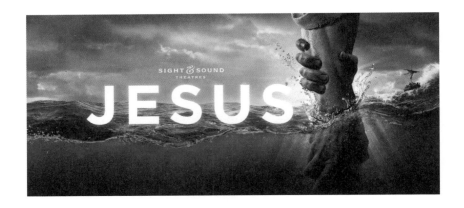

30m² 규모의 엄청난 스케일의 무대 장치에서 펼쳐지는 공연을 통해 수많은 이들이 깊은 은혜를 누렸다. 그런데 코로나로 관객들이 극장을 찾지 못하고 전 세계 많은 그리스도인이 코로나 후유증을 호소하자, 2020년 부활절을 기점으로 사이트앤사운드 극장에서는 전 세계에서 온라인으로 관람할 수 있도록 뮤지컬을 오픈하였다. 원래 이 공연을 보기 위해서

는 미국의 펜실베이니아까지 가야 하지만, 온라인으로 볼 수 있었다. 나는 이 온라인 공연 정보를 받고 관람하면서 큰 위로를 받았다. 나는 이를 SNS에도 공유하고, 교회 성도님들의 밴드에 게재하면서 그 은혜를 함께 나누었다.

# 3
# 문화에 대한
# 기독교적 입장

## 문화와 그리스도의 관계

미국의 기독교 윤리학자 리처드 니버는 1951년에 출간한 『그리스도와 문화』에서 문화와 그리스도의 관계를 다섯 가지 유형으로 나눴다.[128]

첫 번째, 문화에 대립하는 그리스도(Christ Against Culture)다.

그리스도와 문화의 관계에 대한 첫 번째 유형은 이 두 관계를 양극으로 대립시키고 문화를 죄악시하는 것이다. 그리스도의 왕국에 속하지 않은 것은 무엇이든 다 악의 통치 아래에 있다는 개념이다. 이는 재세례파나 근본주의자들의 태도로, 문화는 그리스도와 적대 관계에 있다고 본다. 테르툴리아누스는 그리스도인들이 세상 문화의 타락한 오락, 학문, 정치에

---

128. 딘 보그먼, 마상욱, 『이야기 청소년신학』 (샘솟는기쁨, 2019), p. 88.

서 탈출하도록 권면했다. 톨스토이는 그리스도인들이 예수님의 산상수훈의 말씀대로 단순하게 살아야 한다고 주장했다. 미국 펜실베이니아의 아미쉬는 전기나 자동차의 인간문명을 수용하지 않고 자연의 힘을 빌려 살아가는 것이 온전한 믿음이라고 생각한다. 이러한 반문화적인 유형의 삶은 그 자체 내에 심각한 문제점을 갖고 있다. 인간은 언제나 문화 속에서 살고 있는 존재이기 때문이다.

두 번째, 문화의 그리스도(The Christ of Culture)다.

그리스도와 문화의 관계에 대한 두 번째 유형은 이 둘을 서로 일치·조화시키는 것이다. 문화를 통하여 그리스도를 이해하려고 한다. 이는 알렉산드리아의 클레멘스에게서 나타났고, 자유주의자들이 강조하는 견해이다. 세상의 언어로 복음을 이해하며, 일반 철학으로 하나님의 계시를 설명하려고 한다. 문화 요소들은 그리스도의 인격과 일치되는 것으로 받아들인다. 그리스도의 인격과 사역을 과학적·철학적으로 해석하면서 문화 속에 기독교를 동화시키는 결과를 가져왔다. 그로 인하여 기독교는 하나의 철학적 체계가 되어 버린다. 한 사례로, 토착지의 여신 숭배를 마리아와 연결시켜 선교 전략에 사용하기도 했다.

세 번째, 문화 위의 그리스도(Christ Above Culture)다.

그리스도와 문화의 관계에 대한 세 번째 유형은 그리스도와 문화 사이에 차이는 있지만 종합하려는 것이다. 토마스 아퀴나스가 이를 주창했다. 그리스도의 신성과 우월성을 기반으로 문화와 결부시키는 것이다. 그리스도는 영적 세계와 일반 세상에 동일한 주가 되신다고 고백한다. 세상의 법과 원리를 인정하지만, 그리스도를 높은 층에 두고 문화를 낮은 층에

둔다.

네 번째, 역설 관계에 있는 그리스도와 문화(Christ and Culture in Paradox)다.

그리스도와 문화의 관계에 대한 네 번째 유형은 그리스도와 문화가 공존할 수 없으며, 양자 간에 끊임없는 싸움이 있다고 보는 것이다. 그리스도는 그리스도요, 문화는 문화로 간주하는 견해이며, 바울과 루터, 키르케고르가 주창한다. 이 같은 태도는 그리스도의 능력과 정신, 또 인간의 죄의 심각성을 동시에 긍정하며, 하나님과 인간, 은총과 죄의 관계를 탄력적이며 긴장성을 띤 것으로 해석한다. 이 유형은 평화와 의는 믿음과 소망 안에서만 존재할 뿐 현실적으로는 불가능하다고 보는 견해이다.

다섯 번째, 문화의 변혁자 그리스도(Christ the Transformer of Culture)다.

그리스도와 문화의 관계에 대한 다섯 번째 유형은 개혁주의 입장으로, 이 유형의 대표자는 아우구스티누스, 칼뱅, 존 웨슬리 등이다. 하나님께서는 만물을 좋게 창조하셨는데, 사람이 범죄함으로 인하여 사회에 무질서 상태가 생겨났다는 견해이다. 그리스도의 역할은 사람 속에 깊이 뿌리박고 있는 죄성을 하나님 사랑으로 그 방향을 돌려놓는 것이다. 이 견해에 따르면 세계는 배척되거나 소홀히 여겨져서도 안 된다. 문화는 그리스도의 관점으로 변혁되어야 한다. 이 유형에서 주장하는 그리스도는 죽음과 죄로부터 인간을 구속하며, 문화 속의 인간 생활을 지속적으로 성화시키고 변혁시키시는 분으로 이해된다.

## 복음, 문화변혁의 동력

복음은 결코 불변한 진리다. 하지만 복음을 담는 문화는 각 시대의 변동에 따라서 엄청난 변화를 거듭하고 있다. 문화의 변화와 발전에 따라서 복음이 수동적으로 변화되는 것은 아니다. 복음의 본질이 변질되는 것이 아니라, 복음을 전달하는 매체가 시대의 변화에 따라서 적절하게 변혁되어야 한다.

복음을 전달하는 매체는 전달만 하는 것이 아니라, 사회의 변화를 이끄는 새로운 문화 운동을 주도하여야 한다. 현시대의 문화 코드를 잘 분석하고, 앞으로의 변화에 부합되는 새로운 것을 제기해야 한다. 이러한 운동은 사역자 개인, 한 교회에서부터 시작될 수 있음을 우리는 분명히 인지해야 한다. 악한 영들이 주도하는 세속의 문화에 잠식되어 가는 현시대에, 모든 문화의 주인은 하나님이심을 다시 한번 자각하고, 복음과 교회가 문화변혁 운동의 주체가 되어야 함을 깨달아야 한다. 그리고 문화 운동은 단지 추상적인 개념으로서 끝나는 것이 아니라, 구체적인 삶의 현장에서 구현되어야 한다. 이러한 문화변혁을 위한 운동을 지향하는 이들에 대한 지속적인 관심과 투자가 선행되어야 한다.

## '비자인' 영상사역 연구소의 교훈

나는 영상 메시지를 위한 매체를 제작·보급하는 사역을 한 적이 있다. 영상세대로 불리는 현세대들에게 효과적인 접근이 가능하도록 콘텐츠를 제작하여 보급하는 사역이었다. 2008년에 '비전을 디자인한다'라는 캐치프레이즈로 'Vision'과 'Design'을 결합하여 'VIZAIN'이라는 타이틀을 내걸고 사역을 시작했다. 영화, 그림 예화, 사진 에세이, 동영상 등 다양한 콘텐츠를 제작하여 회원제로 공급하려는 야심찬 계획이었다. 문화적인 재능과 은사를 가진 청년들이 제대로 은사를 발휘하는 장을 만들어 주고 싶었다.

그림에 재능이 있는 한 청년이 부적을 그려서 납품하여 생계를 이어 간다는 말에 충격을 받은 것이 이 사역을 시작한 계기가 되었다. 그 청년이 하나님께로부터 받은 재능을 온전히 복음을 위한 콘텐츠를 만드는 데 사용하며 그 사역을 감당할 수 있는 채널을 열어 주고 싶었다. 주변의 여러 사역자에게 자문을 구한 결과 충분히 유망하다는 응원 속에 시작하였다. 특별한 은사를 받은 청년들과 의기투합하여 준비하는 과정에 많은 재정이 필요했다. 그동안 모아 두었던 재정을 쏟아부으면서 시제품을 만들고 주변에 알렸다. 여러 사역자와 교회가 환영하면서 격려를 해 주었다. 하지만 초기 자본이 필요한 것 외에도 지속적인 투자가 필요한 사역이었기에 어려움들을 만나게 되었다. 아쉽게도, 만들어진 문화 콘텐츠를 사용하려는 마음은 있지만 이를 위한 투자에는 소극적이어서 수단과 방법을 가리지 않고 버티고 버텼지만 결국은 좌초되었다. 많은 문화사역자가 공통적으로 경험하는 벽들과 담들을 실감하였다.

개인, 교회 혹은 기관에서 이러한 필요성을 절감한 이들이 문화 사역의 중요성을 알고 이를 육성하며 지원하여야 한다. 모든 복음 사역은 협력 사역이 되어야 한다. 서로 간에 합력해야 비로소 문화변혁을 통한 복음의 사역이 효과적으로 전개될 수 있다. 이는 세대 간의 이해와 대응에 있어서도 마찬가지다. 한 사람과 한 세대만의 무조건적인 헌신으로는 결국 어려움을 만날 수밖에 없다. 서로 간에 존중하는 마음과 수용하는 태도가 동시에 필요한 것이다.

# 4

# 미래세대들을 향한
# 교회학교의 방향

## 1) 세대 간에 선입관을 버려야 한다

일반적으로 먼저 경험하는 콘텐츠가 절대적 기준이 된다. 한 세대의 특정한 패턴을 그 세대만의 특성의 고리로 한정시켜서는 안 된다. 동일한 시대의 같은 연령대라고 해도 전혀 다른 특징들을 보일 수 있다. 20세기까지만 해도 한국에서는 대중문화 채널의 폭이 좁았다. 그로 인한 경험치가 비슷하여 대체로 의식 구조가 크게 다르지 않았다. 하지만 다양한 문화 채널이 소개되면서 취향이 세분화되었고, 다양한 세대로 나누어졌다. 그렇기에 각 세대에 대한 선입관으로 결론을 내리지 않고, 열린 마음으로 서로를 수용할 수 있어야 한다. 동일한 세대여도 각 사람은 독립된 인격체이기에 일반적인 세대의 공통된 특성과는 전혀 다른 모습으로 살아갈 수 있다. 기성세대는 미래세대를, 미래세대는 기성세대를 특정한 패러다임으로 바라보는 선입관을 내려놓을 때, 상대방을 더욱 입체적으로 이해할 수 있다.

## 2) 세대 간의 특성을 존중하고, 서로 배워야 한다

다른 세대를 이해하는 것은 기성세대에게만 요구되는 의무가 아니다. 새로운 세대 또한 기존의 세대들을 이해하려는 노력이 반드시 필요하다. 이는 사회생활을 용이하게 하기 위함만이 아니다. 사람들은 자기와 동일한 성향의 사람들과만 살아가는 존재가 아니다. 가정, 직장 혹은 교회와 같은 공동체에서 자기와는 다른 세대들을 만날 수밖에 없다. 기성세대가 신세대들을 무한 인내심으로 이해하고 수용해야 하는 것만이 해법이 아니고, 서로 노력을 해야 한다. 부모가 자녀를 품듯이, 자녀도 부모세대를 이해하려고 할 때 그 가정에는 진정한 화평이 임하게 된다. 서로가 각자 다른 문화의 틀 속에 살고 있고 살아 왔기에 다른 사고와 행동을 할 수 있음을 늘 전제하면서 대해야 한다.

제자들이 스승의 마음을 이해할 때 가장 효과적인 교육이 가능해진다. 십자가를 앞둔 예수님을 제자들은 완전히 이해하지 못했다. 예수님은 가장 고독하고 고통스러운 십자가를 지시게 되는데, 제자들은 지상에서 제국을 건설하여 자기들이 권력을 휘두르는 것으로 오해하였다. 예수님께서 십자가에서 죽으시고 부활 승천하시며 성령이 오시자 그들은 비로소 구원의 역사를 이해하게 되었다. 그리고 제자들은 십자가의 증인으로 순교의 자리까지 기꺼이 감당하게 되었다.

내가 아버지께로부터 너희에게 보낼 보혜사 곧 아버지께로부터 나오시는 진리의 성령이 오실 때에 그가 나를 증언하실 것이요(요 15:26).

사사 시대 엘리 제사장의 두 아들 홉니와 비느하스는 아버지의 마음을 전혀 헤아리지 않았다. 자기들의 미래를 염려하면서 진정으로 전하는 아버지의 충고를 받아들이지 않았고, 자기들의 생각대로 밀어붙였다. 결국 그들은 멸망하고 말았다. 그러므로 세대 간의 갈등을 방지하고, 충돌이 일어나지 않도록 서로 노력해야 한다.

한 세대가 특정한 반응을 보이는 것은 즉흥적인 것이 아니다. 그들이 특별하게 체험한 경험치의 축적에서 기인하는 것이다. 미래세대는 자신이 경험하지 못한 상황들을 반복 체험하면서 형성된 아날로그 세대의 경험들을 폭넓게 수용해야 한다. 또한, 아날로그 세대가 어느 정도의 지식이 있다고 해도 미래세대의 상황과 사례에 섣불리 접근하면 안 된다. 자신이 직접 유사 체험을 했더라도, 새로운 세대가 경험하는 모든 정서를 완전히 이해할 수는 없다. 그러므로 자신이 납득하기 어려운 다른 세대들의 특정한 성향을 주관적 시각으로 해석해서도 안 된다. 또한 기성세대는 자신이 시대를 관통하면서 얻은 가치관들을 새로운 세대들에게 주입해서는 안 된다. 또한, 새로운 세대들의 문화를 몸에 맞지 않는 옷처럼 억지로 시도할 필요가 없다. 그들과의 어설픈 동기화는 오히려 역효과를 가져올 수 있기 때문이다.

## 3) 미래세대들에게 효과적인 교육 내용을 진행한다

### 그때는 맞고, 지금은 틀리다

미래세대들의 특성을 충분히 이해할 때에, 효과적인 교육이 가능하다. 1990년대까지 학교 수업의 전형은 바른 자세로 연필을 쥐고 예쁜 글씨체로 또박또박 공책 정리를 하는 것, 필기 내용을 다 같이 소리 내어 읽고 암기하는 것이었다. 이것을 잘하는 학생이 공부를 잘한다고 인정받았다. 같은 방식으로 요즘 학교에서 수업을 한다면, 학생들은 버텨내지 못할 것이다. 최근의 학생들은 흥미진진한 영상, 알록달록 화려한 이미지가 가득한 PPT, 친구들과 함께 상호 작용하는 요소들이 결합되어야 효과적인 수업이 가능하다. 교사들도 인기 유튜버 채널의 진행자와 같은 순발력 넘치는 유머 감각을 가지고 수업을 진행해야 한다. 흥미로운 수업 자료를 항상 새롭게 준비하고, 계속 새로운 수업 기법을 준비해야 한다.[129] 시대와 상황의 변화를 이해하고, 그에 걸맞은 준비를 해야 한다.

### 남자아이들에게만 그림을 가르치다 보니

남자아이들에게만 그림을 가르치는 남아 미술교육 전문가인 최민준 소장은 현재 한국의 남학생들이 그들의 정서에 맞는 것을 존중받지 못하고, 여학생 중심의 미술교육을 강요당하고 있다고 주장한다. 남자아이들은, 그들의 독특한 정서에 걸맞은 과정에 따라 교육이 이루어져야 한다고 제

---

129. 최은영, 『알파세대가 학교에 온다』 (지식프레임, 2021), p. 16.

안한다. 그래서 최민준 소장이 운영하는 미술학원은 남학생들만 받아들이고, 그들의 특성에 맞는 미술 수업을 한다. 교사가 지시하기보다는, 자신이 원하는 방식으로 표현하도록 한다. 그러한 이유는 남학생들의 성향이 여학생들과 완전히 다르다는 것을 전제로 하기 때문이다.

그는 자동차 그림을 그리라고 하면, 남자아이와 여자아이는 전혀 기질과 성향이 다르다는 것이 입증된다고 한다. 여자아이들은 대체로 자동차 바퀴가 앞문과 뒷문에 위치하며, 남자아이들은 자동차 바퀴를 보닛과 트렁크 밑에 그린다는 것이다. 이는 여자아이들은 자동차에 그렇게 깊은 관심을 두지 않지만 남자아이들은 기계에 관심을 두기에 정확한 위치까지 그린다는 것이다. 남자아이들을 움직이는 키워드는 자동차와 탱크, 무기류, 생물류, 스포츠, 게임 캐릭터, 로봇, 건축, 기계, 설계도라고 규정한다.[130] 이러한 남자아이들의 특징을 무시하고 꽃이나 새 같은 예쁜 것만을 그리라고 한다면 많이 힘들어한다는 것이다. 남자아이들은 그들의 정서에 맞게 에너지를 분출할 때에 가장 행복해하며 자기의 잠재력을 마음껏 나타내게 된다는 것이다.

## 4) 성경의 가치관과는 다른 문화에서 기독교 문화를 세우게 한다

복음은 세대문화에 젖어 가는 것이 아니다. 한 개비의 성냥불이 짙은 어둠을 무너뜨린다. 요셉은 우상숭배와 향락으로 가득한 애굽 제국의 감옥부터 궁궐까지 다양한 상황을 경험하였다. 요셉은 이방 신의 문화가 가

---

130. 최민준, 『우리 아들이 미술로 달라졌어요』 (아트북스, 2012), p. 265.

득한 애굽의 세계관에 굴복하지 않았다. 불법적이고 비윤리적인 일들을 서슴지 않는 애굽의 방식으로 살지 않고 새벽이슬 같은 주의 청년의 모습을 보여 주었다. 요셉은 애굽 제국의 실권자가 되고 나서도 과거에 자기를 죽이려고 했던 형들을 만났을 때 복수하지 않았다. 『함무라비 법전』에서도 알 수 있듯이 세상의 원리는 복수와 보복이지만, 요셉은 전혀 다르게 행동하였다. 형들을 용서하고 그들의 자녀들을 기르겠다는 섬김의 문화를 보여 주며 하나님을 증거했다.

메타버스로 대표되는 디지털 문화는 원하는 모든 것을 구현하는 놀라운 능력이 있다. 세상의 악한 문화는 문명의 발달을 적극적으로 수용하여 새로운 문화들을 급속히 퍼트린다. 인쇄술이 본격적으로 발달하면서 낯 뜨거운 사진들을 담은 잡지 문화가 급격히 발달했다. 또한 비디오테이프 문화가 도입되면서 불법 비디오테이프를 통하여 저급한 문화들이 급속히 확산되었다. 이로 인하여 한국에서는 1997년도에 '빨간마후라' 사건이 벌어졌다. 이제는 SNS를 활용하여 온갖 지저분한 콘텐츠들이 유통되기에 이르렀다.

악은 교활하며, 부지런하며, 쉬지 않는다. 동원 가능한 모든 방식을 통해 악을 퍼트린다.

> 이 세대의 아들들이 자기 시대에 있어서는 빛의 아들들보다 더 지혜로움이
> 니라(눅 16:8).

악은 가용한 모든 자원을 총동원하여, 하나님의 세대들을 사냥하는 일

에 주저하지 않는다.

> 근신하라 깨어라 너희 대적 마귀가 우는 사자 같이 두루 다니며 삼킬 자를
> 찾나니(벧전 5:8).

이들을 무너뜨릴 유일한 권세인 복음을 맡은 교회는, 미래세대의 다양한 특징을 충분히 숙지하고 그에 적절한 복음의 전략을 마련해야 한다. 앞서 제시한 미래세대의 특징들을 이해한 순간에 그들의 지성, 감성, 의지, 대인 관계, 세계관은 급속히 달라질 수 있다. 그러므로 미래세대의 특징에 항상 민감하게 깨어 있고, 그들을 이해하도록 애쓰며 섬겨야 할 것이다.

# 5

# 결론

## 언어에는 생명이 있다

"'헐'이란 말을 사용하면 옛날 사람이래."

"헐."

'헐'이라는 단어는 2010년대에 신세대들이 즐겨 사용하던 신조어였다. 당시에는 이러한 단어를 사용하면 누구나 신세대라고 생각했다. 하지만 언어에는 생명이 있다. 언어는 사회적인 약속이기 때문이다. 언어는 생성되고 확산되며, 많은 사람에게 점차 확대되며 사용된다. 하지만 점차 사람들이 다른 언어를 사용하기 시작하고 퍼져 나가면, 이전의 언어는 소멸된다. 미래세대들이 사용하는 신조어는 트위터에서 먼저 만들어지고 퍼져 간다. 또한 미래세대들이 즐겨 보는 웹툰에 등장하여 더욱 확산되기도 한다. 이렇게 신조어는 다양한 SNS에서 등장하고, 다양하게 활용된다.

신문에 신조어가 나오는 것은 이미 그 신조어의 생명이 말기에 이르렀을 때이며, TV 프로그램의 신조어 코너에 등장하는 것은 거의 사멸하는 단계라고 보면 크게 틀리지 않다. 그렇기에 TV와 신문에 등장하는 신조어를 익혀서 구사해도 그 언어는 미래세대들에게는 구식으로 여겨지는 것이 대부분이다. 그럼에도 미래세대들을 이해하기 위한 노력은 필요하고, 중요하다.

## 미래세대 탐구하기

나는 교목으로 사역할 때에, 수업이 끝나면 바로 다음 수업을 진행할 교실의 제일 구석에 가서 가만히 앉아 있었다. 처음에는 쉬는 시간에 와 있는 나를 보고 아주 어색하게 반응하던 학생들은 이내 나의 존재를 잊고 와글와글 떠들며 장난치고 놀기 바빴다. 나는 그 쉬는 시간에 아이들이 막 쏟아 내는 단어 중에서 처음 들어보는 단어를 별도의 공책에 기재하고 학생들에게 질문하여 그 뜻을 파악하고, 사용법을 익혔다. 이러한 방식은 아주 효과적이어서 당시 청소년들의 최신 어휘와 활용법에 큰 도움을 받았다. 그 당시에 고등학생이었던 아들은 "어떻게 나보다 요즘 아이들이 쓰는 말을 더 잘 쓰세요?"라고 말하기까지 했다. 교목 사역을 내려놓은 이후에도, 다양한 SNS와 미래세대들이 즐겨 보는 문화 콘텐츠를 통하여 새로운 어휘들을 익히려고 한다. 아이들이 좋아하는 아이돌의 이름을 외우고, 아이들이 즐겨 쓰는 어투를 살핀다. 이러한 노력은 학생들의 언어로 설교할 때에 충분한 보상을 받았다.

## 다른 세대, 다른 문화

나는 교목으로 사역하면서 학생들을 이해하기 위하여 틈나는 대로 그들과 함께하려고 하였다. 그래서 그 어떤 사역자들보다 청소년들과 충분히 교류한다고 생각하였다. 하지만, 어느 순간 벽을 느끼기도 했다.

'저 대사는 전혀 안 웃긴데, 왜 아이들은 까르르 웃을까?'

'아이들이 요즘 좋아하는 이 노래는 나한테 좀 버거운데?'

'저런 연예인에 왜 학생들이 열광하는 것일까?'

그러한 생각이 들 때면 청소년들을 만나는 것이 다소 부담스럽게 느껴질 수 있다. 실제로 한 청소년 사역자는 청소년 사역을 그만둔다면서 이렇게 말하기도 했다.

"저는 더 이상 청소년 사역을 하기가 어렵다고 판단했습니다. 아이들이 좋아하는 노래가 이제는 좋지 않고, 시끄럽습니다. 아이들이 좋아하는 농담이 더 이상 우습지 않고, 유치해 보입니다."

그분의 안타까운 마음은 충분히 공감이 간다. 이는 교회학교 교사들에게도 일어나는 현상이다. 교회에서 교사로 섬기시는 분들이 사역을 이어가기 힘들다고 이렇게 하소연을 하신다.

"학생들의 심리를 도저히 이해하기 어렵다."

"학생들이 무례하게 행동하는 것을 견디기 어렵다."

"학생들이 다루는 새로운 문화 기술을 따라가기 힘들다."

우리가 미래세대들을 충분히 이해하지 못하면, 교사와 사역자로서의 자격을 잃어버리는 것인가? 나는 전혀 그렇게 생각하지 않는다. 미래세대들의 모든 상태를 정확하게 알고 그에 걸맞은 사역을 감당하면 정말 놀라운 결과를 얻을 수 있다. 하지만 미래세대의 특성을 온전히 이해하지 못하여도 그들을 섬길 수 있음을 기억해야 한다.

## 흐르는 강물처럼의 사랑

영화 〈흐르는 강물처럼〉에서 목사인 아버지 맥클레인은 두 아들 노먼과 폴을 진심으로 사랑한다. 하지만 맥클레인은 각별하게 사랑하는 둘째 아들 폴의 죽음을 경험한다. 아버지는 그 누구보다 아들을 이해한다고 생각하였지만, 아들이 가진 깊은 아픔조차 몰랐다. 그 사실에 아버지는 식음을 전폐할 정도의 깊은 고통을 느낀다. 말로 표현할 수 없는 깊은 고통의 시간이 지나고서, 목사로서 아버지는 이렇게 설교한다.

"우리는 사랑하는 사람들을 돕기를 희망합니다. 하지만 정작 우리는 그들의 아픔을 전혀 알지 못합니다. 우리는 누구나 한 번쯤 사랑하는 사람이 곤경에 처한 모습을 보며 뭘 어떻게 도와야 할지를 몰라 안타까워하며 기도하게 됩니다. 꼭 도와야 하지만 제대로 도와주질 못합니다. 무엇을 줘야 옳은지도 모르지만, 또 뭔가를 주려 해도 그것을 거절당하기도 합니다. 그러나 이해하기 어려워도 받아들여야 합니다. 그리고 사랑해야 합니다. 우리는 완벽하게 이해하지는 못해도, 완벽하게 사랑할 수 있습니다 (We can love completely without complete understanding)."

## 그럼에도 그들을 사랑하는 것이 사명이다

자신이 섬기는 이들에 대하여 자세히 아는 것은 사역의 기초이다.

네 양 떼의 형편을 부지런히 살피며 네 소 떼에게 마음을 두라(잠 27:23).

하지만 우리가 기억해야 할 것이 있다. 다음세대를 완벽히 이해하려고 하여도 결국은 그들을 온전히 이해하기 힘든 골짜기들이 있다는 것이다. 그 시대의 문화와 다양한 경험들을 체험해야만 알게 되는 요소들이 있다. 학력고사 세대는 수능 세대 학생들을 온전히 이해하기 힘들다.

"충분히 발달한 과학 기술은 마법과 구별할 수 없다!"(Any sufficiently advanced technology is indistinguishable from magic)

SF 작가인 아서 C. 클라크의 말처럼, 이전의 세대들에게는 신기할 수밖에 없는 기술을 자유자재로 활용하는 세대들과 충돌할 수밖에 없다. 이러한 이유로 인하여 이전의 교회교육이 익숙한 교회학교 교사들이 코로나 팬데믹 기간에 온라인 교육의 방식에 적응하지 못하여 사역을 그만두기도 하였다.

교회교육은 정보를 주입시키는 것이 목적이 아니라, 하나님의 사랑을 다음세대들에게 전하는 것이다. 때로는 미래세대들이 자신들의 예상과는 다른 반응을 보여도, 혹은 교사들이 수고하고 노력함에도 성취감이 없고 결심이 없을 수 있다. 그럼에도 나와는 다른 세대들에게 복음을 전하는 사역은 결단코 멈춰서는 안 된다.

네가 네 자신과 가르침을 살펴 이 일을 계속하라(딤전 4:16).

미래의 기술로 무장한 미래세대에게 복음을 전하고, 비기독교적인 가치관을 기반으로 하는 문화를 호흡하며 살아가는 미래세대를 섬기는 것은 결국 사역자 자신에게 유익한 일이기 때문이다.

이것을 행함으로 네 자신과 네게 듣는 자를 구원하리라(딤전 4:16).

"어제 가르친 그대로 오늘도 가르치는 건 아이들의 내일을 빼앗은 것이다."(존 듀이)[131]

21세기 아이에게 20세기 교사가 19세기 방식으로 18세기의 개념을 전하는 것은 미래를 포기하는 것이다. 미래세대를 섬기는 일은 과거 방식이 아닌 미래세대에 적합한 방식으로 해야 한다는 것은 교회교육에서도 마찬가지이다. 미래를 현재에서 누리고 살아가는 미래세대들을, 봉건적 가치관으로 기준을 세워서는 안 된다는 것이다. '나 때는…' 이렇게 시작되는 훈계를 말하는 이를 '꼰대'로 낙인찍으면 더 이상의 교류가 불가능해진다.

이를 위하여 더욱 적극적으로 미래세대들을 이해하고, 그들에게 효과적인 교육 방식을 개발하는 일은 지속적으로 이어져야 한다. 초창기 한국교회가 문화와 시대 가치의 산실일 때에 교회의 가치와 능력이 강하게 나타났었다. 새롭게 등장한 기술과 문화에 어느 정도 적응했다 싶으면, 또다시 급변하는 시대에서 잘못된 가치관과 태도로 살아가는 이들을 말씀으로 돌아오게 하는 사역은 영원한 별처럼 빛나는 영광을 누리게 된다.

---

131. 최은영, 『알파세대가 학교에 온다』 (지식프레임, 2021), p. 21.

이 거룩한 일을 위해 전심으로 수고하는 모든 이들에게 진심으로 갈채를 보낸다.

지혜 있는 자는 궁창의 빛과 같이 빛날 것이요 많은 사람을 옳은 데로 돌아 오게 한 자는 별과 같이 영원토록 빛나리라(단 12:3).

# 디지털 변곡점 도표

| 세대 | 변곡점 | 시기 | 기술 유형 | 거주 형태 | 신분 |
|---|---|---|---|---|---|
| 전통세대 | 아날로그 | ~1970 | 아날로그 주민 | 구대륙 | (구)거주민 |
| 86세대 | 1변곡<br>컴퓨터 | 1980 | 디지털 원정대 | 신대륙<br>선발대 | 원정대 |
| X세대 | 2변곡<br>인터넷 | 1990 | 디지털 이주민 | 텐트 | 이주민 |
| M세대 | 3변곡<br>모바일 | 2007~ | 디지털 유목민 | 가옥 | 영주권<br>획득 |
| Z세대 | 4변곡<br>스마트폰 | 2010 | 디지털 원주민 | 개량<br>가옥 | 시민권<br>획득 |
| 미래세대 | 5변곡<br>메타버스 | 2020~ | 메타버스<br>테라포머 | 신세대<br>거주 | 메타버스<br>테라포밍 |

# 미래세대 프로파일링

**초판 1쇄 인쇄** 2023년 2월 17일
**초판 1쇄 발행** 2023년 2월 28일

**지은이** 김현철

**발행인** 김은호
**편집인** 주경훈
**책임 편집** 황평화
**편집** 김나예 박선규 권수민
**디자인** 김한희

**발행처 도서출판 꿈미**
**등록** 제2014-000035호(2014년 7월 18일)
**주소** 서울시 강동구 양재대로81길 39, 202호
**전화** 070-4352-4143, 02-6413-4896
**팩스** 02-470-1397
**홈페이지** http://www.coommi.org
**쇼핑몰** http://www.coommimall.com
**메일** book@coommimall.com
**인스타그램** @coommi_books

ISBN 979-11-90862-82-0 03230

도서출판 꿈미는 가정과 교회가 연합하여 다음세대를 일으키는 대안적 크리스천 교육기관인 사단법인 꿈이 있는 미래의 사역을 돕기 위해 월간지와 교재, 각종 도서를 출간합니다.